中国财政科学研究院智库丛书

国内 PPP 立法分析

刘尚希　王朝才　主持
谭　静　翟盼盼　等著

中国财经出版传媒集团
中国财政经济出版社

图书在版编目（CIP）数据

国内PPP立法分析/谭静等著.—北京：中国财政经济出版社，2017.5

（中国财政科学研究院智库丛书）

ISBN 978-7-5095-7439-3

Ⅰ.①国… Ⅱ.①谭… Ⅲ.①政府投资-合作-社会资本-立法-研究-中国 Ⅳ.①D922.280.4

中国版本图书馆CIP数据核字（2017）第093643号

责任编辑：胡　博　　　　责任校对：李　丽
封面设计：陈　瑶

中国财政经济出版社 出版

URL：http://www.cfeph.cn

E-mail：cfeph@cfeph.cn

（版权所有　翻印必究）

社址：北京市海淀区阜成路甲28号　邮政编码：100142
营销中心电话：88190406　北京财经书店电话：64033436　84041336
北京京华虎彩印刷有限公司印刷　各地新华书店经销
787×1092毫米　16开　14.75印张　254 000字
2017年5月第1版　2017年5月北京第1次印刷
定价：45.00元
ISBN 978-7-5095-7439-3
（图书出现印装问题，本社负责调换）
本社质量投诉电话：010-88190744
打击盗版举报热线：010-88190414　QQ：447268889

中国财政科学研究院智库丛书

编　委　会

编委会主任　刘尚希

编委会委员　苏　明　　王朝才　　罗文光
　　　　　　　白景明　　傅志华

总　　序

党的十八届三中全会在明确"完善和发展中国特色社会主义制度，推进国家治理体系和治理能力现代化"这一全面深化改革总目标的同时，提出了"财政是国家治理的基础和重要的支柱"的重要判断，充分彰显出财政在国家治理现代化之中的地位与作用。

强调发挥财政在国家治理中的基础和重要支柱作用，是与我国经济社会发展阶段相联系的。在改革开放初期，政府的作用是促进改革和开放，财政改革主要是推动政府职能转换、改进政府与市场关系，让市场在资源配置中发挥更大的作用。随着我国经济社会转型进入新的阶段、国家实力逐渐增强以及大国财政使命的提出，财政在改革和发展中的作用日趋多样化、全方位，涉及经济、政治、社会、文化、生态文明建设各个领域。

在市场经济不断发展的基础上，社会结构及其整个上层建筑都发生了极大变化，社会成员利益关系变得复杂起来。在经济进入新常态的背景下，这种复杂的利益关系对于财政在国家治理中作用的发挥是一个新的考验。改革开放初期，财政政策着眼于关注国内，对于国际环境关注不多，现在财政政策的一举一动都对世界经济产生重要影响；改革开放初期，财政主要解决温饱问题，经济建设成为财政工作的突出任务，现在财政既要解决发展问题，又要解决改革问题，经济、社会、政治、文化和生态文明要协同发展；改革开放初期，中央和地方财政实力虽然都较弱，但地方政府债务也少，现在国家财政实力快速扩张过程中也面临着地方政府债务特别是或有债务快速扩张的问题，财政自身可持续性发展面临挑战。

财政作为国家治理的基础正在发生多维变化。改革开放初期，财政主要从经济维度发挥国家治理基础性作用，主要是处理好政府与市场的关系；在经济社会转型、利益关系多元化背景下，财政要从多维度支撑国家治理：既有国家与市场的维度，也有国家与社会（个人）的维度，以及公共部门内部（包括中央与地方、政府部门之间）的维度。

随着财政发挥作用的多维变化，财政理念也随之发生变化。改革开放初期，政府在市场失灵的领域提供公共服务；随着时代的进步，政府承担的各种责任（城镇化、养老、医疗、教育、环境保护等）在不断增加，在政府能力有限的情况下，政府与社会资本合作呼之欲出。政府和社会资本合作打破了传统主流经济学、财政学的基本看法：政府与市场是水火不相容的，二者是对立的；公共服务领域是市场失灵的领域，只能由政府来干。过去注重政府与市场之间的分工，现阶段则注重在分工基础上的合作。政府与市场关系需要进行再改革，一些新的问题又随之产生：在多元主体提供公共服务的同时如何保障社会公共利益，如何理顺政府与社会的关系，如何理顺政府内部如中央和地方之间、政府各部门之间的关系等。财政全方位、深层次嵌入国家治理体系和治理能力现代化之中，带来了许多需要用全新理论诠释的问题，也考验着各方面的智慧。

面对新阶段、新形势和新任务，财政如何有效支撑和推动国家治理现代化更需要新思路、新思想，财政智库或财政思想库也应运而生。可以说，财政智库是财政有效支撑和推动国家治理现代化的思想源泉，也是点亮财政作用于国家治理的"智慧之灯"。发达国家在财政现代化和国家治理体系与治理能力现代化过程中，财政智库的作用功不可没。要发挥好财政作为国家治理基础与重要支柱的职能作用，财政智库的基础性作用更是不可替代。

第一，财政智库是推进国家治理决策的科学化、民主化和法制化的重要支撑。当前，全面建成小康社会进入决定性阶段，破解财政改革发展稳定难题和应对全球性问题的复杂性艰巨性前所未有，迫切需要健全中国特色的财政决策支撑体系，大力加强财政智库建设，以财政科学咨询支撑财政治理的科学决策、民主决策和依法决策，以财政科学决策引领科学发展。

第二，财政智库是国家治理体系和治理能力现代化的重要内容。纵观当今世界各国现代化发展历程，智库在国家治理中发挥着越来越重要的作用，日益成为国家治理体系中不可或缺的组成部分，是国家治理能力的重要体现。全面深化改革，推进国家治理体系和治理能力现代化，推动协商民主广泛多层制度化发展，建立更加成熟更加定型的制度体系，必须切实加强中国特色新型财政智库建设，充分发挥智库在治国理政中的重要作用。

第三，中国特色新型财政智库是国家软实力的重要组成部分。一个大国的发展进程，既是经济等硬实力提高的进程，也是思想文化等软实力提高的进程。智库是国家软实力的重要载体，越来越成为国际竞争力的重要因素，在对外交往中发挥着不可替代的作用。树立社会主义中国的良好形象，推动中华文化和当代中国价值观念走向世界，在国际舞台上发出中国声音，迫切需要发挥中国特色财政新型智库在公共外交中的重要作用，不断增强我国在国际财经和公共事务的国际影响力和国际话语权。

正是考虑到智力资源是一个国家、一个民族最宝贵的资源，考虑到我国智库发展面临的各种瓶颈，2015年1月，中共中央办公厅、国务院办公厅印发了《关于加强中国特色新型智库建设的意见》，提出加强智库建设整体规划和科学布局，统筹整合现有智库优质资源，重点建设50～100个国家急需、特色鲜明、制度创新、引领发展的专业化高端智库。

中国财政科学研究院的前身财政部财政科学研究所（财科所），于1956年根据毛泽东主席的指示而成立，2016年2月正式更名。60年前财科所成立之初，就定位为政府部门的政策咨询机构，以探索我国财政经济问题和培养财政、会计专门人才为己任，为党中央和国务院中心工作服务，为财政经济发展的现实服务。为此，一代又一代财政科研人员为我国财政科研事业做出重要贡献。60年后的今天，中国财政科学研究院正致力于转型、创新，努力创建一流新型智库。

根据智库建设与发展的规划，本院推出"中国财政科学研究院智库丛书"。该丛书内容既包括本院各年度重要《研究报告》的文集，也包括本院承担完成的一些重大科研项目成果，以及本院研究人员研究、撰写的各类专著。目的在于集中展示财科院的科研成就，扩大科研成果的宣传和社会效果，全面提升财科院的智库影响力。

不忘初心，砥砺前行。我们将明确智库建设的宗旨，在传承既有科研优势和办院特色的基础上，探寻新型高端智库建设的途径，潜心探索财政与国家治理的新理论、新观点、新思路、新对策，与各界同仁一道，共同致力于现代财政制度建设，开创国家治理现代化之美好未来。

"中国财政科学研究院智库丛书"编委会

2016 年 7 月

前　　言

PPP立法可谓一波三折。在PPP模式如火如荼推进过程中，不论是经验还是教训，不论是政府层面还是社会资本层面亦或是第三方独立机构层面都在呼唤PPP立法的加快推进。PPP立法之迫切、之重要更加对该法的良与善提出了更高要求。对于立一部什么样的PPP法，学术界、实务界各有说法，部门间也有各自的主张和考量。而一部良善之法应当是能够凝聚各方共识、跳出部门利益，站位更好、定位更远的立法。

加快推进我国PPP立法需要坚持"共治"理念，有继承有创新。所谓继承就是要对目前我国PPP项目涉及的法律法规及规范性文件进行分析梳理，以问题为导向推进立法；所谓创新就是要对我国PPP立法进行系统而深入的理论分析，为PPP立法提供坚实的理论支撑，立一部能够切实调整新型风险利益关系的法。

本书秉持为推进我国PPP立法而做研究的理念，在写作思路和方法上对现有普遍采用的法律法规文件汇编方式进行创新和突破，立足问题、着眼目标，成体系、有重点地剖析相关法律文件中存在的冲突和问题，结合案例实践为这些冲突和问题的解决提供借鉴。最终从问题中挖掘思路、着眼于目标而转变思维，为推进PPP立法提供有益借鉴。

本书第一章、第二章对全书的总体思路和框架进行介绍。第三章至第十一章，着眼于PPP项目中立项、采购、用地、融资与再融资、SPV公司、建设运营移交、资产管理、税收等重点环节和重点问题进行专题性的法律法规分析，并结合我国PPP实践中的相关案例，对一些共性热点问题进行解答，以供参考。第十二章在对我国PPP立法进行扎实的理论思考和充分论证的基础上，对加快推进我国PPP立法提出具体建议。

回归PPP本质，摆脱部门利益牵绊，立一部具有中国特色的PPP法是PPP模式在中国健康发展的根本。PPP立法实践中涉及的问题极为繁多和复杂，书中一些观点难免存在这样或那样的缺陷。本书为研究性质的著作，我们对各类意见和反馈持开放和欢迎的态度，希望各位专家、读者不吝赐教，共同交流。

目 录

第一章　我国 PPP 立法的进程及法律政策体系 …………………（ 1 ）
　　第一节　PPP 立法的历史沿革 ……………………………………（ 1 ）
　　第二节　PPP 立法的背景及意义 …………………………………（ 5 ）
　　第三节　PPP 相关法律、法规及政策体系 ………………………（ 8 ）

第二章　PPP 项目全生命周期涉及的主要法律问题 ……………（ 18 ）
　　第一节　PPP 项目的全生命周期概览 ……………………………（ 18 ）
　　第二节　PPP 项目相关法律主体及其权责利配置 ………………（ 23 ）
　　第三节　PPP 项目合同文本体系及核心条款分析 ………………（ 24 ）
　　第四节　PPP 项目涉及的主要法律问题及法律冲突分析 ………（ 26 ）

第三章　PPP 项目立项相关法律法规分析 ………………………（ 32 ）
　　第一节　PPP 项目立项涉及的法律法规及存在的主要问题 ……（ 32 ）
　　第二节　PPP 项目立项典型案例分析 ……………………………（ 39 ）
　　第三节　PPP 项目立项疑难问题解答 ……………………………（ 42 ）

第四章　PPP 项目采购相关法律法规分析 ………………………（ 46 ）
　　第一节　PPP 项目采购涉及的法律法规及存在的主要问题 ……（ 46 ）
　　第二节　PPP 项目采购典型案例分析 ……………………………（ 53 ）
　　第三节　PPP 项目采购疑难问题解答 ……………………………（ 57 ）

第五章　PPP 项目用地相关法律法规分析 ………………………（ 63 ）
　　第一节　PPP 项目用地涉及的法律法规及存在的主要问题 ……（ 63 ）

第二节　PPP项目用地典型案例分析 …………………………（71）
　　第三节　PPP项目用地疑难问题解答 …………………………（75）

第六章　PPP项目融资与再融资相关法律法规分析 ……………（82）
　　第一节　PPP项目融资与再融资涉及的法律法规及存在的主要
　　　　　　问题 ……………………………………………………（82）
　　第二节　PPP项目融资与再融资典型案例分析 ………………（94）
　　第三节　PPP项目融资与再融资疑难问题解答 ………………（97）

第七章　SPV项目公司相关法律法规分析 ………………………（100）
　　第一节　SPV的设立与法人地位 ………………………………（100）
　　第二节　SPV的组织形式 ………………………………………（104）
　　第三节　SPV上市与资本的退出 ………………………………（107）
　　第四节　SPV合并报表分析 ……………………………………（110）

第八章　PPP项目建设运营维护移交相关法律法规分析 ………（116）
　　第一节　PPP项目建设运营维护移交涉及的法律法规及存在的
　　　　　　主要问题 ………………………………………………（116）
　　第二节　PPP项目建设运营维护移交典型案例分析 …………（126）
　　第三节　PPP项目建设运营维护移交疑难问题解答 …………（128）

第九章　PPP项目资产管理相关法律法规分析 …………………（130）
　　第一节　PPP项目资产管理涉及的法律法规及存在的主要问题
　　　　　　……………………………………………………………（130）
　　第二节　PPP项目资产管理典型案例分析 ……………………（145）
　　第三节　PPP项目资产管理疑难问题解答 ……………………（148）

第十章　PPP项目税收相关法律法规分析 ………………………（151）
　　第一节　PPP项目税收涉及的法律法规及存在的主要问题 …（151）

第二节　PPP 项目税收典型案例分析 …………………………（155）
第三节　PPP 项目税收疑难问题解答 …………………………（161）

第十一章　PPP 项目法律适用及争端解决 ……………………（166）
第一节　法律适用 ………………………………………………（166）
第二节　争端解决机制 …………………………………………（168）

第十二章　加快推进 PPP 立法的思考与建议 …………………（171）
第一节　推进我国 PPP 立法的理论思考 ………………………（171）
第二节　坚持以共治理念推进我国 PPP 立法 …………………（191）
第三节　加快推进我国 PPP 立法的具体建议 …………………（203）

参考文献 ……………………………………………………………（216）

后　　记 ……………………………………………………………（220）

第一章 我国PPP立法的进程及法律政策体系

PPP模式的推动是中国在法治化建设进程中的一个契机。PPP是通过政府与社会资本的合作以达到各自的目标和利益，并在合作过程中实现风险和责任共担的契约精神。这样一来，政府一方面解决经济压力和债务压力，另一方面可以把精力和资源放在规划、绩效考核、监督和合同管理方面，以达到契约社会的目的。在依法治国的背景下，推崇法治的精神，完善立法，才能保障PPP良好运行。我国自20世纪80年代开始探索PPP模式，至今已有三十多年的历程，各项制度逐步完善，PPP项目操作在探索与实践中日趋规范。

第一节 PPP立法的历史沿革

我国自1995年就批准第一个BOT试点项目，但因法律缺位、制度落后等诸多因素，最终未能成功。直到2013年党的十八届三中全会在《中共中央关于全面深化改革若干重大问题的决定》中提出"允许社会资本通过特许经营等方式参与城市基础设施投资和运营"，才真正开启了PPP模式发展的新局面。我国PPP模式立法进程大致可以划分为五个阶段。

一、1984—1993年：探索阶段

20世纪80年代以来，政府以财政投资提供基础设施和公共服务的能力日益难以满足国内需求和经济发展需要，地方政府开始探索与投资者就基础设施建设

签订协议进行合作。在改革开放后,引进外资,外国资本逐渐参与我国各行业的投资建设,包括公共基础设施领域。该类活动虽未有相应的政策和规章进行明确规定,也未经过公开招投标环节,通常由社会资本方发起,但已具备PPP模式的雏形。其中有代表性的项目有深圳沙角B电厂(该项目是我国真正意义上的第一个BOT项目)以及广州白天鹅饭店和北京国际饭店等。

二、1994—2003年:小规模试点阶段

自1994年分税制改革后,地方政府事权与财权不统一,地方政府用于公共基础设施投资的资金受到预算的约束,面对巨大的基础设施资金缺口以及党的十四大确立的"社会主义市场经济体制"改革目标,我国开启了投融资体制的改革进程,由此以BT、BOT、TOT等为代表的PPP融资模式,开始在我国发展起来。这个阶段代表性的项目有福建泉州刺桐大桥、广西来宾B电厂、成都自来水六厂及长沙电厂、合肥王小郢污水TOT项目、兰州自来水股权转让项目、北京地铁四号线项目、北京亦庄燃气BOT项目、北京房山长阳新城项目等几个BOT试点项目。

在这个阶段,国家对外贸易经济合作部、国家计委和建设部先后颁布相关政策文件鼓励社会资本与政府部门合作建设公共基础设施(见表1-1)。但因1997年亚洲金融危机的爆发,PPP项目步入低潮,相关政策文件也并未在实际中起到太大的作用,但这次试点为我国PPP的发展奠定了基础。

表1-1　　　　　　　　PPP模式小规模试点阶段的政策法规

发文机关	文件名	文件号	颁布时间	文件内容
对外贸易经济合作部	《对外贸易经济合作部关于以BOT方式吸收外商投资有关问题的通知》	外经贸法函〔1994〕第89号	1995年1月16日	外商可以以合作、合资或独资的方式建立BOT项目公司;以BOT投资方式吸引外资应符合国家关于基础设施领域利用外资的行业政策和有关法规。政府机构一般不应对项目作任何形式的担保或承诺(如外汇兑换担保、贷款担保等);如项目确需担保,必须事先征得国家主管部门的同意,方可对外作出承诺。

续表

发文机关	文件名	文件号	颁布时间	文件内容
国家计划委员会	《国家计委关于印发促进和引导民间投资的若干意见的通知》	计投资〔2001〕2653号	2001年12月11日	鼓励和引导民间投资以独资、合作、联营、参股、特许经营等方式,参与经营性的基础设施和公益事业项目建设;各级政府应积极创造条件,通过财政贴息、设立担保基金和投资补贴等形式,引导民间资本投向高新技术、基础设施和公益事业,支持民间投资者到西部地区投资。
建设部	《关于加快市政公用行业市场化进程的意见》	建城〔2002〕272号	2002年12月27日	鼓励社会资金、外国资本采取独资、合资、合作等多种形式,参与市政公用设施建设,形成多元化的投资结构,对供水、供气、供热、污水处理、垃圾处理等经营性市政公用设施的建设,应公开向社会招标选择投资主体。

三、2004—2009年:推广试点阶段

2003年党的十六届三中全会通过《关于完善社会主义市场经济体制若干问题的决定》,提出允许非公有资本进入法律法规未禁入的基础设施、公用事业及其他行业和领域。2005年国务院颁布的《关于鼓励支持和引导个体私营等非公有制经济发展的若干意见》(国发〔2005〕3号),如表1-2所示,再次提出"允许非公有资本进入公用事业和基础设施领域"。这实际上为PPP的发展提供了政策基础,这一阶段的PPP项目以经营性基础设施项目居多,代表性的项目有北京国家体育场("鸟巢")、北京第十水厂、北京高安屯垃圾焚烧发电厂等。

表 1-2　　　　　　　　PPP 模式推广试点阶段的政策法规

发文机关	文件名	文件号	颁布时间	文件内容
建设部	《市政公用事业特许经营管理办法》	建设部令第126号	2004年2月24日	市政公用事业特许经营，是指政府按照有关法律、法规规定，通过市场竞争机制选择市政公用事业投资者或者经营者，明确其在一定期限和范围内经营某项市政公用事业产品或者提供某项服务的制度，城市供水、供气、供热、公共交通、污水处理、垃圾处理等行业，依法实施特许经营的。
国务院	《国务院关于鼓励支持和引导个体私营等非公有制经济发展的若干意见》	国发〔2005〕3号	2005年2月19日	允许非公有资本进入公用事业和基础设施领域、社会事业领域、金融服务业；鼓励非公有制经济参与国有经济结构调整和国有企业重组；鼓励、支持非公有制经济参与西部大开发、东北地区等老工业基地振兴和中部地区崛起。加快完善政府特许经营制度，规范招投标行为，支持非公有资本基金参与城镇供水、供气、供热、公共交通、污水垃圾处理等市政公用事业和基础设施的投资、建设与运营。

2004 年住建部颁布的《市政公用事业特许经营管理办法》（建设部令第 126 号），将特许经营的概念正式引入市政公用事业，并在城市供水、污水处理及燃气供应等领域发起大规模的项目实践。各级地方政府也纷纷以 126 号令为模板，先后出台了大量地方性法规、政府规章及政策性文件，用于引导和规范各自行政辖区范围以内的特许经营项目开发。自此，中国式 PPP 进入第二轮发展浪潮。

四、2009—2012 年：短暂停滞阶段

受 2008 年全球金融危机影响，为促进经济发展，中央政府推行积极的财政政策和四万亿刺激经济增长计划。各地政府开始通过财政资金直接或通过地方政府投融资平台间接投资基础设施建设，由于地方政府投融资平台以政府作保障，社会资本难以与之竞争，因而被挤出公共基础设施建设领域。PPP 项目数量有所减少，项目运作方式也以委托代建、BT 回购为主。PPP 的发展处于调整停滞的状态，我国在这个阶段的 PPP 立法工作也处于停止阶段。

五、2013 年至今：新一轮发展热潮阶段

随着地方政府债务膨胀以及党的十八届三中全会提出"允许社会资本通过特许经营等方式参与城市基础设施投资和运营"，PPP 被重新提上日程，财政部和国家发改委于 2014 年相继发力推进 PPP 项目相关工作，PPP 模式在中国迎来又一轮新的发展浪潮。这个阶段代表性的项目有北京地铁 16 号线、广东省汕头市海湾隧道、那考河流域治理项目、池州市污水处理及市政排水设施购买服务等。

PPP 立法的进程也在不断推进，国务院、国家发改委、财政部、住房建设部等各部委陆续颁布了 PPP 相关的各项文件，对 PPP 的概念、运作模式、全生命周期等逐步进行规范，使我国 PPP 模式的推进进入规范化、法制化的轨道。

第二节　PPP 立法的背景及意义

目前，PPP 的各项政策、文件已陆续出台，按照国家推进 PPP 进程的节奏，现有的部门法对 PPP 合作模式的规范已不能满足具体项目中出现的问题。对于 PPP 模式中主体之间的法律关系，更应该对责、权、利进行划分和界定，以此调动合作主体的积极性，特别是明确风险承担和利益获取的方式会对社会资本方的积极参与会起到很大作用。因此，规范 PPP 合作主体的行为、调整 PPP 模式、加快 PPP 立法进程，明确 PPP 有关主体的权利、义务和责任，把 PPP 纳入法治轨道，以体现 PPP 模式的契约精神。

一、PPP 立法的背景

我国尚未对 PPP 专门立法，而是散见于各相关法律条款中。PPP 专门立法的缺失导致现有 PPP 法律存在法律冲突和法律缺失；各法律规定规制口径的不同，导致 PPP 参与主体权责不清，利益保护机制不完善，同时也导致 PPP 的概念、目标等存在诸多争议，尚待明确。

（一）现有 PPP 法律存在法律冲突与法律缺失

我国目前没有专门的 PPP 法律，而是根据 PPP 项目中的不同条款，适用于不同的法律。由于 PPP 是一个复杂的合同体系，政府参与其中，这就难免使 PPP 项目合同存在属于行政合同还是民事合同的争论。PPP 项目合同属性的冲突，直接导致了救济措施、诉讼程序等的冲突。此外，PPP 项目采购究竟属于《民法》的自治领域，还是属于《政府法采购法》的规制领域，是否受到《招标投标法》的规范，也存在着冲突。而且现有法律对 PPP 项目中很多内容存在缺失，现有的《合同法》、《招标投标法》、《政府采购法》等能够解决当前 PPP 操作的部分问题，但在 PPP 这一特定领域仍有一些问题无法理清，需要一个操作性或流程性的法律加以指导。这就需要国家加快 PPP 立法进程，对 PPP 法律中的冲突加以协调，对缺失加以弥补。

（二）PPP 参与主体权责不清、利益保护机制不完善

法律从本质上来讲就是对权利和义务、权力和责任规范。PPP 推广过程中参与各方权责不清、利益保护机制不完善等带来一系列问题。其中政府方公权力的滥用、对于社会资本方权利的损害、政府违约等是打消社会资本方参与 PPP 项目的主要原因。社会资本方的权利义务界定不清，也使政府方担心国有资产被社会资本方掏空而带来国资流失问题。这就需要国家制定 PPP 法律，对各参与主体的权利和义务、权力和责任进行明确规定，并对权利的救济途径、利益保护机制进行完善。

（三）PPP 的概念、目标等存在争议

对于什么是 PPP，财政部主推政府与社会资本合作，而国家发改委主推特许经营，但是两者的边界和范围存在诸多争论。究竟是 PPP 包含特许经营还是特许经营包含 PPP，没有一个明确的划分。概念的不清就会导致目标的冲突，两者在强调公益优先还是私益保护上的侧重点有很大的不同。PPP 概念的不清，导致一批不符合 PPP 精神的项目，鱼目混珠进入 PPP 项目库；目标的不明，容易使 PPP 成为地方政府变相融资的手段。这就需要国家尽快制定 PPP 法律，对 PPP

的概念、目标、原则等基本内容进行规定，既可以消除部门之争，又可以防止 PPP 走歪路。

二、PPP 立法的意义

目前，PPP 立法正在紧锣密鼓地进行中，PPP 法律的征求意见稿也已经公布，PPP 专门立法的推出，将有利于明确 PPP 的概念和目标，协调现有法律冲突填补现有法律空白，明确界定 PPP 有关主体之间的责权利，提高社会资本参与 PPP 的积极性，为我国 PPP 实际操作提供明确的指引和规范，推动 PPP 工作的有序进行。

（一）有利于明确 PPP 的概念和目标

PPP 法律的制定，有利于明确 PPP 的概念和目标。PPP 指政府与社会资本合作，因此，在 PPP 的概念中强调政府方与社会资本方是一种平等合作的关系。PPP 的目标是增加基础设施和公共服务的供给，提高基础设施及服务的供给效率和引进市场机制。PPP 概念和目标的明确，有利于 PPP 各参与主体摆正自身的位置，也有利于 PPP 的目标得以实现。

（二）有利于协调现有法律冲突填补现有法律空白

PPP 法律的制定有利于协调现有法律的冲突，填补现有法律的空白。在 PPP 法律中，可以针对不同情况，指明应该适用的法律或者直接加以规定，消除各参与方在法律适用上的争议。对于现有法律尚未规定的内容，在 PPP 法律中也加以明确规定，使整个 PPP 项目的各个环节纳入法制的轨道，做到有法可依。

（三）有利于明确界定 PPP 有关主体之间的责权利

PPP 法律的制定，有利于明确界定 PPP 有关主体之间的权利和义务、权力和责任。对于政府方权力和责任的界定，是为了对公权力加以限制，法无授权不可为，通过 PPP 立法限制公权力滥用，防止其对社会资本方和公众权利的侵犯，如果出现权力滥用，应该承担相应的责任。对于社会资本方权利和义务的明确界定，既可以为社会资本方参与 PPP 提供指引，也可以使社会资本方的利益诉求在权利中得以体现。权利与义务的对等性也同样要求社会资本方在 PPP 项目中必须承担相应的义务。

（四）有利于提高社会资本参与 PPP 的积极性

PPP 法律的制定有利于提高社会资本参与 PPP 的积极性。PPP 法律的出台可以打消社会资本方对于政府方违约和公权力滥用的顾虑，明确政府方在 PPP 中承担的职责,以此保障社会资本方的自由。在 PPP 法律中对于社会资本方权利的界定,是社会资本方利益的体现,也是其利益维护机制的体现,社会资本方利益实现机制的完善会促使其积极参与 PPP 项目。

第三节　PPP 相关法律、法规及政策体系

我国尚未制定专门的 PPP 法律,目前 PPP 项目根据既有的法律体系,分情况适用不同的规定。国务院以及财政部、国家发改委等各部委已对 PPP 的各个领域出台了相应文件,对于 PPP 项目具有重要的指导作用。

一、PPP 相关法律

我国尚未颁布专门的 PPP 法律,而是根据既有法律指导实务,对 PPP 实际操作中的各项内容,其规定散见于各部法律中。与 PPP 相关的法律参照表 1-3。

表 1-3　　　　　　　　PPP 项目相关法律汇总

序号	法律名称	文号	颁布时间	开始施行日期
1	《中华人民共和国民法通则》①	主席令 6 届第 37 号	1986 年 4 月 12 日	1987 年 1 月 1 日
2	《中华人民共和国城市房地产管理法》	主席令 8 届第 29 号	1994 年 7 月 5 日	1995 年 1 月 1 日
3	《中华人民共和国担保法》	主席令 8 届第 50 号	1995 年 6 月 30 日	1995 年 10 月 1 日
4	《中华人民共和国价格法》	主席令 8 届第 92 号	1997 年 12 月 29 日	1998 年 5 月 1 日
5	《中华人民共和国合同法》	主席令 9 届第 15 号	1999 年 3 月 15 日	1999 年 10 月 1 日
6	《中华人民共和国招标投标法》	主席令 9 届第 21 号	1999 年 8 月 30 日	2000 年 1 月 1 日
7	《中华人民共和国外资企业法》(2000 年修订)	主席令 9 届第 41 号	2000 年 10 月 31 日	2000 年 10 月 31 日
8	《中华人民共和国政府采购法》	主席令第 68 号	2002 年 6 月 29 日	2003 年 1 月 1 日

---

① 为了便于表述,法律、行政法规名称中的"中华人民共和国"字样在下文中省略。

续表

序号	法律名称	文号	颁布时间	开始施行日期
9	《中华人民共和国保险法》（2002年修订）	主席令9届第78号	2002年10月28日	2003年1月1日
10	《中华人民共和国行政许可法》	主席令10届第7号	2003年8月27日	2004年7月1日
11	《中华人民共和国土地管理法》（2004年修订）	主席令10届第28号	2004年8月28日	2004年8月28日
12	《中华人民共和国公路法》（2004年修订）	主席令10届第19号	2004年8月28日	2004年8月28日
13	《中华人民共和国物权法》	主席令第62号	2007年3月16日	2007年10月1日
14	《中华人民共和国城乡规划法》	主席令10届第74号	2007年10月28日	2008年1月1日
15	《中华人民共和国企业国有资产法》	主席令11届第92号	2008年10月28日	2009年5月1日
16	《中华人民共和国建筑法》（2011年修订）	主席令11届第46号	2011年4月22日	2011年7月1日
17	《中华人民共和国公司法》（2013年修订）	主席令10届第42号	2013年12月28日	2014年3月1日
18	《中华人民共和国环境保护法》（2014年修订）	主席令12届第8号	2014年4月24日	2015年1月1日
19	《中华人民共和国预算法》（2014年修订）	主席令12届第12号	2014年8月31日	2015年5月1日
20	《中华人民共和国行政诉讼法》（2014年修订）	主席令12届第15号	2014年11月1日	2015年5月1日

二、PPP相关行政法规

与PPP相关的行政法规主要是国务院出台的针对土地、公路、环境以及政府招投标、采购等方面相关的文件，具体内容参照表1-4。

国内 PPP 立法分析

表 1-4　　　　　　　　　PPP 项目相关行政法规汇总

序号	行政法规名称	文号	颁布时间	开始施行日期
1	《中华人民共和国土地管理法实施条例》	国务院令第 256 号	1998 年 12 月 27 日	1999 年 1 月 1 日
2	《建设工程质量管理条例》	国务院令第 279 号	2000 年 1 月 30 日	2000 年 1 月 30 日
3	《建设工程安全生产管理条例》	国务院令第 393 号	2003 年 11 月 12 日	2004 年 2 月 1 日
4	《收费公路管理条例》	国务院令第 417 号	2004 年 9 月 13 日	2004 年 11 月 1 日
5	《中华人民共和国企业所得税法实施条例》	国务院令第 512 号	2007 年 11 月 28 日	2008 年 1 月 1 日
6	《中华人民共和国招标投标法实施条例》	国务院令第 613 号	2011 年 11 月 3 日	2012 年 2 月 1 日
7	《城镇排水与污水处理条例》	国务院令第 641 号	2013 年 9 月 18 日	2014 年 1 月 1 日
8	《中华人民共和国政府采购法实施条例》	国务院令第 658 号	2014 年 12 月 31 日	2015 年 3 月 1 日

三、PPP 相关规范性文件

为规范 PPP 项目操作，国务院、财政部、国家发改委等部委先后制定并出台了一系列规范性文件。

（一）国务院制定并出台的规范性文件

国务院对国内的固定资产投资、基础设施建设等方面，早在 20 世纪 90 年代就已经出台了若干规定，其中已有 PPP 某些方面内涵的体现。这些年来，国务院大力推动政府简政放权及基础设施和基础服务供给完善，对 PPP 出台了一系列宏观指导性文件（见表 1-5）。

表 1-5　　　　　　　国务院出台 PPP 项目相关规范性文件汇总

序号	规范性文件名称	文号	发布时间
1	《国务院关于固定资产投资项目试行资本金制度的通知》	国发〔1996〕35 号	1996 年 4 月 26 日

续表

序号	规范性文件名称	文号	发布时间
2	《国务院关于加强城市供水节水和水污染防治工作的通知》	国发〔2000〕36号	2000年11月7日
3	《国务院办公厅关于加强城市快速轨道交通建设管理的通知》	国办发〔2003〕81号	2003年9月27日
4	《国务院关于投资体制改革的决定》	国发〔2004〕20号	2004年7月16日
5	《国务院关于鼓励支持和引导个体私营等非公有制经济发展的若干意见》	国发〔2005〕3号	2005年3月28日
6	《国务院关于调整固定资产投资项目资本金比例的通知》	国发〔2009〕27号	2009年5月25日
7	《国务院关于鼓励和引导民间投资健康发展的若干意见》	国发〔2010〕13号	2010年5月7日
8	《国务院关于鼓励和引导民间投资健康发展的若干意见》	国发〔2010〕13号	2010年5月7日
9	《国务院关于加强地方政府融资平台公司管理有关问题的通知》	国发〔2010〕19号	2010年6月10日
10	《国务院办公厅转发发展改革委卫生部等部门关于进一步鼓励和引导社会资本举办医疗机构意见的通知》	国办发〔2010〕58号	2010年12月26日
11	《国务院关于加强城市基础设施建设的意见》	国发〔2013〕36号	2013年9月6日
12	《国务院办公厅关于政府向社会力量购买服务的指导意见》	国办发〔2013〕96号	2013年9月26日
13	《国务院关于近期支持东北振兴若干重大政策举措的意见》	国发〔2014〕28号	2014年8月8日
14	《国务院办公厅关于加强城市地下管线建设管理的指导意见》	国办发〔2014〕27号	2014年6月3日
15	《国务院关于加强地方政府性债务管理的意见》	国发〔2014〕43号	2014年9月21日

续表

序号	规范性文件名称	文号	发布时间
16	《国务院关于深化预算管理制度改革的决定》	国发〔2014〕45号	2014年9月26日
17	《国务院关于加快发展体育产业促进体育消费的若干意见》	国发〔2014〕46号	2014年10月20日
18	《国务院关于发布政府核准的投资项目目录（2014年本）的通知》	国发〔2014〕53号	2014年10月31日
19	《国务院关于创新重点领域投融资机制鼓励社会投资的指导意见》	国发〔2014〕60号	2014年11月16日
20	国务院办公厅转发《财政部发展改革委人民银行关于在公共服务领域推广政府和社会资本合作模式指导意见》	国办发〔2015〕42号	2015年5月19日
21	《国务院办公厅关于推进城市地下综合管廊建设的指导意见》	国办发〔2015〕61号	2015年8月10日
22	《国务院关于国有企业发展混合所有制经济的意见》	国发〔2015〕54号	2015年9月23日
23	《国务院办公厅关于推进海绵城市建设的指导意见》	国办发〔2015〕75号	2015年10月16日
24	《国务院关于实行市场准入负面清单制度的意见》	国发〔2015〕55号	2015年10月20日
25	《国务院办公厅转发卫生计生委等部门关于推进医疗卫生与养老服务相结合指导意见的通知》	国办发〔2015〕84号	2015年11月20日
26	《国务院办公厅关于进一步做好民间投资有关工作的通知》	国办发明电〔2016〕12号	2016年7月4日
27	《中共中央 国务院关于深化投融资体制改革的意见》	中发〔2016〕18号	2016年7月5日

（二）财政部制定并出台的规范性文件

财政部近年来主推 PPP，强调政府与社会资本基于平等地位的合作关系，在此基础上，出台了一系列 PPP 相关的规范性文件（见表 1-6），对 PPP 的合同签订、立项评价、信息披露等各个方面进行了规定。

表 1-6　　　　财政部出台 PPP 项目相关规范性文件汇总

序号	规范性文件名称	文号	发布时间
1	《企业国有产权转让管理暂行办法》	国资委 财政部 3 号令	2004 年 2 月 1 日
2	《企业会计准则解释第 2 号》	财会〔2008〕11 号	2008 年 8 月 7 日
3	《财政部对中央集中采购机构监督考核暂行办法的补充通知》	财库〔2012〕158 号	2012 年 11 月 7 日
4	《政府采购非招标采购方式管理办法》	财政部令（第 74 号）	2014 年 2 月 1 日
5	《关于公共基础设施项目享受企业所得税优惠政策问题的补充通知》	财税〔2014〕55 号	2014 年 7 月 4 日
6	《关于做好政府购买养老服务工作的通知》	财社〔2014〕105 号	2014 年 8 月 26 日
7	《财政部关于推广运用政府和社会资本合作模式有关问题的通知》	财金〔2014〕76 号	2014 年 9 月 23 日
8	《财政部关于印发〈地方政府存量债务纳入预算管理清理甄别办法〉的通知》	财预〔2014〕351 号	2014 年 10 月 23 日
9	《财政部关于印发政府和社会资本合作模式操作指南（试行）的通知》	财金〔2014〕113 号	2014 年 11 月 29 日
10	《财政部关于政府和社会资本合作示范项目实施有关问题的通知》	财金〔2014〕112 号	2014 年 11 月 30 日
11	《财政部关于规范政府和社会资本合作合同管理工作的通知》	财金〔2014〕156 号	2014 年 12 月 30 日
12	《财政部关于印发〈政府采购竞争性磋商采购方式管理暂行办法〉的通知》	财库〔2014〕214 号	2014 年 12 月 31 日
13	《财政部关于印发〈政府和社会资本合作项目政府采购管理办法〉的通知》	财库〔2014〕215 号	2014 年 12 月 31 日

续表

序号	规范性文件名称	文号	发布时间
14	《财政部 民政部 工商总局关于印发〈政府购买服务管理办法（暂行）〉的通知》	财综〔2014〕96号	2015年1月1日
15	《关于市政公用领域开展政府和社会资本合作项目推介工作的通知》	财建〔2015〕29号	2015年3月13日
16	《财政部关于印发〈政府和社会资本合作项目财政承受能力论证指引〉的通知》	财金〔2015〕21号	2015年4月7日
17	《财政部 环境保护部关于推进水污染防治领域政府和社会资本合作的实施意见》	财建〔2015〕90号	2015年4月9日
18	《财政部 交通运输部关于在收费公路领域推广运用政府和社会资本合作模式的实施意见》	财建〔2015〕111号	2015年4月20日
19	《关于运用政府和社会资本合作模式推进公共租赁住房投资建设和运营管理》	财综〔2015〕15号	2015年5月26日
20	《关于进一步做好政府和社会资本合作项目示范工作的通知》	财金〔2015〕57号	2015年6月26日
21	《关于实施政府和社会资本合作项目以奖代补政策的通知》	财金〔2015〕158号	2015年12月8日
22	《关于印发〈政府投资基金暂行管理办法〉的通知》	财预〔2015〕210号	2015年12月10日
23	《关于规范政府和社会资本合作（PPP）综合信息平台运行的通知》	财金〔2015〕166号	2015年12月18日
24	《关于印发〈PPP物有所值评价指引（试行）〉的通知》	财金〔2015〕167号	2015年12月18日
25	《关于进一步共同做好政府和社会资本合作（PPP）有关工作的通知》	财金〔2016〕32号	2016年5月28日
26	《政府和社会资本合作项目财政管理暂行办法》	财金〔2016〕92号	2016年9月24日

续表

序号	规范性文件名称	文号	发布时间
27	《关于在公共服务领域深入推进政府和社会资本合作工作的通知》	财金〔2016〕90号	2016年10月11日
28	《关于联合公布第三批政府和社会资本合作示范项目加快推动示范项目建设的通知》	财金〔2016〕91号	2016年10月11日

（三）发改委制定并出台的规范性文件

发改委基于其自身职能，主推特许经营，但其本质上与PPP存在诸多相似之处。发改委针对PPP可以应用的各个领域，出台了诸多详细的指导规范（见表1-7）。

表1-7　　　　发改委出台PPP项目相关规范性文件汇总

序号	规范性文件名称	文号	发布时间
1	《境外进行项目融资管理暂行办法》	计外资〔1997〕第612号	1997年4月16日
2	《工程建设项目招标范围和规模标准规定》	国家发展计划委员会令（第3号）	2000年5月1日
3	《国家计委关于印发促进和引导民间投资的若干意见的通知》	计投资〔2001〕2653号	2001年12月11日
4	《关于进一步推进城市供水价格改革工作的通知》	计价格〔2002〕515号	2002年4月1日
5	《关于推进城市污水、垃圾处理产业化发展的意见》	计投资〔2002〕1591号	2002年9月10日
6	《天然气基础设施建设与运营管理办法》	国家发展和改革委员会令第8号	2014年4月1日
7	《政府核准投资项目管理办法》	国家发展和改革委员会令第11号	2014年6月14日
8	《外商投资项目核准和备案管理办法》	国家发展和改革委员会令第12号	2014年6月17日

续表

序号	规范性文件名称	文号	发布时间
9	《关于加快推进健康与养老服务工程建设的通知》	发改投资〔2014〕2091号	2014年9月12日
10	《关于开展政府和社会资本合作的指导意见》	发改投资〔2014〕2724号	2014年12月2日
11	《国家发展和改革委员会关于开展政府和社会资本合作的指导意见》	发改投资〔2014〕2724号	2014年12月2日
12	《国家发展改革委、国家开发银行关于推进开发性金融支持政府和社会资本合作有关工作的通知》	发改投资〔2015〕445号	2015年3月1日
13	《关于鼓励和引导社会资本参与重大水利工程建设运营的实施意见》	发改农经〔2015〕488号	2015年3月17日
14	《基础设施和公用事业特许经营管理办法》	国家发改委 财政部 住建部 交通部 水利部 人民银行令第25号	2015年6月1日
15	《国家发展改革委关于切实做好〈基础设施和公用事业特许经营管理办法〉贯彻实施工作的通知》	发改法规〔2015〕1508号	2015年7月2日
16	《关于城市地下综合管廊实行有偿使用制度的指导意见》	发改价格〔2015〕2754号	2015年11月26日
17	《关于切实做好传统基础设施领域政府和社会资本合作有关工作的通知》	发改投资〔2016〕1744号	2016年8月10日
18	《关于开展重大市政工程领域政府和社会资本合作（PPP）创新工作的通知》	发改投资〔2016〕2068号	2016年9月28日
19	《传统基础设施领域实施政府和社会资本合作项目工作导则》	发改投资〔2016〕2231号	2016年10月24日
20	《国家发展改革委 农业部关于推进农业领域政府和社会资本合作的指导意见》	发改农经〔2016〕2574号	2016年12月6日

续表

序号	规范性文件名称	文号	发布时间
21	《传统基础设施领域政府和社会资本合作（PPP）项目库管理办法（试行）》		2016年12月21日
22	《国家发展改革委 中国证监会关于推进传统基础设施领域政府和社会资本合作（PPP）项目资产证券化相关工作的通知》	发改投资〔2016〕2698号	2016年12月21日

第二章 PPP项目全生命周期涉及的主要法律问题

PPP项目一般投资规模较大、需求长期稳定、价格调整机制灵活、市场化程度较高，这就需要关注PPP项目的全生命周期，在各个阶段秉持法制精神，依法对各方的权利和义务进行规范，保证项目在法制的轨道上运行。

第一节 PPP项目的全生命周期概览

财政部印发的《政府和社会资本合作模式操作指南（试行）》对PPP的操作流程进行了明确界定，具体可分为五个阶段，分别为项目识别、项目准备、项目采购、项目执行以及项目移交（见图2-1）。这对于理解PPP项目的全生命周期，把控各个阶段的风险和收益具有重要意义。

一、项目识别

项目识别阶段的主要工作是根据PPP项目的准入门槛，确定适合于采用PPP模式的项目，一般投资规模较大、需求长期稳定、价格调整机制灵活、市场化程度较高的基础设施及公共服务类项目，适宜采用政府和社会资本合作模式，即PPP模式。项目识别包括项目发起、项目筛选、物有所值评价和财政承受能力论证。

项目发起，既可以由政府方发起，也可以由社会资本方发起，财政部门（政府和社会资本合作中心）负责向交通、住建、环保、能源、教育、医疗、体

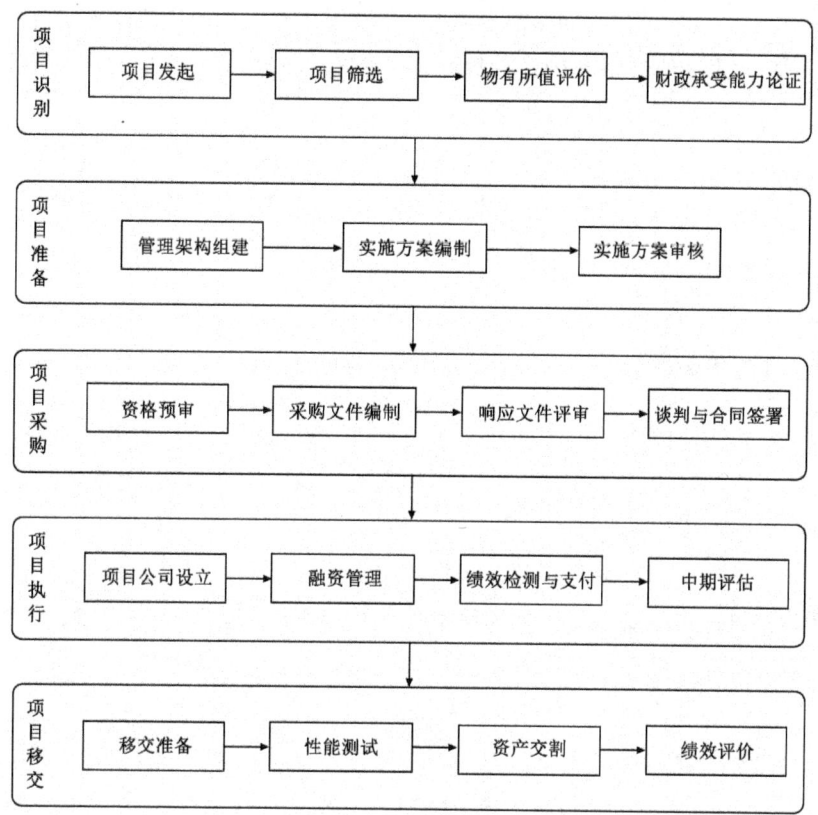

图 2-1 PPP 项目操作流程图

育健身和文化设施等行业主管部门征集潜在政府和社会资本合作项目。行业主管部门可从国民经济和社会发展规划及行业专项规划中的新建、改建项目或存量公共资产中遴选潜在项目。社会资本以项目建议书的方式向财政部门（政府和社会资本合作中心）推荐潜在政府和社会资本合作项目，现阶段主要以政府发起为主。

项目筛选，财政部门（政府和社会资本合作中心）会同行业主管部门，对潜在政府和社会资本合作项目进行评估筛选，确定备选项目。财政部门（政府和社会资本合作中心）根据筛选结果制定项目年度和中期开发计划。

物有所值评价，财政部门（政府和社会资本合作中心）会同行业主管部门，从定性和定量两方面开展物有所值评价工作。定量评价工作由各地根据实际情况开展。定性评价重点关注项目采用政府和社会资本合作模式与采用政府传统采购模式相比能否增加供给、优化风险分配、提高运营效率、促进创新和公平竞争等。定量评价主要通过对政府和社会资本合作项目全生命周期内政府支出成本现值与公共部门比较值进行比较，计算项目的物有所值量值，判断政府和社会资本合作模式是否降低项目全生命周期成本。

财政承受能力评价，为确保财政中长期可持续性，财政部门应根据项目全生命周期内的财政支出、政府债务等因素，对部分政府付费或政府补贴的项目，开展财政承受能力论证，每年政府付费或政府补贴等财政支出不得超出当年财政收入的一定比例。

二、项目准备

通过物有所值评价和财政承受能力论证的项目，可进行项目准备。项目准备阶段主要是为项目实施作好方案、机构和人员准备，包括管理架构组建、实施方案编排和实施方案审核。

政府或其指定的有关职能部门或事业单位可作为项目实施机构，负责项目准备、采购、监管和移交等工作。项目实施机构组织编制项目实施方案，具体内容包括：项目概况、风险分配基本框架、项目运作方式、交易结构、合同体系、监管架构、采购方式选择等。财政部门（政府和社会资本合作中心）对项目实施方案进行物有所值和财政承受能力验证，通过验证的，由项目实施机构报政府审核；未通过验证的，可在实施方案调整后重新验证；经重新验证仍不能通过的，不再采用政府和社会资本合作模式。

三、项目采购

项目采购需要按照政府采购法来进行，可以采用公开招标、邀请招标、竞争性谈判、单一来源采购、询价、采购以及监督管理部门认定的其他采购方式进行。项目采购阶段包括资格预审、采购文件编制、响应文件评审、谈判与合同签署。

资格预审，项目实施机构根据项目需要准备资格预审文件，发布资格预审公告，邀请社会资本和与其合作的金融机构参与资格预审，验证项目能否获得社会资本响应和实现充分竞争，并将资格预审的评审报告提交财政部门（政府和社会资本合作中心）备案。

采购文件编制，项目采购文件应包括采购邀请、竞争者须知（包括密封、签署、盖章要求等）、竞争者应提供的资格、资信及业绩证明文件、采购方式、政府对项目实施机构的授权、实施方案的批复和项目相关审批文件、采购程序、响应文件编制要求、提交响应文件的截止时间、开启时间及地点、强制担保的保证金交纳数额和形式、评审方法、评审标准、政府采购政策要求、项目合同草案及其他法律文本等。采用竞争性谈判或竞争性磋商采购方式的，项目采购文件除上款规定的内容外，还应明确评审小组根据与社会资本谈判情况可能实质性变动的内容，包括采购需求中的技术、服务要求以及合同草案条款。

响应文件评审，项目实施机构应按照采购文件规定组织响应文件的接收和开启。评审小组对响应文件进行两阶段评审：第一阶段，确定最终采购需求方案；第二阶段，综合评分。

谈判与合同签署，项目实施机构成立专门的采购结果确认谈判工作组。按照候选社会资本的排名，依次与候选社会资本及与其合作的金融机构就合同中可变的细节问题进行合同签署前的确认谈判，率先达成一致的即为中选者。确认谈判不得涉及合同中不可谈判的核心条款，不得与排序在前但已终止谈判的社会资本进行再次谈判。确认谈判完成后，项目实施机构应与中选社会资本签署确认谈判备忘录，并将采购结果和根据采购文件、响应文件、补遗文件和确认谈判备忘录拟定的合同文本进行公示，公示期不得少于 5 个工作日。合同文本应将中选社会资本响应文件中的重要承诺和技术文件等作为附件。合同文本中涉及国家秘密、商业秘密的内容可以不公示。公示期满无异议的项目合同，应在政府审核同意后，由项目实施机构与中选社会资本签署。

四、项目执行

项目执行时 PPP 项目成败的关键环节，是前期谈判和合同条款的具体落实阶段，项目执行阶段主要包括项目公司设立、融资管理、绩效检测与支付、中期评估。

项目公司设立，社会资本可依法设立项目公司。政府可指定相关机构依法参股项目公司。项目实施机构和财政部门（政府和社会资本合作中心）应监督社会资本按照采购文件和项目合同约定，按时足额出资设立项目公司。

融资管理，项目融资由社会资本或项目公司负责。社会资本或项目公司应及时开展融资方案设计、机构接洽、合同签订和融资交割等工作。财政部门（政府和社会资本合作中心）和项目实施机构应做好监督管理工作，防止企业债务向政府转移。社会资本或项目公司未按照项目合同约定完成融资的，政府可提取履约保函直至终止项目合同；遇系统性金融风险或不可抗力的，政府、社会资本或项目公司可根据项目合同约定协商修订合同中相关融资条款。当项目出现重大经营或财务风险，威胁或侵害债权人利益时，债权人可依据与政府、社会资本或项目公司签订的直接介入协议或条款，要求社会资本或项目公司改善管理等。在直接介入协议或条款约定期限内，重大风险已解除的，债权人应停止介入。

绩效检测与支付，项目实施机构根据项目合同约定，监督社会资本或项目公司履行合同义务，定期监测项目产出绩效指标，编制季报和年报，并报财政部门（政府和社会资本合作中心）备案。政府有支付义务的，项目实施机构应根据项目合同约定的产出说明，按照实际绩效直接或通知财政部门向社会资本或项目公司及时足额支付。设置超额收益分享机制的，社会资本或项目公司应根据项目合同约定向政府及时足额支付应享有的超额收益。项目实际绩效优于约定标准的，项目实施机构应执行项目合同约定的奖励条款，并可将其作为项目期满合同能否展期的依据；未达到约定标准的，项目实施机构应执行项目合同约定的惩处条款或救济措施。

中期评估，项目实施机构应每3—5年对项目进行中期评估，重点分析项目运行状况和项目合同的合规性、适应性和合理性；及时评估已发现问题的风险，制订应对措施，并报财政部门（政府和社会资本合作中心）备案。

五、项目移交

涉及项目移交的PPP项目，在特许经营合同期满，项目公司要将项目的经营权移交给政府。项目移交时，项目实施机构或政府指定的其他机构代表政府收回项目合同约定的项目资产。项目移交阶段主要包括：移交准备、性能测试、资产交割和绩效评价。

移交准备，项目实施机构或政府指定的其他机构应组建项目移交工作组，根据项目合同约定与社会资本或项目公司确认移交情形和补偿方式，制定资产评估和性能测试方案。

性能测试，项目移交工作组应严格按照性能测试方案和移交标准对移交资产进行性能测试。性能测试结果不达标的，移交工作组应要求社会资本或项目公司进行恢复性修理、更新重置或提取移交维修保函。

资产交割，社会资本或项目公司应将满足性能测试要求的项目资产、知识产权和技术法律文件，连同资产清单移交项目实施机构或政府指定的其他机构，办妥法律过户和管理权移交手续。社会资本或项目公司应配合做好项目运营平稳过渡相关工作。

绩效评价，项目移交完成后，财政部门（政府和社会资本合作中心）应组织有关部门对项目产出、成本效益、监管成效、可持续性、政府和社会资本合作模式应用等进行绩效评价，并按相关规定公开评价结果。评价结果是政府开展政府和社会资本合作管理工作的决策参考依据。

第二节　PPP项目相关法律主体及其权责利配置

PPP即政府与社会资本合作，在PPP项目中，政府方、社会资本方以及由其成立的项目公司的法律主体资格和责权利配置至关重要。社会公众作为最终受益方，也起了至关重要的作用。

一、政府方主体资格及其权责利的界定

PPP项目中政府主体是指项目所在地相应级别的各级人民政府和经本级人民政府授权的机构。根据PPP项目运作方式和社会资本参与程度的不同，政府在PPP项目中所承担的具体职责也不同。在PPP项目中，政府需要同时扮演公共事务的管理者和公共产品或服务的购买者（或者购买者的代理人）的双重角色。

作为公共事务的管理者，政府的权力包括制定相关法律政策，以使PPP项目有效运行；对基础设施及公共服务的价格和质量进行监管；对有关主体之间的利益纠纷提供诉讼和仲裁解决机制等。其责任则是合理使用公权力，依法行政，防止权力滥用，损害其他主体的利益。

作为公共产品或服务的购买者，政府方与其他主体处于平等的地位，根据合同来确定自身的权利和义务，该权利和义务的设定，依托于意思自由和合同双方主体的协商一致。

二、社会资本方主体资格及其权责利的界定

社会资本方是指依法设立且有效存续的具有法人资格的企业，包括民营企业、国有企业、外国企业和外商投资企业。社会资本方既可以单独，也可以结成资本联合体参与PPP项目。

社会资本方作为民事主体，是PPP项目的投资人，享有股东权利，并享有因参与PPP项目而在特定领域投资的排他性权利，此外还享有因合同而产生的

各项权利。但 PPP 项目的公益性质决定社会资本方除需要承担合同产生的义务外，应该及时提供资本、技术和人员支持，保障项目按进度、保质、保量地完成，不能因为自身原因而随意违约或者影响产品和服务的提供。

三、项目公司主体资格及其权责利的界定

项目公司是依法设立的自主运营、自负盈亏的具有独立法人资格的经营实体。项目公司可以由社会资本（可以是一家企业，也可以是多家企业组成的联合体）出资设立，也可以由政府和社会资本共同出资设立。

项目公司是项目建设、运营、维护、移交的实际承担者，也是诸多合同的一方主体。项目公司是政府特许经营权的实际权利人，享有该特许经营权进行建设和运营，也有责任合理使用特许经营权，保障 PPP 项目的目标实现。作为履约合同主体的项目公司，承担具体履约合同中规定由其承担的义务，享有相应的权利。

四、社会公众主体资格及其权责利的界定

社会公众指 PPP 项目提供的基础设施以及公共服务的最终受益方和最终使用方。社会公众享有对基础设施和公共服务的监督权。如果认为该设施或服务难以满足其需求或者侵害其利益，社会公众有权向有关部门反映。虽然社会公众并非合同的一方主体，但其权利来自社会契约以及国家属性，具有正当性，应该得到保障。社会公众也负有合理使用基础设施、爱护公共基础设施、尊重公共服务提供人员等义务。

第三节　PPP 项目合同文本体系及核心条款分析

PPP 项目秉持契约自由的原则，由一个复杂的合同体系构建起来，各个合同之间相互勾连，对各方主体的权利和义务进行了明确的规定，也对各方主体的行为进行了明确的指引，其中的核心条款是 PPP 合同的核心，也是各方主体最为关心的内容。

一、PPP 项目合同体系

PPP 项目秉持民法的契约自由原则，整个项目以合同为基础，通过合同来明确各方的权利和义务，构成 PPP 项目的合同体系。其中涉及的合同通常包括 PPP 项目合同、股东协议、履约合同（包括工程承包合同、运营服务合同、原料供应合同、产品或服务购买合同等）、融资合同和保险合同等。各个合同之间并非完全独立、互不影响，而是紧密衔接、相互贯通的，合同之间存在着一定的"传导关系"。

在 PPP 合同体系中，PPP 项目合同处于基础和核心地位，PPP 项目合同是政府方与社会资本方依法就 PPP 项目合作所订立的合同。其目的是在政府方与社会资本方之间合理分配项目风险，明确双方权利义务关系，保障双方能够依据合同约定合理主张权利，妥善履行义务，确保项目全生命周期内的顺利实施。在 PPP 项目中，合理界定政府方的权力和责任，是社会资本方最为关注的事项，直接关系 PPP 项目目的的实现和社会资本方利益的保护。PPP 项目合同也是其他合同产生的基础，PPP 项目合同的具体条款会直接影响其他合同的具体内容。

社会资本方之间为成立项目公司而签订的股东协议，在股东之间建立了长期的、有约束力的合约关系。其中规定了前提条件，项目公司的设立和融资，项目公司的经营范围，股东权利，履行 PPP 项目合同的股东承诺，股东的商业计划，股权转让，股东会、董事会、监事会组成及其职权范围，股息分配、违约、终止及终止后处理机制，不可抗力，适用法律和争议解决等。该协议属于公司法的规制范围，是民事主体意志的体现。

在项目具体运营过程中会涉及诸多履约合同，例如工程承包合同、运营服务合同、原料供应合同、产品或服务购买合同等，该类合同在 PPP 项目建设、运营、维护的各个阶段都会出现，一般以 PPP 项目公司为主体签订，是保障 PPP 项目运行的具体实现方式。

PPP 项目的融资合同指项目公司与融资方签订的项目贷款合同、担保人就项目贷款与融资方签订的担保合同、政府与融资方和项目公司签订的直接介入协议等多个合同。该合同既是政府方与社会资本方以及社会资本方之间资合关系的体现，也是项目公司获得外部资金支持、维持日常营运资金需求的重要途径。

保险合同贯穿项目建设运行的全过程。PPP 项目的特定风险以签订保险合同的形式由保险公司承担，极大地压低了社会资本方和政府方承担的风险，使各方主体参与 PPP 的风险和收益处于可接受的匹配范围之内。

在 PPP 项目中还可能会涉及其他的合同，例如与专业中介机构签署的投资、法律、技术、财务、税务等方面的咨询服务合同。各个合同相互影响，成为一个复杂的合同体系（见图 2-2）。

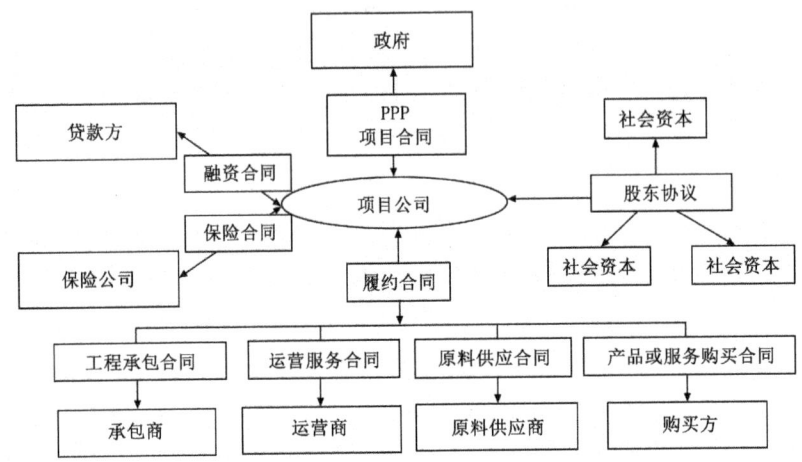

图 2-2　PPP 项目基本合同体系框架

二、PPP 项目核心条款

PPP 项目核心条款是 PPP 项目合同中的重要内容，对于理解 PPP 的概念和目标以及政府方与社会资本方关心的主要内容作出了明确的规定。根据项目行业、付费机制、运作方式等具体情况的不同，PPP 项目合同可能会千差万别，但一般来讲会包括以下核心条款：引言、定义和解释；项目的范围和期限；前提条件；项目的融资；项目用地；项目的建设；项目的运营；项目的维护；股权变更限制；付费机制；履约担保；政府承诺；保险；守法义务及法律变更；不可抗力；政府方的监督和介入；违约、提前终止及终止后的处理机制；项目的移交；适用法律及争议解决；合同附件。

第四节　PPP 项目涉及的主要法律问题及法律冲突分析

PPP 项目全生命周期涉及五个阶段、十九个环节，操作过程复杂。而我国现行法律尚未对 PPP 项目作出统一而明确的规范，零散出台的规范性文件以及多部门的交叉监管，导致对 PPP 项目的法律监管冲突和法律监管缺失。

一、PPP 项目立项涉及的主要法律问题及冲突

在项目立项阶段，由于我国尚未对 PPP 项目立项作出明确的法律规定，因此对于项目立项的划分一直存在争议，究竟哪些内容和环节属于项目立项尚不明确。根据 PPP 项目全生命周期来看，可以把项目识别、项目准备阶段界定为 PPP 项目立项。

PPP 项目立项阶段，存在的主要法律问题和冲突在于立项程序和立项主体。按照目前的法律法规来看，针对 PPP 项目立项的流程规定仍属于空白地带，地方政府在实际操作中一般沿用传统模式项目的立项审批程序，或是固定资产投资的审批程序，加上施工总承包模式的报建程序，但又要经过财政承受能力论证与物有所值评价程序，导致 PPP 立项流程成为一个杂乱而混合的过程。同时 PPP 和特许经营不同口径划分，使得 PPP 项目的立项程序更为复杂。而政府在 PPP 立项程序中的"手"究竟该伸多长也不明确，PPP 项目在投资主体、资金来源、项目类型上存在混合性，哪些内容需要审批、哪些内容需要核准、哪些内容经过备案即可，一直缺乏明确的指引。

PPP 项目立项阶段的立项主体和实施机构也存在划分不清的情况。在实际操作中，有些地方政府是取财政部、发改委关于实施机构规定的交集，认为只有政府或其指定的有关职能部门和事业单位能作为实施机构。有的地方政府则是取财政部、发改委关于实施机构规定的合集，认为政府或其指定的有关职能部门和事业单位、行业运营公司或其他相关机构都可以担任 PPP 项目的实施机构。实施主体划分的不明确，就会导致政府方角色的重叠和权力的无序使用。

二、PPP 项目采购涉及的主要法律问题及冲突

PPP 项目采购，是在完成 PPP 项目识别和准备等前期工作后，依法选择社会资本合作者的过程。由于 PPP 项目发起方主要是政府方，因此政府方在选择社会资本方时，就涉及究竟使用《政府采购法》还是《招标投标法》的冲突，以及在哪些环节适用《政府采购法》，哪些环节适用《招标投标法》的问题。

《政府采购法》和《招标投标法》在立法目的、适用范围、规范主体、监管主体、投资者的选择方式等方面存在诸多的不同。因此在 PPP 项目实际操作中，法律的选择就会对各方的权利义务、权力责任以及操作程序产生较大的

影响。

此外，由于 PPP 项目的复杂性，《政府采购法》和《招标投标法》对于 PPP 项目中存在的问题，难免存在监管漏洞。例如对于 PPP 项目采购中的低价投标问题尚未有法律法规进行规范，容易导致项目质量低下、恶性竞标；对于 PPP 项目采购中的信息公开问题尚未有法律法规进行规范，PPP 项目的公益性没有得到充分的尊重；PPP 项目采购中社会资本资质问题尚未有法律法规进行规范，人为操作的灵活性导致了项目采购对国有资本的青睐和对民营资本的轻视，歧视性的规定打压了民营资本参与 PPP 项目的积极性。这些行为动摇了 PPP 项目的初衷，PPP 项目目的的实现会受到极大的影响。

三、PPP 项目用地涉及的主要法律问题及冲突

目前我国大多数的 PPP 项目都是城市基础设施项目，因此 PPP 项目用地是绝大多数 PPP 项目的基础。我国的土地从所有权属性上来说，属于国家或者集体所有。而我国的土地使用权作为物权可以通过不同方式为法人、自然人所取得。我国的土地管理有着复杂和严格的体系，与此相对应，与土地相关的法律法规及规范性文件也是极其庞大和复杂。

PPP 项目用地比较特殊，在现行的土地法律法规及规范性文件下存在着适用冲突。这些问题涉及 PPP 项目用地由谁取得，采用何种方式取得，如何确保使用等多个方面。目前，在实践中存在问题比较多的，一是在 PPP 项目用地是混合经营性与非经营性时，难以统一适用取得方式；二是在以出让方式取得 PPP 项目用地的情况下，由于特许经营权的取得和项目用地的取得不是一套流程，取得特许经营权的项目公司不能确保取得土地使用权；三是在以租赁方式取得 PPP 项目用地的情况下，一方面租赁期限受到上位法《合同法》的约束，另一方面 PPP 项目的期限较长的实际不能改变，这个矛盾难以调和。

四、PPP 项目融资与再融资涉及的主要法律问题及冲突

PPP 项目的资金规模一般都较大，融资与再融资能力是确保 PPP 项目平稳运行重要保障。随着我国金融市场的不断完善和发展，融资方式和金融创新日新月异，但由于 PPP 项目的特殊性，围绕 PPP 项目融资与再融资产生了一系列新的问题和挑战。这些问题有些是金融创新可以解决的，有些则不能，主要表现为现行法律法规及规范性文件对融资与再融资的相关规定与 PPP 项目的实际需求之

间存在不对称。

这些问题主要包括政府方担保类型与界限有待于立法厘清，关于项目资产的产权归属无统一的制度安排，项目运用浮动抵押与《物权法》浮动抵押制度存在冲突，特许经营权和项目收益权可融资性与物权担保制度存在冲突，融资方介入权和行使边界有待于立法厘清、对接PPP需求的金融创新还存在制度障碍等。

五、SPV项目公司涉及的主要法律问题及冲突

SPV即承担项目实际建设、运营、维护的项目公司，是依法设立的自主运营、自负盈亏的具有独立法人资格的经营实体。SPV一般由政府方和社会资本方共同出资设立，这其中就涉及项目公司的股权分配、组织架构、资本运作等诸多问题。

SPV由政府方与社会资本方共同出资设立，这就涉及SPV的股权分配问题，SPV的股权分配决定了SPV的经营决策权，从PPP引入社会资本的目的而言，社会资本方应该在SPV中拥有控股权，财政部也出台规定要求政府在项目公司中的持股比例应当低于50%且不具有实际控制力及管理权。但是在SPV中涉及国有资产，如果政府方没有实际权力，是否会导致国有资产流失？政府方作为参股股东，在SPV中的董事席位、表决权份额究竟应该占有多大比重？是否应该在SPV中赋予政府方一票否决权，以用于涉及国有资产流失方面的决策？这些情况目前尚未有法律进行明确规定。

SPV符合我国《公司法》的基本要求，在资本运作上，是否应该受到限制，目前也未有明确的法律进行规定。首先，是否应该允许SPV公司上市进行资本运作尚不明确。要解决SPV的融资需求，上市是一条良好的解决途径，但是由于SPV经营业务的单一性，以及社会资本方不宜变动的特殊性，从目前而言，不应让SPV上市。上市渠道的限制切断了SPV中社会资本方以及政府方的资本退出通道，因此还需要对SPV的资本退出机制进行明确的规定。

SPV是否应该被并入社会资本方的合并财务报表也一直存在疑问。根据财政部的规定，政府方在SPV中不具有实际控制权，但这是否意味着社会资本方对SPV具备了符合我国会计准则规定的控制权尚不明确。且一旦纳入社会资本方的合并报表，就会大规模扩大社会资本方的资产负债规模，容易对社会资本方的财务状况产生较大改变，难以反映其真实的财务状况、经营成果和现金流量。

六、PPP 项目建设运营维护移交涉及的主要法律问题及冲突

PPP 项目的建设、运营、维护、移交是 PPP 项目目的实现的重要基础，也是 PPP 项目全生命周期中，时间跨度长、操作过程复杂、涉及问题多的阶段。

在项目建设阶段，存在政府没有按照约定给已签约项目足够的拨款，却要求项目按期完工及运营的情况，这既是政府对契约精神的违背，也会损害社会资本方参与项目建设的积极性，需要法律对政府违约作出相应的处理。同时，PPP 项目建设用地，对社会资本方与项目用地的分开招标，很可能造成社会投资人虽中标 PPP 项目却无法获得所需的土地使用权。对于 PPP 项目，项目公司或者投资人一般倾向于采用 EPC（设计—采购—施工）总承包或 PMC（Project Management Contract）进行工程建设管理，但相关法律法规尚不健全。针对项目竣工验收的法律也还尚未完善。

在项目运营阶段，国家税务总局并没有出台针对 PPP 模式的统一税收规范，使得 PPP 项目在税收征管中缺乏明确的规定。对于项目运营过程中的监管部门，责权利配置等问题也尚未有法律进行明确的规定。社会资本方对 PPP 项目的定价规则与物价部门的批准权力的协调机制还很不健全。

在项目移交阶段，《企业国有产权转让管理暂行办法》股权转让期限与 PPP 项目国有产权变动的实际情况存在冲突，移交过程中的产权转让、税收缴纳等相关方面依然存在难题。

七、PPP 项目资产管理涉及的主要法律问题及冲突

PPP 项目资产管理与 PPP 项目的火热之势形成鲜明对比，无论是从理论上还是从实践中，对这个问题研究和探索的都较少，进行系统深入研究的就少之又少。

PPP 项目资产管理在 PPP 项目中的作用往往体现在无形之处和关键节点，特别是 PPP 项目资产的形成和移交，而 PPP 项目资产的运营更是贯彻始终。

PPP 项目资产管理首先在理论上有着极大的挑战。什么是 PPP 项目资产，它是一个什么样的概念，这些基本问题仍处于混乱阶段。实践中往往是采取"搁置争议"的权宜之计，通过合同的直接约定，代替理论上的模糊，这临时解决了 PPP 项目遇到的难题，却将不确定性和风险留到了未来。

产权是 PPP 项目资产管理的核心，但由于 PPP 项目涉及多方主体，其产权归属界定不清，产权流转、产权管理等都受到了极大的限制，这对于 PPP 项目

资产管理的科学有效性以及社会资本进入的积极性都造成极大的损害。在 PPP 项目中如何在维护社会资本合法权益和加强国有资产保护之间寻求平衡点，也是需要各方探索的紧急课题。

八、PPP 项目税收涉及的主要法律问题及冲突

PPP 项目税收问题主要是 PPP 项目公司的税收问题。PPP 项目公司一方面是一个企业法人，另一方面又具有其特殊性，对其征税不能完全等同于一般的企业法人。从世界各国的实践经验来看，PPP 项目公司在税收上有着特殊而专门的规定，以推动其发展。

目前我国对于 PPP 项目公司的税收处理没有专门的文件进行规定，是依托现有的税收制度加上一些税收规定"补丁"来解决 PPP 项目公司遇到的税收难题。这难以体现税收的法定性和稳定性，对项目公司的持久运营难以提供稳定的税收环境。这些问题主要包括对于 PPP 项目税收中的税收优惠问题、资产摊销问题、财政补贴纳税问题、股息分红征税问题、资产转移征税问题等，尚未有法律法规进行明确规范。

第三章 PPP 项目立项相关法律法规分析

项目立项属于 PPP 项目的前期工作,是保障项目合法合规的重要前提。立项是实现项目"从无到有"的过程,其涉及的法律法规众多,需要准备详尽的申报文件,且审批程序较为繁琐。因此,如何规范有效地进行立项,解决"何时立项、由谁立项、怎么立项"的问题,是后续推进 PPP 项目的关键。本章对现有法律法规进行分析,总结立项环节所存在的主要问题,并通过典型案例的剖析,挖掘经验、提炼精华,给出相应疑难问题的解答。

第一节 PPP 项目立项涉及的法律法规及存在的主要问题

PPP 项目立项是一项系统性的复杂工程,其涉及的法律法规及规范性文件众多。通过汇总和梳理现有政策文件,以立项流程中的一个个具体问题为靶子,分析各文件间的联系和可能存在的"冲突",归纳并指出 PPP 项目立项中基于法律法规层面所存在的问题。

一、PPP 项目立项涉及的法律法规及规范性文件

通过对 PPP 项目立项涉及的法律法规及规范性文件进行适当区别,可以分为直接涉及和间接涉及两大类。直接涉及的部分主要从项目立项的发起主体、审批程序、批复方式、实施机构等方面进行探讨;间接涉及的部分主要从财政管

理、合作年限等方面进行说明。

(一) PPP 项目立项直接涉及的法律法规及规范性文件

1. 关于 PPP 项目立项中发起主体问题的相关规定

《关于印发政府和社会资本合作模式操作指南（试行）的通知》（财金〔2014〕113 号，简称《指南》）适用于规范政府、社会资本和其他参与方开展政府和社会资本合作项目的识别、准备、采购、执行和移交等活动。而项目立项主要涉及项目的识别和准备活动。根据《指南》第六条的规定，"政府和社会资本合作项目由政府或社会资本发起，以政府发起为主"。就政府发起而言，"财政部门（政府和社会资本合作中心）应负责向交通、住建、环保、能源、教育、医疗、体育健身和文化设施等行业主管部门征集潜在政府和社会资本合作项目。行业主管部门可从国民经济和社会发展规划及行业专项规划中的新建、改建项目或存量公共资产中遴选潜在项目"。就社会资本发起而言，"社会资本应以项目建议书的方式向财政部门（政府和社会资本合作中心）推荐潜在政府和社会资本合作项目"。这条规定没有明确提出项目立项应该由谁负责，但指出政府和社会资本都能够发起适合 PPP 的基础设施及公共服务类项目，给予了社会资本一定的权利。

《政府和社会资本合作项目财政管理暂行办法》（财金〔2016〕92 号）第四条规定，"政府发起 PPP 项目的，应当由行业主管部门提出项目建议，由县级以上人民政府授权的项目实施机构编制项目实施方案，提请同级财政部门开展物有所值评价和财政承受能力论证。社会资本发起 PPP 项目的，应当由社会资本向行业主管部门提交项目建议书，经行业主管部门审核同意后，由社会资本编制项目实施方案，由县级以上人民政府授权的项目实施机构提请同级财政部门开展物有所值评价和财政承受能力论证"。这条规定是在财政部 113 号文的基础上，进一步明确了项目实施方案、物有所值评价和财政承受能力论证的编制、批准流程，有利于规范和理清政府和社会资本合作项目前期的识别论证工作。

2. 关于 PPP 项目立项中审批程序问题的相关规定

《关于印发政府和社会资本合作模式操作指南（试行）的通知》（财金〔2014〕113 号，简称《指南》）第十条规定，"县级（含）以上地方人民政府可建立专门协调机制，主要负责项目评审、组织协调和检查督导等工作，实现简化审批流程、提高工作效率的目的"。项目立项往往离不开各种各样的审批程序，《指南》中没有明确审批的具体流程，但提出要"简化审批流程、提高工作效率"，这是对项目立项便利化的指导。

《基础设施和公用事业特许经营管理办法》（国家发改委财政部住建部交通部水利部人民银行令第 25 号，简称《办法》）第十三条规定，"县级以上人民政府有关行业主管部门或政府授权部门依托本级人民政府根据本办法第八条规定建立的部门协调机制，会同发展改革、财政、城乡规划、国土、环保、水利等有关部门对特许经营项目实施方案进行审查。经审查认为实施方案可行的，各部门应当根据职责分别出具书面审查意见。项目提出部门综合各部门书面审查意见，报本级人民政府或其授权部门审定特许经营项目实施方案"。这条规定明确了 PPP 项目实施方案编制审批流程。

另外，《办法》中第二十二条规定，"特许经营者根据特许经营协议，需要依法办理规划选址、用地和项目核准或审批等手续的，有关部门在进行审核时，应当简化审核内容，优化办理流程，缩短办理时限，对于本部门根据本办法第十三条出具书面审查意见已经明确的事项，不再作重复审查"。这一规定，妥善地解决了原先的 PPP 模式和项目手续之间的重复审批问题，有利于提高项目审批效率。

《PPP 项目合同指南（试行）》（财金〔2014〕156 号，简称《指南》）中第二章第四节中关于获得项目相关审批的说明。《指南》规定，"在遵守我国法律法规的前提下，按照一般的风险分配原则，该项条件通常应由对履行相关审批程序最有控制力且最有效率的一方负责满足，例如：（1）如果项目公司可以自行且快捷地获得相关审批，则该义务可由项目公司承担；（2）如果无政府协助项目公司无法获得相关审批，则政府方有义务协助项目公司获得审批；（3）如果相关审批属于政府方的审批权限，则应由政府方负责获得"。该规定通过举例的方式形象地分析了几种在 PPP 项目实际操作中可能出现的情况，这种获得项目相关审批的方式符合 PPP 项目风险共担的要义。

3. 关于 PPP 项目立项中批复方式问题的相关规定

《传统基础设施领域实施政府和社会资本合作项目工作导则》（发改投资〔2016〕2231 号，简称《工作导则》）第十条规定，"政府投资项目的可行性研究报告应由具有相应项目审批职能的投资主管部门等审批……实行核准制或备案制的企业投资项目，应根据《政府核准的投资项目目录》及相关规定，由相应的核准或备案机关履行核准、备案手续"。《工作导则》对项目审批、核准和备案进行了区分，可以总结出政府投资项目应采取审批制，而企业投资项目多采用核准制或备案制，但新建 PPP 项目如何归类为政府投资项目或企业投资项目，《工作导则》也没有明确判断标准。

4. 关于 PPP 项目立项中实施机构问题的相关规定

《传统基础设施领域实施政府和社会资本合作项目工作导则》（发改投资〔2016〕2231 号）第八条规定，"对于列入年度实施计划的 PPP 项目，应根据项目性质和行业特点，由当地政府行业主管部门或其委托的相关单位作为 PPP 项目实施机构，负责项目准备及实施等工作"。《国家发展改革委关于开展政府和社会资本合作的指导意见》（发改投资〔2014〕2724 号）中规定，"按照地方政府的相关要求，明确相应的行业管理部门、事业单位、行业运营公司或其他相关机构，作为政府授权的项目实施机构，在授权范围内负责 PPP 项目的前期评估论证、实施方案编制、合作伙伴选择、项目合同签订、项目组织实施以及合作期满移交等工作"。第一条规定是国家发改委关于实施机构确定的最新表述，其延续了 2724 号文的相关表述，对实施机构范围的界定仍不清晰。

与此同时，财政部对实施机构的担任主体和负责工作也出台了相关文件。《关于印发政府和社会资本合作模式操作指南（试行）的通知》（财金〔2014〕113 号）第十条规定，"政府或其指定的有关职能部门或事业单位可作为项目实施机构，负责项目准备、采购、监管和移交等工作"。

综合两大部委的政策文件可以看出实施机构在 PPP 项目全生命周期中扮演着重要角色，尽早选择和明确实施机构对于项目立项的完成及后续工作的开展都具有积极意义。

（二）PPP 项目立项间接涉及的法律法规及规范性文件

1. 关于 PPP 项目立项中财政管理的相关规定

《政府和社会资本合作项目财政管理暂行办法》（财金〔2016〕92 号）第十八条规定，"行业主管部门应当根据预算管理要求，将 PPP 项目合同中约定的政府跨年度财政支出责任纳入中期财政规划，经财政部门审核汇总后，报本级人民政府审核，保障政府在项目全生命周期内的履约能力"。本条规定强化了现代财政制度对 PPP 项目立项的约束，对于需要政府采取政府付费或可行性缺口补助模式的 PPP 项目，应当严格按照《预算法》规定，合理确定财政付费总额和分年度数额，并与政府年度预算和中期财政规划相衔接，确保资金拨付需要。

《政府和社会资本合作项目财政承受能力论证指引》（财金〔2015〕21 号）对于 PPP 项目立项虽没有直接说明，但其严格控制 PPP 项目财政支出规模，无形中对 PPP 项目立项形成制约，即"每一年度全部 PPP 项目需要从预算中安排的支出责任，占一般公共预算支出比例应当不超过 10%"。也就是说，不关乎

PPP 项目的好坏，只要项目无法通过财政承受能力论证，就不能进行项目立项。

2. 关于 PPP 项目立项中合作期限问题的相关规定

《关于组织开展第三批政府和社会资本合作示范项目申报筛选工作的通知》（财金函〔2016〕47 号）中指出，"PPP 示范项目应纳入城市总体规划和各类专项规划，新建项目应已按规定程序做好立项、可行性论证等项目前期工作；合作期限原则上不低于 10 年"。上述规定是报备财政部示范项目应具备的基本条件，即应做好立项工作且项目合作期不低于 10 年。

《基础设施和公用事业特许经营管理办法》（国家发改委　财政部　住建部　交通部　水利部　人民银行令第 25 号，简称《办法》）第六条规定，"基础设施和公用事业特许经营期限应当根据行业特点、所提供公共产品或服务需求、项目生命周期、投资回收期等综合因素确定，最长不超过 30 年。对于投资规模大、回报周期长的基础设施和公用事业特许经营项目可以由政府或者其授权部门与特许经营者根据项目实际情况，约定超过前款规定的特许经营期限"。

《关于印发政府和社会资本合作模式操作指南（试行）的通知》（财金〔2014〕113 号）中指出，"委托运营（Operations & Maintenance，O&M）运作方式合同期限一般不超过 8 年；管理合同（Management Contract，MC）运作方式合同期限一般不超过 3 年；建设—运营—移交（Build-Operate-Transfer，BOT）运作方式合同期限一般为 20—30 年；转让—运营—移交（Transfer-Operate-Transfer，TOT）运作方式合同期限一般为 20—30 年；改建—运营—移交（Rehabilitate-Operate-Transfer，ROT）运作模式合同期限一般为 20—30 年"。值得注意的是，本条规定是针对合同期限而言的，而非合作期限，即与《关于组织开展第三批政府和社会资本合作示范项目申报筛选工作的通知》（财金函〔2016〕47 号）中的表述存在不一致。

PPP 项目的"合作期限"应指双方就 PPP 项目进行合作的起始日期至结束日期；而 PPP 项目合同的"合同期限"则指合同的有效期，通常自 PPP 项目合同签署时开始至合同期满或提前终止时结束。从上述概念分析来看，"合作期限"和"合同期限"两者虽有关联，但并不一定完全相同，PPP 项目合同中可以约定"合作期限"与"合同期限"同时开始、同时结束，也可另行约定"合作期限"的开始时间。如另行约定，则通常约定为前提条件的满足或豁免之日、新建项目开工日或存量项目资产移交开始日等日期[①]。

---

① 资料来源：http://mp.weixin.qq.com/s/_yKyFS_J2d1tt_cQiftDkQ。

综合上述规定，PPP 项目合作期限①应"不低于 10 年"，通常"最长不超过 30 年"。关于最短期限，即"不低于 10 年"的规定应当是强制适用的，而《关于印发政府和社会资本合作模式操作指南（试行）的通知》（财金〔2014〕113 号）中对于 O&M 运作方式合作期限"不超过 8 年"、MC 运作方式"不超过 3 年"的特殊规定是否还应继续适用，或这些仅涉及服务外包的运作方式的合作期限能否可以突破"不低于 10 年"的限制，还有待出台相关法律文件进一步明确。而关于最长期限，即"最长不超过 30 年"的规定并非强制性的，可根据项目实际情况适当突破。

二、PPP 项目立项相关法律法规中存在的主要问题

通过对 PPP 项目立项相关法律法规进行理论层面的分析，再结合立项阶段实操中所面临的一些困难，归纳出 PPP 项目立项存在的四大问题，即法律法规缺乏统一性、项目审批与 PPP 特许经营者选定程序不清、新建 PPP 项目批复方式有待明晰和实施机构的担任主体不明确。

（一）法律法规缺乏统一性

按照目前的法律法规来看，针对 PPP 项目立项的流程规定仍属于空白地带，且法律法规中几乎没有出现"立项"的字眼，因此只能笼统地认为，项目立项阶段主要指项目识别、项目准备阶段。由于缺乏明确的操作程序，在项目实际立项过程中，存在多程序内容胡乱拼凑的情况，最常看到的拼凑方式为，政府部门沿用传统模式项目的立项审批程序，或是固定资产投资的审批程序，加上施工总承包模式的报建程序，再加上财政部《关于印发政府和社会资本合作模式操作指南（试行）的通知》（财金〔2014〕113 号）要求的财政承受能力论证与物有所值评价程序，组成一个混乱而缺乏系统的前期程序；而前期立项程序杂乱无章的后果就是，政府部门之间相互推诿，审批权责不明确，报告重复审批，或是审批过程反反复复，最后导致项目拖延而无法落地②。

（二）项目审批与 PPP 特许经营者选定程序不清

《基础设施和公用事业特许经营管理办法》（国家发改委财政部住建部交通部水利部人民银行令第 25 号，简称《办法》）第二十二条规定，"特许经营者根

---

① 为表述方便，此处暂将《关于印发政府和社会资本合作模式操作指南（试行）的通知》（财金〔2014〕113 号）中的"合同期限"等同于"合作期限"。

② 资料来源：http://mp.weixin.qq.com/s/ggX9SSQ95dwXkNAM1di4NQ。

据特许经营协议，需要依法办理规划选址、用地和项目核准或审批等手续的，有关部门在进行审核时，应当简化审核内容，优化办理流程，缩短办理时限"。但从项目立项正常次序来看，应当是先完成项目立项审批再进而论证是否采用PPP模式，《办法》笼统地规定项目核准或审批等手续可由特许经营者办理，一方面容易导致出现项目立项与PPP模式审批和特许经营者招选程序颠倒的反常做法，另一方面因前期审批涉及主管部门较多、流程繁琐，从协调能力角度考虑，项目前期审批手续也不宜约定由特许经营者办理，即使以特许经营者的名义办理，政府也应积极给予协助①。

（三）新建PPP项目批复方式有待明晰

根据我国相关法律法规，项目批复方式主要有审批制、核准制和备案制。审批制应用于政府投资项目，核准制应用于企业投资的重大项目和限制类项目，备案制应用于企业投资的其他项目。PPP模式是政府和社会资本风险共担、利益共享的全生命周期合作，在投资主体、资金来源、项目类型上存在混合性、复杂性和特殊性，导致各地在管理PPP项目投资时产生了诸多困惑。

目前，实践中对于新建PPP项目批复方式的理解主要有两种。一种是否有社会资本，如有社会资本就走核准或备案；另一种是否有政府投资，如有政府投资则一律审批。这两种理解在理论上都具有一定合理性，在实践中也具有简便性。但依然存在部分项目界定不清的情况，例如，不涉及政府资本金注入、付费机制为政府付费或可行性缺口补助的新建PPP项目的批复方式选取就是一个难点。

（四）实施机构的担任主体不明确

对比《传统基础设施领域实施政府和社会资本合作项目工作导则》（发改投资〔2016〕2231号）、《国家发展改革委关于开展政府和社会资本合作的指导意见》（发改投资〔2014〕2724号）和《关于印发政府和社会资本合作模式操作指南（试行）的通知》（财金〔2014〕113号）中关于实施机构的规定可以发现，区别主要在行业运营公司或其他相关机构的说法上。

实际操作中，各地方政府在授权或指定实施机构时也存在较大差异。有些地方政府是取财政部、国家发改委关于实施机构规定的交集，认为只有政府或其指定的有关职能部门和事业单位能作为实施机构。政府和社会资本合作中，政府是PPP模式中不可缺少的参与方，按照通常理解，政府是国家公共行政权力的象

---

① 资料来源：https://mp.weixin.qq.com/s/OsTOkShCT8ropsZ7BMlN1w。

征、承载体和实际行为体，项目实施机构是具体 PPP 项目中的政府方。按照这一逻辑，行业运营公司，如国有企业、政府平台公司不能成为 PPP 模式中的项目实施机构①。

有的地方政府则是取财政部、国家发改委关于实施机构规定的合集，认为政府或其指定的有关职能部门和事业单位、行业运营公司或其他相关机构都可以担任 PPP 项目的实施机构。实施机构在 PPP 项目中的角色类似又不同于采购代理机构在政府采购中的角色，实施机构必须在政府授权下才能开展相应活动。因此，实施机构在 PPP 项目实施中仅仅为代表政府一方，只要有政府授权则可，不一定必须要政府本身参与。

可以确定的是政府或其指定的有关职能部门或事业单位是可以担任项目实施机构的，实践中存在的问题在于部分政府职能部门或事业单位在作为实施机构时，直接参与 PPP 项目的运营，同时又承担着项目的监管、考核等职能，即"既当运动员，又做裁判员"，造成权力没有受到相应的监督，而导致寻租空间的出现。

第二节 PPP 项目立项典型案例分析

本节精心遴选了两个典型案例，并进行删繁就简、深入浅出的分析，充分展示项目的立项过程，完整呈现立项中存在的问题及解决的办法。通过经验借鉴和案例点评力求为"共性的找答案"，以进一步规范和指导 PPP 项目立项工作的有序开展。

一、PPP 项目立项中前期程序问题的典型案例

永州市中心城区生活垃圾焚烧发电 PPP 项目（简称"本项目"）是财政部第二批 PPP 示范项目，但其在立项阶段经历了"一波三折"，最终是通过项目各方的共同努力才实现了问题的圆满解决。

（一）永州市中心城区生活垃圾焚烧发电 PPP 项目案例②的实践概述

本项目总投资约为人民币 3.8 亿元，项目主体内容为新建一座日处理 1400

---

① 廖睿：《PPP 操作指南：政府和社会资本合作实务》，中国人民大学出版社，2016 年。
② 财政部政府和社会资本合作中心：《PPP 示范项目案例选编》，经济科学出版社，2016 年。

吨（分两期建设，其中一期处理规模为 800 吨/日）的垃圾焚烧发电厂（部分配套设施已建成）和一座垃圾填埋场（B 区）。经公开竞争机制选定社会资本后，依约定在永州市设立 PPP 项目公司，由项目公司负责本项目的投融资、建设、运营维护及项目移交等工作，即本项目采用 BOT 方式进行项目运作。特许经营期为 30 年（含一期工程建设期 2 年）。

本项目实施过程中，项目立项问题一直是困扰项目推进的一大"难题"，甚至政府相关部门内部都存在不同意见。一方面，立项审批部门认为项目在未完成立项审批手续之前，不能进入后续招标采购流程；另一方面，实施机构（永州市城管局）认为项目由社会资本全额投资建设，理应由社会资本完成项目的前期立项工作。

（二）永州市中心城区生活垃圾焚烧发电 PPP 项目案例的经验借鉴

鉴于生活垃圾焚烧发电行业的特殊性，前期立项手续复杂，周期较长（短则 6 个月，长则数年），若待项目完成全部立项审批工作，往往无法满足项目的建设工期要求。因此考虑到本项目的重要性，政府审批部门在与各方充分沟通和协商后，同意参考其他垃圾处理项目的操作经验，由项目公司完成项目前期立项工作。同时，政府方以永发改招〔2015〕162 号文件核准了项目招标事项，准予项目先行开展项目前期特许经营的采购工作。

（三）永州市中心城区生活垃圾焚烧发电 PPP 项目案例点评

《关于印发政府和社会资本合作模式操作指南（试行）的通知》（财金〔2014〕113 号）中规定，"PPP 项目流程分为项目识别、项目准备、项目采购、项目执行和项目移交五个阶段"，但在该文件中并未明确项目立项应在哪个环节中完成以及由哪一方完成，因此项目操作实务中对此也存在较大争议。在生活垃圾焚烧处理行业，由项目公司负责完成立项工作是行业普遍做法，但该做法缺少相关法律依据，存在法律风险隐患，建议后续相关法律法规文件对项目立项主体及程序作进一步明确和梳理。

二、PPP 项目立项中部门协调机制问题的典型案例

唐山市滦县赤曹线滦州至青坨营段工程 PPP 项目（简称"本项目"）是财政部第二批 PPP 示范项目，项目的政府方在立项阶段积极创新，实现了部门协调的有效、充分和及时，值得其他项目的政府方学习和研究。

(一) 唐山市滦县赤曹线滦州至青坨营段工程 PPP 项目案例[①]的实践概述

本项目是规划建设的赤（峰）曹（妃甸）一级公路的重要路段，路段全长约 51km，起于滦县滦州镇国道 205 复线，终于省道迁曹线青坨营，与唐港高速青坨营出口相连。项目总投资 24.4 亿元，采用一级公路标准建设，路基宽 24.5m，设计时速 80km/h。特许经营期 25 年，由社会资本方负责融资建设和运营，特许经营期满后将资产交回给政府方。

本项目属于交通运输类项目，对于政府工作人员来说，这是他们过去操作 BOT 模式最为集中的领域，经验也最丰富。但是在 PPP 项目操作的过程中，即便是过去最有经验的管理人员，在运作 PPP 前期流程时，也会遇到新的问题。例如，规范的 PPP 流程用于传统项目时，仍有物有所值评价、财政承受能力论证、财政部门与行业主管部门之间的分工与协作、基础建设程序须变更调整等很多新的理念和流程需要适应。

(二) 唐山市滦县赤曹线滦州至青坨营段工程 PPP 项目案例的经验借鉴

为了使本项目在前期工作中"又稳又快"地推进，政府方切实地为社会资本方考虑，做了大量的有益工作，减少了项目推进过程中的一些阻力，也简化了审批流程。首先，滦县政府本身高度重视项目前期准备工作，很多部门之间的问题都上升到县领导层面去解决。其次，项目的实施机构——滦县交通运输局和滦县财政局——高度配合。交通运输局积极配合财政局的项目识别和论证工作，在各级财政部门组织的项目评审活动中，交通运输局与财政局都并肩作战，而财政局也始终为交通运输局的前线工作尽忠职守地把好风控关。最后，面对复杂漫长的项目前期工作，滦县政府放眼长远，充分与参与各方探讨和论证，让各方都能清晰、理性地思考并作出决策，避免了日后的各种争议和杂音。在本项目完成前期工作后，一位曾经对 PPP 心有疑虑的滦县领导发自内心地对其前领导说："做这个项目，政府掏不了多少钱，最后还能参加收益分成，滦县过去何曾有过？过去修路，都是政府的事，或者后期经营不善都是政府的责任，不像 PPP 这种模式，政府的得与失一开始就看得清清楚楚"。

(三) 唐山市滦县赤曹线滦州至青坨营段工程 PPP 项目的案例点评

"万事开头难"，PPP 项目要顺利开展，需要政府方在管理机制上进行相应创新，并充分发挥部门间协同效应。在本项目的前期准备阶段，滦县政府的多个部门之间高度合作，避免了传统政府管理体制下各自为政的种种弊端，从而形成

[①] 财政部政府和社会资本合作中心：《PPP 示范项目案例选编》，经济科学出版社，2016 年。

合力共促项目落地。另外,由于职责分工不同,实施机构和财政部门在PPP项目中的角色也不同,实施机构往往是"油门",而财政部门则更多的是"刹车",如何使得"油门"、"刹车"协而不同,把握好项目的推进速度,也是政府提升自身治理能力的一大考验。

第三节　PPP项目立项疑难问题解答

针对当前PPP立项层面的诸多困惑,本节选取了其中一些重点疑难问题进行解答,以期更好地为PPP项目立项的具体实施提供指导。

一、PPP项目立项中法律法规缺乏统一性问题解答

目前已有的法律法规对PPP项目立项环节的规定和描述较为缺乏,实践中政府和社会资本往往无所适从,下一步可出台具有针对性的法律法规或政策文件,对PPP项目立项进行更清晰的界定和规范。同时,要提高法律法规的效力和层级,最好是由国务院牵头出台相关文件,综合吸收各相关部门的意见和建议,站在"法治"的高度,超越于部门利益之上,实现PPP项目立项环节的清晰化、透明化,从根源上遏制部门间的重复审批问题。

实际上,就审批环节而言,国务院已开始着手相关事宜,2016年5月13日国务院出台的《关于北京市开展公共服务类建设项目投资审批改革试点的批复》(国函〔2016〕83号)的文件中,针对公共服务的项目审批,如何做到集体审议、优化流程、简化手续、精简审批,已有许多具体可行的规定。2016年5月19日国务院出台的《关于印发清理规范投资项目报建审批事项实施方案的通知》(国发〔2016〕29号)文件中,将原本65项报建批审的事项,经清理后保留了34项,整合24项为8项,改为部门间征求意见的为2项,涉及安全强制评估的有5项,清理规范后报建审批事项减少为42项[①]。"简政放权"已取得初步成效,要进一步精简审批事项和环节,减轻PPP项目审核事项,减轻社会资本负担,切实推动政府和社会资本合作效率再提升。

---

① 资料来源:http://mp.weixin.qq.com/s/ggX9SSQ95dwXkNAM1di4NQ。

二、PPP 项目立项中前期程序不清问题解答

目前，PPP 项目前期工作缺少相应法律法规和政策文件的明确指导，实操过程中，政府和社会资本方都是"摸着石头过河"，以至于项目进展到后期会遇到许多之前未曾考虑的问题。同时，在这轮 PPP 大潮的推动下，各地政府和各类社会资本都"摩拳擦掌"，想要尽快抢占风口，抓住改革红利，所以现实中出现了一些 PPP 项目，它们可能项目识别阶段、甚至项目准备阶段都已经完成，但却还没有立项或立项正在进行中，即"先有 PPP 模式再做项目"。在我国，项目立项主要由发改部门负责，而本轮 PPP 的热潮却是财政部门主导，社会资本为积极响应财政部门推广运用 PPP 模式的号召，往往先用 PPP 模式来进行项目设计，再进行项目立项。由于发改部门对项目的立项审批程序繁多、耗时较长，可能在 PPP 项目推进过程中会产生这种前后程序颠倒的情况。因此，建议相关部门应尽早出台相关法律法规明确项目前期工作的程序，让 PPP 项目"合规矩，走流程"，为项目的后续开展和实施奠定良好的基础。

另外，我们通过对大量审批类建设项目的前期工作进行梳理，总结出如下的一般流程供参考和借鉴（见图 3-1）。

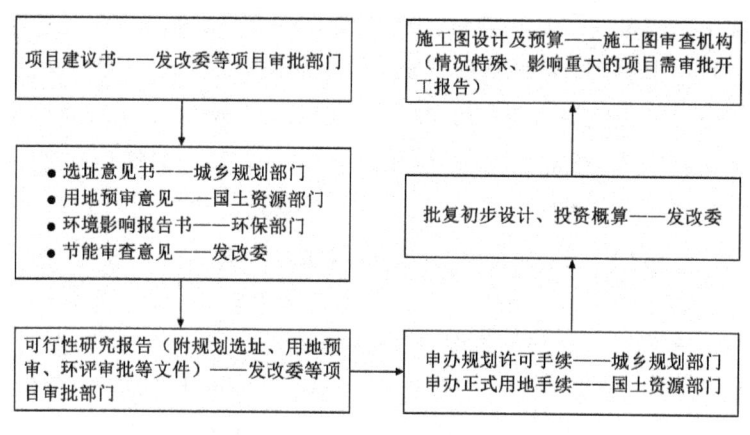

图 3-1 新建 PPP 项目前期工作流程图

三、PPP 项目立项中不同批复方式适用问题解答

PPP 项目类型众多，且关于项目批复方式的法律法规还没有对 PPP 项目的明确说法。如何有效地将新建 PPP 项目纳入已有的审批体系，需要以现有法律法规为准绳，对新建 PPP 项目类型进行细化，明确不同情况下适用的不同制度，

以保证行为的合法性和合理性。

《国务院关于投资体制改革的决定》（国发〔2004〕20号，简称《投资改革决定》）规定，"对于企业不使用政府投资建设的项目，一律不再实行审批制，区别不同情况实行核准制和备案制。其中，政府仅对重大项目和限制类项目从维护社会公共利益角度进行核准，其他项目无论规模大小，均改为备案制"。实施核准制的项目类型主要依据2016年的《政府核准的投资项目目录》（简称《核准目录》）。《投资改革决定》又对政府投资作出了界定，"政府投资资金按项目安排，根据资金来源、项目性质和调控需要，可分别采取直接投资、资本金注入、投资补助、转贷和贷款贴息等方式"。

因此可以确定，如PPP项目中有政府的资本金注入、投资补助、转贷和贷款贴息，则属于政府投资建设的项目，应当实行审批制；如PPP项目为使用者付费项目，并由社会资本自筹自建，不涉及财政资金的使用，则应根据《核准目录》及相关规定进一步确定适用核准制还是备案制。

对于不涉及政府资本金注入、付费机制为政府付费或可行性缺口补助的新建PPP项目，按照党的十八届三中全会"要发挥市场在资源配置中的决定性作用，进一步简政放权，推动国家治理能力和治理体系的现代化"的精神，由项目公司完成的融资、建设、运营行为应定性为企业自主投资行为，而非政府投资行为。若项目资本金中无政府或政府代表出资，即使涉及财政资金的支付行为，也不应当适用审批制，应根据项目的公益性、重要性以及相关法律法规确定适用核准制或备案制。虽然审批制下涉及政府投资补助、转贷和贷款贴息方式的项目有一道"资金申请报告"的审批和把关，但目前财政部针对涉及财政承诺的PPP项目已经设计了财政承受能力评价，能够充分、科学及合理地评估财政的可持续性。

审批制下涉及的审批文件主要有：项目建议书、可行性研究报告和开工报告。《投资改革决定》规定，"对于政府投资项目，采用直接投资和资本金注入方式的，从投资决策角度只审批项目建议书和可行性研究报告，除特殊情况外不再审批开工报告，同时应严格政府投资项目的初步设计、概算审批工作；采用投资补助、转贷和贷款贴息方式的，只审批资金申请报告"。因此，采取股权合作形式的新建PPP项目，仅需审批项目建议书和可行性研究报告。核准制下，项目公司仅需向政府提交项目申请报告，不再经过批准项目建议书、可行性研究报告和开工报告的程序。备案制下，项目公司依据省级人民政府的相关规定向当地的地方政府投资主管部门备案。

四、PPP 项目立项中实施机构的选择与确定问题解答

PPP 项目实施机构具有负责项目准备、采购、监管和移交等工作的职能，其工作覆盖 PPP 项目的全生命周期，是确保项目持续健康发展的关键责任人。因此 PPP 项目对于实施机构的选择与确定十分关键，实施机构必须具备能力开展并做好后续大量工作。以河南洛阳市市政道桥 PPP 项目为例，洛阳市政府指定市住建委作为项目的实施机构，主要负责统筹协调建设、运营与移交工作，具体负责社会资本的选择，制定社会资本准入条件和标准；办理项目立项、可研等项目前期手续；经市政府授权，与项目公司签订项目合同；在项目合作期限内，对项目公司的建设、运营和维护进行监管等。

就已有案例来看，绝大多数的实施机构都是政府或其指定的有关职能部门或事业单位。因此，PPP 项目操作过程中，在确定是以国家发改委规范性文件还是以财政部规范性文件为依据确定实施机构这一问题时，可以从以下几个角度进行考量[①]：

其一，中央或地方财政部门推出的 PPP 项目，则一般以财政部规范性文件为依据较为合适。同样，中央或地方发改部门推出的 PPP 项目，则一般以国家发改委规范性文件为依据。

其二，PPP 项目采购阶段决定采用竞争性磋商方式的，因竞争性磋商采购方式是财政部首次明确的一种的采购方式，此情形下，以财政部规范性文件为依据较为合适。

其三，因 PPP 项目操作一般会涉及地方发改部门和财政部门的审批，PPP 项目采购方需要事先就实施机构的确定问题与地方发改部门和财政部门进行沟通，并通过会议纪要等形式将沟通内容进行记录，以避免 PPP 项目在后续发改部门和财政部门审批过程中遇到障碍。同时在条件允许的情况下，实施机构的选择应尽可能寻找两套体系重合部分，以满足两套体系的要求，便于项目的开展与实施。

---

① 资料来源：http：//mp.weixin.qq.com/s/Gsn79Fm3jtMV_ycQqB6HZA。

第四章 PPP 项目采购相关法律法规分析

PPP 项目采购,是政府为达成权利义务平衡、物有所值的 PPP 项目合同,遵循公开、公平、公正和诚实信用原则,按照相关法规要求完成 PPP 项目识别和准备等前期工作后,依法选择社会资本合作者的过程。与传统政府采购相比,PPP 项目采购需求、采购合同、项目评审等都更为复杂,同时,现有的政府采购法律制度规定也不能适应 PPP 项目采购的需要。因此,本章根据 PPP 项目实际经验,就采购阶段所涉及的法律等实务问题,作出分析解答。

第一节 PPP 项目采购涉及的法律法规及存在的主要问题

PPP 项目虽然不属于传统意义上的政府采购,但是可将其归入广义政府采购的范畴。我国政府采购法律体系相对健全,包括《中华人民共和国政府采购法》《招标投标法》等法律,以及各大部委和各地人民政府发布和出台的相关政策和地方法规。

一、PPP 项目采购涉及的法律法规及规范性文件

全国人民代表大会、国务院、国务院有关部委及直属机构,已发布且现行有效的 PPP 项目采购业务相关的法律、法规、规章以及规范性文件共有几十个。本小节选择与 PPP 项目采购相关的较为重要文件,梳理分类。

（一）PPP 项目采购直接涉及的法律法规及规范性文件

1. 在法律层面的相关规定

（1）《招标投标法》和《招标投标法实施条例》的相关规定

《招标投标法》第三条规定："在中华人民共和国境内进行下列工程建设项目包括项目的勘察、设计、施工、监理以及与工程建设有关的重要设备、材料等的采购，必须进行招标：（一）大型基础设施、公用事业等关系社会公共利益、公众安全的项目；（二）全部或者部分使用国有资金投资或者国家融资的项目；（三）使用国际组织或者外国政府贷款、援助资金的项目。前款所列项目的具体范围和规模标准，由国务院发展计划部门会同国务院有关部门制订，报国务院批准。法律或者国务院对必须进行招标的其他项目的范围有规定的，依照其规定。"

（2）《政府采购法》和《政府采购法实施条例》的相关规定

《政府采购法》第二条规定："各级国家机关、事业单位和团体组织，使用财政性资金采购依法制定的集中采购目录以内的或者采购限额标准以上的货物、工程和服务的行为适用《政府采购法》。"

2. 行政法规及国务院文件层面的相关规定

《关于在公共服务领域推广政府和社会资本合作模式指导意见的通知》（国办发〔2015〕42 号）的相关规定。

《通知》第十五条规定，对使用财政性资金作为社会资本提供公共服务对价的项目，地方政府应当根据预算法、合同法、政府采购法及其实施条例等法律法规规定，选择项目合作伙伴。依托政府采购信息平台，及时、充分向社会公布项目采购信息。综合评估项目合作伙伴的专业资质、技术能力、管理经验、财务实力和信用状况等因素，依法择优选择诚实守信的合作伙伴。加强项目政府采购环节的监督管理，保证采购过程公平、公正、公开。

3. 部门规章及部委文件层面的相关规定

（1）《推广和运用政府和社会资本合作模式有关问题的通知》（财金〔2014〕76 号）的相关规定

《通知》明确规定，PPP 项目要选择项目合作伙伴。地方各级财政部门要依托政府采购信息平台，加强政府和社会资本合作项目政府采购环节的规范与监督管理。财政部将围绕实现"物有所值"价值目标，探索创新适合政府和社会资本合作项目采购的政府采购方式。地方各级财政部门要会同行业主管部门，按照《政府采购法》及有关规定，依法选择项目合作伙伴。要综合评估项目合作伙伴的专业资质、技术能力、管理经验和财务实力等因素,择优选择诚实守信、安全可靠的合作伙伴,并按照平等协商原则明确政府和项目公司间的权利与义务。可邀请有意愿的金融机构及早进入项目磋商进程。

(2)《财政部关于印发〈政府和社会资本合作项目政府采购管理办法〉的通知》(财库〔2014〕215号)的相关规定

《办法》第二条规定,本办法所称PPP项目采购,是指政府为达成权利义务平衡、物有所值的PPP项目合同,遵循公开、公平、公正和诚实信用原则,按照相关法规要求完成PPP项目识别和准备等前期工作后,依法选择社会资本合作者的过程。PPP项目实施机构(采购人)在项目实施过程中选择合作社会资本(供应商),适用本办法。

(3)《关于进一步共同做好政府和社会资本合作(PPP)有关工作的通知》(财金〔2016〕32号)的相关规定

《通知》第七条规定,加强PPP项目信息公开,要实现项目信息的及时发布与投资需求的有效对接,推动市场信息对称和充分公平竞争。要依法及时、充分披露项目实施方案、招标投标、采购文件、项目合同、工程进展、运营绩效等相关信息,切实保障公众知情权,主动接受社会监督,维护公共利益。

(4)《关于在公共服务领域深入推进政府和社会资本合作工作的通知》(财金〔2016〕90号)的相关规定

《通知》要求,积极引导各类社会资本参与,各级财政部门要会同有关行业部门合理设定采购标准和条件,确保采购过程公平、公正、公开,不得以不合理的采购条件(包括设置过高或无关的资格条件,过高的保证金等)对潜在合作方实行差别待遇或歧视性待遇,着力激发和促进民间投资。对民营资本设置差别条款和歧视性条款的PPP项目,各级财政部门将不再安排资金和政策支持。

对于涉及工程建设、设备采购或服务外包的PPP项目,已经依据政府采购法选定社会资本合作方的,合作方依法能够自行建设、生产或者提供服务的,按照《招标投标法实施条例》第九条规定,合作方可以不再进行招标。

(5)《财政部关于印发〈政府和社会资本合作项目财政管理暂行办法〉的通知》的相关规定

《暂行办法》第三章对项目政府采购管理提出要求,其中,第十一条规定,项目实施机构应当优先采用公开招标、竞争性谈判、竞争性磋商等竞争性方式采购社会资本方,鼓励社会资本积极参与、充分竞争。根据项目需求必须采用单一来源采购方式的,应当严格符合法定条件,并经上级政府采购主管部门批准。

(6)《财政部关于印发政府和社会资本合作模式操作指南(试行)的通知》(财金〔2014〕113 号)的相关规定

《通知》第十条规定,政府或其指定的有关职能部门或事业单位可作为项目实施机构,负责项目准备、采购、监管和移交等工作。

《通知》第十一条"(七)采购方式选择"明确"项目采购应根据《中华人民共和国政府采购法》及相关规章制度执行,采购方式包括公开招标、竞争性谈判、邀请招标、竞争性磋商和单一来源采购。项目实施机构应根据项目采购需求特点,依法选择适当采购方式"。明确规定 PPP 项目适用《政府采购法》。

(7)《基础设施和公用事业特许经营管理办法》(国家发改委财政部住建部交通部水利部人民银行令第 25 号)的相关规定

《管理办法》第十五条规定,实施机构根据经审定的特许经营项目实施方案,应当通过招标、竞争性谈判等竞争方式选择特许经营者。特许经营项目建设运营标准和监管要求明确、有关领域市场竞争比较充分的,应当通过招标方式选择特许经营者。

(8)《国家发展和改革委员会关于开展政府和社会资本合作的指导意见》(发改投资〔2014〕2724 号)的相关规定

《意见》规定,PPP 项目实施方案审查通过后,配合行业管理部门、项目实施机构,按照《招标投标法》、《政府采购法》等法律法规,通过公开招标、邀请招标、竞争性谈判等多种方式,公平择优选择具有相应管理经验、专业能力、融资实力以及信用状况良好的社会资本作为合作伙伴。

(9)《国家发展改革委关于切实做好传统基础设施领域政府和社会资本合作有关工作的通知》(发改投资〔2016〕1744 号)的相关规定

《通知》第六点提出,对确定采用 PPP 模式的项目,要按照《招标投标法》等法律法规,通过公开招标、邀请招标等多种方式,公平择优选择具有相应管理经验、专业能力、融资实力以及信用状况良好的社会资本作为合作伙伴。依法签订规范的项目合同,明确服务标准、价格管理、回报方式、风险分担、履约监督、信息披露等内容,细化完善合同文本,确保合同内容全面、规范、有效。

(二)PPP 项目采购间接涉及的法律法规及规范性文件

1. 在法律层面的相关规定

《行政许可法》中第十二条规定的"可以设定行政许可"的事项,即"有限自然资源开发利用、公共资源配置以及直接关系公共利益的特定行业的市场准入等，需要赋予特定权利的事项"。PPP项目属于这一类行政许可，因此应遵守《行政许可法》第五十二、五十三条的规定："行政机关应当通过招标、拍卖等公平竞争的方式作出决定。但是，法律、行政法规另有规定的，依照其规定。行政机关通过招标、拍卖等方式作出行政许可决定的具体程序，依照有关法律、行政法规的规定。行政机关按照招标、拍卖程序确定中标人、买受人后，应当作出准予行政许可的决定，并依法向中标人、买受人颁发行政许可证件。行政机关违反本条规定，不采用招标、拍卖方式，或者违反招标、拍卖程序，损害申请人合法权益的，申请人可以依法申请行政复议或者提起行政诉讼"。

2. 部门规章及部委文件层面的相关规定

（1）《财政部关于印发〈政府采购竞争性磋商采购方式管理暂行办法〉的通知》（财库〔2014〕214号）的相关规定

《政府采购竞争性磋商采购方式管理暂行办法》是为了深化政府采购制度改革，适应推进政府购买服务、推广政府和社会资本合作（PPP）模式等工作需要，根据《政府采购法》和有关法律法规制定。虽然办法没有直接涉及PPP采购，但为PPP采购提供了新的采购方式。竞争性磋商可以满足在PPP项目投资金额巨大，政府推进急促的情况下，需要在较短时间内，通过充分协商谈判，确定采购需求，同时，PPP项目的中标候选人应该是综合实力最强，综合能力最高和信誉最好的社会资本。

（2）《财政部民政部工商总局关于印发〈政府购买服务管理办法（暂行）〉的通知》（财综〔2014〕96号）的相关规定

《管理办法》第十七条规定，购买主体应当按照政府采购法的有关规定，采用公开招标、邀请招标、竞争性谈判、单一来源采购等方式确定承接主体。与政府购买服务相关的采购限额标准、公开招标数额标准、采购方式审核、信息公开、质疑投诉等按照政府采购相关法律制度规定执行。

二、PPP项目采购相关法律法规中存在的主要问题

虽然各部门对PPP项目采购已出台多部相关文件，但由于PPP在我国刚起步不久，法律法规滞后于实际需要。PPP项目采购体系在横向和纵向存在衔接不畅的情况，例如法律体系、适用法律等都存在问题，亟待解决。

(一)《政府采购法》与《招标投标法》在 PPP 项目采购中的冲突[①]

1. 目的不同

《政府采购法》的立法目的是规范政府采购行为,提高政府采购资金的使用效益,维护国家利益和社会公共利益,保护政府采购当事人的合法权益,促进廉政建设而制定的法律。

《招标投标法》的立法初衷是规范招标投标活动,保护国家利益、社会公共利益和招标投标活动当事人的合法权益,提高经济效益,保证项目质量。

PPP 项目采购的目的是选择具有雄厚资金、成熟技术能力、丰富从业经验的社会资本方,为社会提供优质的公共产品或服务。

2. 范围不同

《政府采购法》适用于各级国家机关、事业单位和团体组织,使用财政性资金采购依法制定的集中采购目录以内的或者采购限额标准以上的货物、工程和服务的行为。

《招标投标法》适用于工程建设项目包括项目的勘察、设计、施工、监理以及与工程建设有关的重要设备、材料等的采购,范围为:大型基础设施、公用事业等关系社会公共利益、公众安全的项目;全部或者部分使用国有资金投资或者国家融资的项目;使用国际组织或者外国政府贷款、援助资金的项目。

PPP 项目以政府发起为主,发起人通常是政府或者政府授权的部门。

3. 规范主体不同

《政府采购法》约束的主体是政府采购当事人的行为,包括采购人、供应商和采购代理机构等。由于采购人和采购代理机构等政府方在采购过程中拥有资金和信息优势,占主动地位,因此受《政府采购法》约束较多。

《招标投标法》中规定,招标投标活动当事人包括招标人、投标人,以及招标人组建指定的招标委员会和评标委员会。《招标投标法》明确规定了当事人的权利和义务,以及违法行为和相应的处罚方法。

4. 投资者选择方式的不同

《政府采购法》规定,政府采购采用多种方式进行:公开招标;邀请招标;竞争性谈判;单一来源采购;询价;国务院政府采购监督管理部门认定的其他采购方式。同时详细列举了各种采购方式的适用情况和采购程序。

《招标投标法》中,招标仅有两种方式:公开招标和邀请招标。在确定中标

[①] http://www.h2o-china.com/news/241776.html。

人前，招标人不得与投标人就投标价格、投标方案等实质性内容进行谈判。

5. 监管者不同

《政府采购法》规定，各级人民政府财政部门是负责政府采购监督管理的部门，依法履行对政府采购活动的监督管理职责。《招标投标法》中各级发改部门是招投标活动的监管主体。

（二）PPP 项目"两招变一招"相关问题没有明确①

一是在包含工程建设内容的 PPP 项目中，是否适用"两招变一招"选择社会资本和工程建设方，没有明确。现实操作中，涉及工程建设内容的 PPP 项目，会遇到首先要进行公开招标或其他的招标方式，选择确定社会资本；然后，再进行公开招标或其他招标方式，选择确定工程建设企业，即进行两阶段招标。根据《招标投标法实施条例》第 9 条的规定，可以通过一次招标活动将原本需要两次招标采购的程序予以合并，即通常所说的"两招并一招"的做法，解决由具有相应建设能力的施工企业经过第一阶段招标后可以直接进行工程建设施工的问题。那么，需要研究的一个问题是，如果在第一阶段没有采取招标的方式选择社会资本，而是采用竞争性谈判或竞争性磋商选择社会资本，社会资本中选后是否仍然可以采用"两招并一招"的原理解释合并选择模式？这个在《招投标法》及其实施条例、《政府采购法》中，均没有明确，导致地方政府无所适从。

此外，在通过招投标或竞争性谈判或竞争性磋商等方式确定 PPP 项目实施方后，签订特许协议的时候是否还应该再进行招投标，这个问题也没有明确。

（三）对于 PPP 项目采购中的低价投标问题尚未法律法规规范

在污水处理、生活垃圾焚烧等 PPP 投标过程中，频繁发生低价中标事件。一方面，由于技术进步，企业运行成本大幅度下降；另一方面，企业转变思想，通过短期的工程建设获取利润，而非长期的运营收入。《招标投标法》规定，投标人不得以低于成本的报价竞标，但社会资本会通过在财务模型中加入设备技术等无法量化的因子，将成本价降低，进而获得项目。恶意低价投标往往造成影响工程质量、影响设施正常使用、影响政府形象等不良后果。因此，针对 PPP 招投标过程中的低价竞标，需要出台相应的法律进行规范。

（四）对于 PPP 项目采购中的信息公开问题尚未法律法规规范

《招标投标法》规定，开标应当在招标文件确定的提交投标文件截止时间的同一时间公开进行；开标地点应当为招标文件中预先确定的地点。

---

① 王朝才：《当前推进 PPP 工作面临的几个难点》。

《政府采购法》规定，政府采购项目的采购标准应当公开。采用规定的采购方式的，采购人在采购活动完成后，应当将采购结果予以公布。

PPP项目哪些信息需要公开、如何公开、何时公开，在现有的法律法规中仍没有明确规定。由于PPP项目涉及公共预算支出，关系公众利益，其相关信息应向社会及时公开，接受社会各界监督。

（五）对于PPP项目采购中社会资本资质问题尚未法律法规规范

《招标投标法》规定，招标人不得以不合理的条件限制或者排斥潜在投标人，不得对潜在投标人实行歧视待遇。

《政府采购法》规定，采购人可以根据采购项目的特殊要求，规定供应商的特定条件，但不得以不合理的条件对供应商实行差别待遇或者歧视待遇。

虽然与PPP采购相关的两部法律都明确列有非歧视条款，但在实际中，地方政府出于各种原因，以PPP项目技术复杂、费用高等理由，在企业资质、项目经验、人员组成等方面设置壁垒和门槛，为PPP项目选择特定社会资本方。"萝卜招聘"的PPP项目采购，一方面破坏市场竞争的公平性，挫伤社会资本的积极性，另一方面容易隐藏腐败和进行利益输送，影响政府的公信力。

第二节　PPP项目采购典型案例分析

本节选取两个PPP典型案例，就PPP项目采购过程中可能会遇到的问题进行分析解答，以帮助政府、社会资本及中介机构等各参与方熟悉PPP项目采购，并以此为经验，规范参与PPP项目，提高项目效率。

一、PPP项目采购门槛问题的典型案例

揭阳市绿源垃圾综合处理与资源利用厂PPP项目是政府设置采购门槛的典型案例。该市政府为选择特定社会资本方，在招标文件中设置资质、技术等指标，将其他社会资本排除在外，违背了公平竞争原则。

（一）绿源市垃圾综合处理与资源利用厂项目案例的实践概述

揭阳市绿源垃圾综合处理与资源利用厂PPP项目首期投资总额约5亿元人民币，特许经营期为30年，（含建设期）采用设计—建设—融资—运营—移交（DBFO）模式，在项目前期工作阶段就引入社会资本，由其完成项目的可行性研究、核准、环评、勘察设计、施工建设、运营及移交等工作，充分发挥社会资本技术先进和运营经验丰富等优势，达到项目较高的目标，实现项目全周期成本控制。成交的供应商在揭阳市设立项目公司，揭阳市政府不参股项目公司。项目公司主要收入来源为政府支付的垃圾处理服务费、RDF焚烧发电售电收入、垃圾可回收物的销售收入、分选残余物和炉渣灰渣制造建筑材料的销售收入。政府通过购买服务的方式实现投资人的合理收益，揭阳市住建局将根据签订的《PPP项目合同》履行垃圾处理服务费的支付义务。物价变动引起项目公司运营、维护成本变化达到一定幅度时将启动垃圾处理服务费调整机制。

揭阳市绿源垃圾综合处理与资源利用厂PPP项目采购方案经市政府多次组织有关部门研究，反复征求意见修改完善，于2015年8月5日获市政府常务会原则通过。经过严格的招标程序，于同年11月10日发布成交结果公告并同时发出项目《中标通知书》，中标人为欧晟绿色燃料（香港）有限公司；11月16日采购人将《揭阳市绿源垃圾综合处理与资源利用厂PPP项目合同》报请揭阳市政府审核并签订合同。

（二）绿源市垃圾综合处理与资源利用厂项目案例的经验借鉴

一方面，垃圾处理项目属于环境保护行业，涉及人民健康安全，需要拥有成熟、先进技术的社会资本参与；另一方面，以技术资质作为招标条件，会将部分具有资金或管理优势的社会资本排除在外。如何在二者之间取得均衡，需要政府在编制招标文件时征询多方专家意见，以客观数据、实际需求为基础，选取适当的采购标准并向社会公开说明选取理由。在PPP立法中需要对采购条件及标准作出更细致和更明确的规定，避免高门槛阻碍社会资本进入。

（三）揭阳市绿源市垃圾综合处理与资源利用厂项目的案例分析

参与项目前期工作的某社会资本方反映，该项目招标过程中涉嫌违规。该市更换主管领导后，项目发起单位在项目招标文件的技术评分中在三处将"欧盟标准"设为加分条件，疑为拥有欧盟某资质的公司"量身定做"。在仅有两家社会资本方参与项目采购的情况下，该拥有欧盟某资质的公司成功中标，中标的垃圾处理单价为108元/吨，高于前述公司85元/吨的报价。

该项目的用户需求书中写道，"人口的增长同时带来了垃圾处理的巨大压力，而未来建设的垃圾处理设施不仅需要满足揭阳全市对生活垃圾减量化的要求，同时也将生活垃圾的资源化与无害化水平提升至欧洲发达国家的标准，使得揭阳市的生活垃圾处理水平进行质的提升，使其成为粤东地区，乃至广东全省与全国范围内的节能环保与绿色示范项目典范"。

高于国家标准的处理工艺要求是外界质疑的关注点。对于为何选取此标准，采购人没有提供数据对比、专家建议等说明，是外界认为项目存在不合理门槛的原因。同时，采取新技术和高标准将大幅增加项目运作的成本，也有利益输送之嫌。

二、PPP项目采购低价中标问题的典型案例

低价带来了良者退出和劣者胡来的困局。PPP项目采购若仅考虑价格因素，可能会降低公共产品或服务的质量，有悖于PPP的初衷。安庆市污水厂网一体化PPP项目在采购过程中出现低价中标现象，其过程和结果引起社会广泛关注。

（一）安庆市城区污水收集处理厂网一体化项目案例的实践概述

安庆市污水收集处理厂网一体化PPP项目是2014年财政部公布的30个示范项目之一（见表4-1）。采用PPP模式，安庆市污水收集处理厂网一体化项目将整合政府投资建设或运营管理的污水处理厂、配套污水管网及污水泵站（含雨污合流管），以及PPP项目合同约定的未来新增或续建的厂、网设施交由社会资本与市城投公司组建的项目公司投资、建设、运营和管理，实现污水全收集、全处理。整个项目估算由社会资本投资15亿元左右，北部新城污水处理厂、城西污水处理厂等增量资产投资额为1.13亿元。

表4-1　　安庆市城区污水收集处理厂网一体化项目简介

所属行业	污水收集、污水处理
项目性质	存量+增量
运作方式	区域特许经营，TOT+ROT+BOT
合作期限	30年，期满无偿移交
项目范围	180平方公里规划区范围+山口片区+海口片区（已实施PPP项目运作除外）
合作内容	在合作期限内，项目公司拥有本项目范围内的除存量特许经营项目外的存量及增量污水厂网（含雨污合流管网及污水泵站）的区域特许经营权，具体负责本项目的规划优化、投资、融资、建设、运营维护及移交。项目公司在享有本项目范围内排他性经营权的同时须按规划和政府方指令履行普遍服务义务。

（二）安庆市城区污水收集处理厂网一体化项目案例的经验借鉴

2015年12月2日，安徽省安庆市城区污水收集处理厂网一体化PPP项目完

成招标采购,最终确定北京城市排水集团有限责任公司(以下简称"北排")中选。中标价格为 0.39 元/吨,明显低于深圳水务的 1.67 元/吨和首创股份的 2.6 元/吨的报价。同时,也明显低于该企业在北京收取的 3 元/吨的污水处理费。按照该项目 8.75 万吨/日的处理规模计算,北排的日营收额比报价排第二名的深圳水务少了 11.2 万元,整年计算则少了约 4088 万元。

提交最终报价的 3 家社会资本在投资额、融资成本、污水处理厂运行成本、污水管网运营维护成本等方面均十分接近,报价差异主要体现在自有资金的投资回报水平上,因此磋商小组并未认定中选社会资本的报价低于成本价。

北排低价中标后,引起业内普遍关注。在 PPP 项目结构复杂化、包含项目多样化等多重背景下,外界和公众对 PPP 项目采购的理解越来越难。对于本次污水厂 PPP 项目采购出现的情况,政府相关部门没有明确解释是否存在后期重新议价调整的非常规空间,或者项目本身报价系统的合理性等问题,从而造成外界的猜疑。

(三) 安庆市城区污水收集处理厂网一体化项目的案例分析

低价竞标,首先受到影响的就是业内同行。低价加上同质化竞争,往往是整个行业走向末路的导火索,最后行业只存在微利。

其次,低价拿标可能导致污水处理不达标。2015 年环保部督察发现,北排所属的大兴区庞各庄污泥处置中心工艺设施简陋,厂区及周边恶臭明显;大兴区榆垡贾家屯静态堆肥项目污泥露天堆存,无遮盖和围挡措施;集团所属通州、大兴、房山、顺义等区县污泥堆肥项目,设施简陋,环境风险隐患不容忽视。

另外,低价中标还有可能给地方政府制造后续麻烦。上海市政府就曾经深受"超低价"带来的苦痛。2004 年,一家社会资本企业以最低价中标上海竹园污水一厂、二厂,随后以无力承担为由将二厂转让于第二名投标者,该企业按照这个低价运营数年后始终亏损,最终只能暗淡退场。与此同时,一厂也遇到国家上调污水处理标准,由于本身处于低价运营状态,企业无力再投资提标改造,只得又进行了数次股权转让。

因此,一方面,需要通过 PPP 立法来明确禁止以恶意低价的获取 PPP 项目;另一方面,要提高 PPP 项目信息公开的力度,减少不公开透明导致的不公平竞争。

第三节　PPP 项目采购疑难问题解答

虽然，目前针对 PPP 项目采购已经构建了法律、行政法规、部门规章等多层级的法律法规框架，但 PPP 项目采购仍然面临着很多问题。本节选取一些普遍问题进行分析解答，希望对 PPP 各参与方有所启发和帮助。

一、PPP 项目采购中的适用体系问题解答

目前，我国关于 PPP 项目采购的相关适用体系有两个，分别由财政部和国家发改委两部委设置。二者法律架构并不相同，以此为基础出台的各项部门规定也不一致。由于国家层面缺少明确的法律、法规和政策，在 PPP 项目采购阶段应适用财政部体系还是发改委体系，并无定论，给 PPP 项目工作造成一定困难。

财政部体系认为 PPP 模式的基础是政府购买服务，即将原来由政府直接提供的、为社会公共服务的事项交给有资质的社会组织或市场机构来完成，并根据社会组织或市场机构提供服务的数量和质量，按照一定的标准进行评估后支付服务费用。

发改委体系认为，PPP 模式主要适用于政府负有提供责任又适宜市场化运作的公共服务、基础设施类项目。燃气、供电、供水、供热、污水及垃圾处理等市政设施，公路、铁路、机场、城市轨道交通等交通设施，医疗、旅游、教育培训、健康养老等公共服务项目，以及水利、资源环境和生态保护等项目均可推行 PPP 模式。针对不同收费基础的项目应采用不同的操作模式。经营性项目、准经营项目，应通过政府授予特许经营，采用建设—运营—移交（BOT）、建设—拥有—运营（BOO）等模式推进；非经营性项目，可通过政府购买服务，采用建设—拥有—运营（BOO）、委托运营等市场化模式推进。

PPP 项目模式运作中，利益主体应密切关注国务院、财政部、国家发改委等部分出台的 PPP 项目方面的法律、法规及政策，并应结合项目具体运作模式，选择适用 PPP 项目采购的体系。

二、PPP 项目采购中的法律适用问题解答

《政府采购法》和《招标投标法》是 PPP 项目采购中的适用法律，两部法律的目的、范围、规范主体等不相同。在 PPP 项目采购过程中是选择政府采购方式还是招投标方式，需要根据项目实际情况进行判断。

《政府采购法》第二条规定："本法所称政府采购，是指各级国家机关、事业单位和团体组织，使用财政性资金采购依法制定的集中采购目录以内的或者采购限额标准以上的货物、工程和服务的行为。"其中，关于服务的定义是，"本法所称服务，是指除货物和工程以外的其他政府采购对象"。《政府采购法实施条例》进一步明确："政府采购法第二条所称服务，包括政府自身需要的服务和政府向社会公众提供的公共服务。"

《招标投标法》中仅规定了公开招标和邀请招标两种招标方式，而政府采购法第二十六条则规定了公开招标、邀请招标、竞争性谈判、询价、单一来源五种采购方式，以及国务院政府采购监督管理部门认定的其他采购方式，其中其他采购方式中含有竞争性磋商。PPP项目规模庞大较为复杂，隐含很多招标方在制定标书时不可预见的问题，采用招标方式则无法就项目合同的条款进行商议修改。因此，适用政府采购法调整更具可操作性。

另外，在PPP模式下，社会资本方除负有建设生产和提供产品的义务外，还负有将PPP项目进行全生命周期过程管理与维护的义务，并同时具有基于该综合义务的履行而获得合理投资回报的权利。故将PPP项目的采购活动性质界定为服务采购较为适当。

三、PPP项目采购中的采购方式问题解答

选择适当的采购方式是PPP项目顺利实施的关键。PPP政府采购项目主要涉及政府采购的方式包括六种：公开招标、邀请招标、竞争性谈判、竞争性磋商、单一来源采购和询价。以上六种采购方式的定义及适用范围如下。

1. 公开招标。公开招标应作为政府采购的主要采购方式，适用于采购标的的核心参数必须是已知且具体的，技术指标、项目评审能明确边界划分的项目。

2. 邀请招标。适用于具有特殊性，只能从有限范围的供应商处采购的、采用公开招标方式的费用占政府采购项目总价值的比例过大的项目。

3. 竞争性谈判。是指谈判小组与供应商谈判，就双方共同关注的诸多实质性条款达成共识，依据"符合采购需求、质量和服务相等且报价最低的原则"，确定成交供应商。

4. 竞争性磋商。是指磋商小组与供应商谈判，就双方共同关注的诸多实质性条款达成共识，由磋商小组采用综合评分法对提交的供应商的响应文件和最后报价进行综合评分，确定成交供应商。

5. 单一来源采购，是指"发生了不可预见的紧急情况不能从其他供应商处采购的"、"只能从唯一供应商处采购的"情况下，从某一特定供应商处采购。这类不可替代事情在 PPP 项目中很少出现。

由于 PPP 项目规模大、技术复杂、持续时间久的特点，公开招标、竞争性磋商是 PPP 项目确定、社会资本选择的主要方式，其中公开招标是各项法律法规及政策文件鼓励及支持的首选方式；对于特许经营项目建设运营标准和监管要求明确、有关领域市场竞争比较充分的，则通过招标方式选择特许经营者。

四、PPP 项目采购中的社会资本方及承包方选择问题解答

在 2016 年 10 月 11 日之前，关于 PPP 项目采购中是否能实行"两招变一招"存在争议。"两招变一招"是指在采购方案中，政府方将相关配套设计、施工打包成一个 PPP 项目采购程序，由社会资本方直接委托或负责相关具体设计、施工业务。社会资本方直接选任第三方承包商或关联方承包商进行具体建设业务，或者社会资本方本身作为具体建设业务的承包商直接开展设计或施工任务。

根据财政部 2016 年 10 月 11 日发布的《关于在公共服务领域深入推进政府和社会资本合作工作的通知》，对于涉及工程建设、设备采购或服务外包的 PPP 项目，已经依据政府采购法选定社会资本合作方的，合作方依法能够自行建设、生产或者提供服务的，按照《招标投标法实施条例》第九条规定，合作方可以不再进行招标。

"两招变一招"可以解决 PPP 项目的投融资、设计、建设、施工、运营等诸多问题，而不需经多次招标或非招标程序，减少了项目准备阶段的成本，在节约人力、物力的同时也有利于 PPP 项目尽早落地。

五、PPP 项目采购中的合同性质问题解答[①]

关于政府方与社会资本方签订的 PPP 项目合同属于民事合同还是行政合同，在实践和理论中都存在争议。在有关 PPP 项目的法院判决中，既有法院将合同定性为民事合同，也有定性为行政合同。

《合同法》第九条规定："当事人订立合同，应当具有相应的民事权利能力和民事行为能力。"《政府采购法》第四十三条规定："政府采购合同适用合同法。"如果 PPP 项目是通过政府采购方式进行采购，实际上该 PPP 合同应为民事

---

① 谭敬慧："政采 PPP 项目七大法律难题（下）"，《中国政府采购报》，2016 年 1 月 19 日第 003 版。

合同。同时，由于PPP合同中包含多项政府行政行为，如特许权授予、财政补贴等，因此政府采购PPP合同应属于复核法律关系，兼具民事合同与行政合同双重属性。在2015年《最高人民法院关于适用中华人民共和国行政诉讼法若干问题的解释》中则将政府特许经营协议定性为行政协议。

财政部对于PPP项目合同，通过出台《财政部关于规范政府和社会资本合作合同管理工作的通知》作出规定："在PPP模式下，政府与社会资本是基于PPP项目合同的平等法律主体，双方法律地位平等、权利义务对等，应在充分协商、互利互惠的基础上订立合同，并依法平等地主张合同权利、履行合同义务"。PPP项目采购合同是政府和企业在双方平等条件下，具有一致意思表示后签订的合同，此与民事合同的意思自治原则完全契合。因此，政府采购PPP项目合同仍应定性为民事合同。

六、PPP项目采购中的信息披露问题解答①

PPP项目信息披露的方式主要有两种：一种是全国PPP综合信息项目库管理和发布平台。另外一种是地方各级监管部门根据《政府采购法》、《招标投标法》等法律法规对于政府采购、招投标等方面对于信息披露的要求公布相关PPP项目采购、招投标信息。

在第一种方式中，公众可以通过全国PPP综合信息平台项目库及季报直观的了解全国的PPP项目数量、行业分布、执行阶段等概况，还能查询PPP项目的基本情况，包括每个项目的名称、所在地区、所属行业、投资金额、实施阶段、拟合作期限、运作方式、回报机制、项目概况、联系方式等具体信息。PPP综合信息平台项目库PPP综合信息平台可以保障公众知情权，加强社会监督，对PPP项目参与各方形成有效监督和约束，确保实现公共利益最大化。

在第二种方式中，各地监管部门对于PPP项目政府采购、招投标等信息的披露，一般公开的内容包括：公开招标公告、资格预审公告、竞争性谈判公告、竞争性磋商公告和询价公告、采购项目预算金额、中标成交结果、采购文件、更正事项、采购合同、单一来源公示和终止公告等信息。各地监管部门公开信息的详实程度视地方的信息公开建设而定。PPP项目涉及不同领域的行业标准、预算管理、政府采购、资产管理、绩效评价等多项业务，仅披露政府采购、招投标信息不足以满足PPP项目的公众知情权。

---

① http://www.zgppp.cn/hangyezixun/xinwenzhongxin/2016-06-27/3063.html。

根据《关于推广运用政府和社会资本合作模式有关问题的通知》（财金〔2014〕76号）、《政府和社会资本合作模式操作指南》、《政府购买服务管理办法（暂行）》、《政府和社会资本合作项目财政承受能力论证指引》、《PPP项目合同指南（试行）》等规范性文件，PPP项目信息披露的内容基本涵盖了PPP项目识别、准备、采购、执行和移交全项目周期所涉及的所有具体项目信息。

虽然PPP项目信息披露原则上需要披露所有项目相关信息，但是在涉及一些特殊事项的情况下，PPP项目信息可以不予披露。《中华人民共和国政府信息公开条例》、《政府和社会资本合作模式操作指南》规定，涉及国家安全、公共安全、国家秘密、商业秘密的政府和社会资本合作项目合同条款可以不公开。

PPP项目应根据相关信息披露制度，按照循序渐进、服务市场等原则，逐步扩大信息公开范围，增加信息公开内容，接受社会公众监督，对PPP参与各方形成有效的监督和约束，让权力在阳光下运行。

七、PPP项目采购中的变更合同问题解答

PPP项目通常长达10—30年，期间会面临政治、经济、社会等多重风险。无论是政府方、社会资本方还是咨询机构，都不可能提前预知全部可能发生的情况，因此PPP项目合同也不可能就项目所有细节进行规定。在PPP项目合同中设置可变更的条款，对于政府和社会资本方都能形成保障作用。

《合同法》第七十七条第一款规定："当事人协商一致，可以变更合同"，即合同变更需要在双方当事人的达成一致意见后才可以进行。但PPP项目合同性质仍有争议，兼具民事合同与行政合同双重属性，与一般意义上的合同有区别，因此，PPP合同变更需要符合《合同法》条件外，还需在合同中详细、明确规定关于变更的特殊说明和约定。

"合同变更"主要指PPP项目内容的变更，即当事人权利义务的变化。主体、协议性质、标的等涉及重大公共利益部分原则上不可变更。

PPP合同应该在不影响项目运作和产出要求的前提下，对下列部分内容作出变更协定：

（1）随经济发展发生变化的费用性成本（如可变成本），包括人工价格、原材料价格、能源费、修理费、管理费等；

（2）随管理体制发生变化的经济规则，包括税务体制、会计准则、政府其他优惠措施等；

（3）随金融市场发生变化的经济参数，包括利率、汇率、通货膨胀率等；

（4）随市场供求发生变化的政府承诺事项，包括最低量保障、价格承诺、竞争限制等；

（5）项目不同阶段的非实质控制股东，如基金股东的股权变化；

（6）协议附件非核心内容（如标准和规范等）的变更，如修订公司章程等；

（7）因不可抗力事件发生，按协议约定的风险分担原则，相应调整的协议内容。

八、PPP项目采购中的提前终止合约问题解答

PPP项目的期满移交标志着PPP项目的成功，但由于一些不可抗力因素，PPP项目会提前终止。PPP项目的提前终止不仅会使前期工作功亏一篑，而且对政府方和社会资本方都会造成损失。

财政部在其发布的《PPP项目合同指南》（试行）中指出可能导致PPP项目提前终止的四种事由，即政府方违约事件、项目方违约事件、政府方选择终止和不可抗力事件，而这些事由导致PPP项目提前终止的情形可能为无法继续建设或在运营阶段失败，最后在运营期满之前造成PPP项目合同终止或政府对项目进行回购。

项目提前终止后，需要划分责任和补偿。责任分担在PPP项目中可分为政府方承担、社会资本方承担和双方共同承担。

补偿是PPP项目提前终止时最重要的关注点。在2014年底财政部颁布的《PPP项目合同指南》中，对于政府回购补偿分三种情况进行处理：一是政府方违约事件、政治不可抗力以及政府方选择终止造成的提前终止。一般补偿原则是确保项目公司不会因项目提前终止而受损或获得额外利益。二是项目公司违约事件。如果政府有义务回购或者选择进行回购，政府需要就回购提供相应补偿。三是自然不可抗力。由于自然不可抗力属于双方均无过错的事件，一般的补偿原则是由双方共同分摊风险，补偿范围一般会包括未偿还融资方的贷款、项目公司股东在项目终止前投入项目的资金以及欠付承包商的款项。

第五章　PPP项目用地相关法律法规分析

PPP项目用地在PPP项目的建设运营中占据十分重要的地位。绝大部分的PPP项目都需要取得项目用地。从所有权主体来说，我国的土地属于国家或农民集体所有，但相关主体可以取得土地使用权。PPP项目涉及的多是建设用地，而建设用地使用权的取得有着严格的法律规定。在PPP项目用地的取得、占有、使用等问题的实践中，现有法律法规及规范性文件存在着许多法律空白和冲突，使得实践中难以适用。本章通过对与PPP项目用地直接和间接相关法律法规及规范性文件的梳理，同时通过实践中典型案例的剖析，为解决PPP项目用地实践中的热点问题提供一个参考。

第一节　PPP项目用地涉及的法律法规及存在的主要问题

本节介绍了PPP项目用地涉及的主要法律法规。其中，《中华人民共和国土地管理法》、《中华人民共和国土地管理法实施条例》等法律法规直接涉及PPP项目用地问题，《民法通则》、《物权法》等法律法规间接涉及PPP项目用地问题。本节还对这些法律法规之间存在的冲突进行了分析。

一、PPP项目用地涉及的法律法规及规范性文件

本节以直接涉及和间接涉及为划分标准，介绍了PPP项目用地所涉及的法律法规及规范性法律文件，详细罗列了相关法律法规，并简洁介绍了该法律法规与本章即项目用地相关的规定。

（一）PPP 项目用地直接涉及的法律法规及规范性文件

1.《土地管理法》的相关规定

《中华人民共和国土地管理法》第五十四条规定："下列建设用地，经县级以上人民政府依法批准，可以以划拨方式取得：……（二）城市基础设施用地和公益事业用地；（三）国家重点扶持的能源、交通、水利等基础设施用地……。"

2.《土地管理法实施条例》（2011 年修订）（国务院令第 256 号）的相关规定

《土地管理法实施条例》第二条规定："下列土地属于全民所有及国家所有：（一）城市市区的土地；（二）农村和城市郊区中已经依法没收、征收、征购为国有的土地；（三）国家依法征收的土地；（四）依法不属于集体所有的林地、草地、荒地、滩涂及其他土地；……"此外，该法第二十九条亦明确规定："国有土地的有偿使用方式包括：（一）国有土地使用权出让；（二）国有土地租赁；（三）国有土地使用权作价出资或入股"。

3.《城镇国有土地使用权出让和转让暂行条例》（国务院令第 55 号）的相关规定

《暂行条例》第四十五条规定，划拨土地使用权，必须经土地管理部门批准，先办理土地使用权出让手续，交付出让金，将划拨土地转为出让土地后，才能与附属建筑物一并抵押。

4.《划拨用地目录》（国土资源部令第 9 号）的相关规定

《划拨用地目录》第二条规定，"符合本目录的建设用地项目，由建设单位提出申请，经有批准权的人民政府批准，方可以划拨方式提供土地使用权"。第三条规定，"对国家重点扶持的能源、交通、水利等基础设施用地项目，可以以划拨方式提供土地使用权。对以营利为目的，非国家重点扶持的能源、交通、水利等基础设施用地项目，应当以有偿方式提供土地使用权"。

5.《协议出让国有土地使用权规定》（国土资源部令第 21 号）的相关规定

《协议出让国有土地使用权规定》第二条规定，"在中华人民共和国境内以协议方式出让国有土地使用权的，适用本规定。本规定所称协议出让国有土地使用权，是指国家以协议方式将国有土地使用权在一定年限内出让给土地使用者，由土地使用者向国家支付土地使用权出让金的行为"。第三条规定，"出让国有土地使用权，除依照法律、法规和规章的规定应当采用招标、拍卖或者挂牌方式外，方可采取协议方式"。第四条规定，"协议出让国有土地使用权，应当遵循公开、公平、公正和诚实信用的原则。以协议方式出让国有土地使用权的出让金不得低于按国家规定所确定的最低价"。第九条规定"在公布的地段上，同一地块只有一个意向用地者的，市、县人民政府国土资源行政主管部门方可按照本规定采取协议方式出让；但商业、旅游、娱乐和商品住宅等经营性用地除外。同一地块有两个或者两个以上意向用地者的，市、县人民政府国土资源行政主管部门应当按照《招标拍卖挂牌出让国有土地使用权规定》，采取招标、拍卖或者挂牌方式出让"。

6.《招标拍卖挂牌出让国有建设用地使用权规定》（国土资源部令第39号）的相关规定

《招标拍卖挂牌出让国有建设用地使用权规定》第二条规定，"在中华人民共和国境内以招标、拍卖或者挂牌出让方式在土地的地表、地上或者地下设立国有建设用地使用权的，适用本规定。本规定所称招标出让国有建设用地使用权，是指市、县人民政府国土资源行政主管部门（以下简称出让人）发布招标公告，邀请特定或者不特定的自然人、法人和其他组织参加国有建设用地使用权投标，根据投标结果确定国有建设用地使用权人的行为。本规定所称拍卖出让国有建设用地使用权，是指出让人发布拍卖公告，由竞买人在指定时间、地点进行公开竞价，根据出价结果确定国有建设用地使用权人的行为。本规定所称挂牌出让国有建设用地使用权，是指出让人发布挂牌公告，按公告规定的期限将拟出让宗地的交易条件在指定的土地交易场所挂牌公布，接受竞买人的报价申请并更新挂牌价格，根据挂牌期限截止时的出价结果或者现场竞价结果确定国有建设用地使用权人的行为"。第三条规定，"招标、拍卖或者挂牌出让国有建设用地使用权，应当遵循公开、公平、公正和诚信的原则"。第四条规定，"工业、商业、旅游、娱乐和商品住宅等经营性用地以及同一宗地有两个以上意向用地者的，应当以招标、拍卖或者挂牌方式出让。前款规定的工业用地包括仓储用地，但不包括采矿用地"。第十一条规定，"中华人民共和国境内外的自然人、法人和其他组织，除法律、法规另有规定外，均可申请参加国有建设用地使用权招标拍卖挂牌出让活动"。第二十四条规定，"应当以招标拍卖挂牌方式出让国有建设用地使用权而擅自采用协议方式出让的，对直接负责的主管人员和其他直接责任人员依法给予处分；构成犯罪的，依法追究刑事责任"。

7.《规范国有土地租赁若干意见》（国土资发〔1999〕222号）的相关规定

根据规定，对原有建设用地，法律规定可以划拨使用的仍维持划拨，不实行有偿使用，也不实行租赁；对因发生土地转让、场地出租、企业改制和改变土地用途后依法应当有偿使用的，可以实行租赁。对于新增建设用地，重点仍应是推行和完善国有土地出让，租赁只作为出让方式的补充。对于经营性房地产开发用地，无论是利用原有建设用地，还是利用新增建设用地，都必须实行出让，不实行租赁。

8.《国土资源部关于加强土地资产管理促进国有企业改革和发展的若干意见》（国土资发〔1999〕433号）的相关规定

《意见》明确提出，"（一）在涉及国家安全的领域和对国家长期发展具有战略意义的高新技术开发领域，国有企业可继续以划拨方式使用土地；（二）对于自然垄断的行业、提供重要公共产品和服务的行业，以及自主产业和高新技术产业中的重要骨干企业，……主要采用授权经营和国家作价出资（入股）方式配置土地；（三）对于一般竞争性行业，应该坚持以出让、租赁等方式配置土地；（四）对承担国家计划内重点技术改造项目的国有企业，原划拨土地可继续以划拨方式使用，也可以作价出资（入股）方式向企业注入土地资产"。

9.《关于规范政府和社会资本合作合同管理工作的通知》（财金〔2014〕156号）附件《PPP项目合同指南》的相关规定

《PPP项目合同指南》第二章第六节指出，"PPP项目合同中的项目用地条款，是在项目实施中涉及的土地方面的权利义务规定，通常包括土地权利的取得、相关费用的承担以及土地使用的权利及限制等内容"。在第二节中，对PPP项目的土地权利的取得、取得土地使用权或其他相关权利的费用、土地使用的权利及限制等进行了详细的说明。

关于项目用地的取得，《PPP项目合同指南》规定，"在PPP实践中，通常根据政府方和项目公司哪一方更有能力、更有优势承担取得土地的责任的原则，来判定由哪一方负责取得土地"。并指出，"实践中，根据PPP项目的签约主体和具体情况不同，土地使用权的取得通常有以下两种选择：由政府方负责提供土地使用权和由政府方协助项目公司获得土地使用权"。

关于项目用地取得的相关费用，《PPP项目合同指南》规定，"实践中，负责取得土地使用权与支付相关费用的有可能不是同一主体。通常来讲，即使由政府方负责取得土地权利以及完成相关土地征用和平整工作，也可以要求项目公司支付一定的相关费用。具体项目公司应当承担哪些费用和承担多少，需要根据费用的性质、项目公司的承担能力、项目的投资回报等进行综合评估"。

关于项目用地土地使用的权利及限制，《PPP 项目合同指南》规定，"PPP 项目合同中通常会约定，项目公司有权在项目期限内独占性地使用特定土地进行以实施项目为目的的活动。根据我国《土地管理法》规定，出让国有土地使用权可以依法转让、出租、抵押和继承；划拨国有土地使用权在依法报批并补缴土地使用权出让金后，可以转让、出租、抵押"。由于土地是为专门实施特定的 PPP 项目而划拨或出让给项目公司的，因此在 PPP 项目合同中通常还会明确规定，未经政府批准，项目公司不得将该项目涉及的土地使用权转让给第三方或用于该项目以外的其他用途。

除 PPP 项目合同中的限制外，项目公司的土地使用权还要受土地使用权出让合同或者土地使用权划拨批准文件的约束，并且要遵守《土地管理法》等相关法律法规的规定。同时，还规定了政府方的场地出入权。"为了保证政府对项目的开展拥有足够的监督权，在 PPP 项目合同中，通常会规定政府方出入项目设施场地的权利。"

10. 《关于印发试行〈土地分类〉的通知》（国土资发〔2001〕255 号）的相关规定

在《土地分类体系说明》中，将土地可分为三个层级，第一层级包含 3 个分类，第二层级包含 15 个分类，第三层级包含 71 个分类。第一层级的三大类分别为农用地、建设用地和未利用地。第二层级根据第一层级细分而得，分别为：耕地、园地、林地、牧草地和其他农用地，商服用地、工矿仓储用地、公共建设用地、公共建筑用地、住宅用地、交通运输用地、水利设施用地和特殊用地，以及未利用地和其他用地。

现行 PPP 模式所涉及的土地大部分为建设用地，少部分为农用地，在项目的实施过程中可能出现农用地转化为建设用地等情况。

11. 《关于在收费公路领域推广运用政府和社会资本合作模式的实施意见》（财建〔2015〕111 号）的相关规定

2015 年 5 月，财政部和交通运输部联合下发的《实施意见》中明确收费公路项目实施 PPP 模式所涉及的收费公路权益包括收费权、广告经营权和服务设施经营权。不同的项目可根据实际情况，将各项权益通过有效打包整合提升收益能力。收费不足以满足社会资本或项目公司成本回收和合理回报的，在依法给予融资支持、项目沿线一定范围土地开发使用等支持措施仍不能完全覆盖成本时，可考虑给予合理的财政补贴。

12. 《国务院办公厅转发〈财政部　发展改革委　人民银行关于在公共服务

领域推广政府和社会资本合作模式指导意见〉的通知》（国办发〔2015〕42号）的相关规定

该通知的"五、政策保障"第二十条"多种方式保障项目用地"明确规定，实行多样化土地供应，保障项目建设用地。对符合划拨用地目录的项目，可按划拨方式供地，划拨土地不得改变土地用途。建成的项目经依法批准可以抵押，土地使用权性质不变，待合同经营期满后，连同公共设施一并移交政府；实现抵押权后改变项目性质应该以有偿方式取得土地使用权的，应依法办理土地有偿使用手续。不符合划拨用地目录的项目，以租赁方式取得土地使用权的，租金收入参照土地出让收入纳入政府性基金预算管理。以作价出资或者入股方式取得土地使用权的，应当以市、县人民政府作为出资人，制定作价出资或者入股方案，经市、县人民政府批准后实施。

13.《基础设施和公用事业特许经营管理办法》（国家发改委　财政部　住建部　交通部　水利部　人民银行令第25号）的相关规定

PPP项目合作期限一般较长，根据《管理办法》规定，一般为10—30年。而对于投资规模大、回报周期长的基础设施和公用事业特许经营项目，可以由政府或者其授权部门与特许经营者根据项目实际情况，约定超过30年特许经营期限。

14.《关于联合公布第三批政府和社会资本合作示范项目加快推动示范项目建设的通知》（财金〔2016〕91号）的相关规定

《通知》第五条规定，"PPP项目用地应当符合土地利用总体规划和年度计划，依法办理建设用地审批手续。在实施建设用地供应时，不得直接以PPP项目为单位打包或成片供应土地，应当依据区域控制性详细规划确定的各宗地范围、用途和规划建设条件，分别确定各宗地的供应方式：（一）符合《划拨用地目录》的，可以划拨方式供应；（二）不符合《划拨用地目录》的，除公共租赁住房和政府投资建设不以营利为目的、具有公益性质的农产品批发市场用地可以作价出资方式供应外，其余土地均应以出让或租赁方式供应，及时足额收取土地有偿使用收入；（三）依法需要以招标拍卖挂牌方式供应土地使用权的宗地或地块，在市、县国土资源主管部门编制供地方案、签订宗地出让（出租）合同、开展用地供后监管的前提下，可将通过竞争方式确定项目投资方和用地者的环节合并实施。PPP项目主体或其他社会资本，除通过规范的土地市场取得合法土地权益外，不得违规取得未供应的土地使用权或变相取得土地收益，不得作为项目主体参与土地收储和前期开发等工作，不得借未供应的土地进行融资；PPP项目的资金来源与未来收益及清偿责任，不得与土地出让收入挂钩"。

（二）PPP 项目用地间接涉及的法律法规及规范性文件

1. 《民法通则》的相关规定

根据《民法通则》第 74 条规定，集体土地所有权的主体，即享有土地所有权的集体组织，有以下 3 类：（1）村农民集体，村集体经济组织或者村民委员会对土地进行经营、管理；（2）如果村范围内的土地已经分别属于村内两个以上农村集体经济组织的农民集体所有的，由村内各该农村集体经济组织或者村民小组经营、管理；（3）土地已经属于乡（镇）农民集体所有的，由乡（镇）农村集体经济组织经营、管理。

2. 《物权法》的相关规定

《物权法》第四十二条规定，为了公共利益的需要，依照法律规定的权限和程序可以征收集体所有的土地和单位、个人的房屋及其他不动产。

征收集体所有的土地，应当依法足额支付土地补偿费、安置补助费、地上附着物和青苗的补偿费等费用，安排被征地农民的社会保障费用，保障被征地农民的生活，维护被征地农民的合法权益。

征收单位、个人的房屋及其他不动产，应当依法给予拆迁补偿，维护被征收人的合法权益；征收个人住宅的，还应当保障被征收人的居住条件。

3. 《合同法》的相关规定

第二百一十二条规定，"租赁合同是出租人将租赁物交付承租人使用、收益，承租人支付租金的合同"。第二百一十三条规定，"租赁合同的内容包括租赁物的名称、数量、用途、租赁期限、租金及其支付期限和方式、租赁物维修等条款"。第二百一十四条规定，"租赁期限不得超过二十年。超过二十年的，超过部分无效。租赁期间届满，当事人可以续订租赁合同，但约定的租赁期限自续订之日起不得超过二十年"。

4. 《特许经营法》的相关规定

《特许经营法》第二十九条明确规定，特许经营项目涉及新建或改扩建有关基础设施和公用事业的，应当符合城乡规划、土地管理、环境保护、质量管理、安全生产等有关法律、行政法规规定的建设条件和建设标准。

5. 《养老服务设施用地指导意见》（国土资厅发〔2014〕11 号）的相关规定

2014 年 4 月，国土资源部办公厅关于印发《养老服务设施用地指导意见》的通知中提到养老服务设施用地以出让方式供应的，建设用地使用权出让年限按最高不超过50年确定。以租赁方式供应的,租赁年限在合同中约定,最长租赁期限不得超过同类用途土地出让最高年期。

6.《建筑法》的相关规定

诸多PPP项目通常都涉及新的建筑工程的建设。《建筑法》第七条规定,建筑工程开工前,建设单位应当按照国家有关规定向工程所在地县级以上人民政府建设行政主管部门申请领取施工许可证;但是,国务院建设行政主管部门确定的限额以下的小型工程除外。

二、PPP项目用地相关法律法规中存在的主要问题

本节内容直接承接上一节,通过对上述所涉及法律法规的介绍,重点分析其间存在的冲突与问题。

(一) PPP项目用地混合经营性与非经营性难以统一适用[①]

PPP运作和现行的《土地管理法》等法律法规也存在不适用之处。中国现行法律规定,经营性土地使用权必须通过"招拍挂"方式获取。而政府在授予特许权时,无法确保特许权人一定能够获得项目所需的土地使用权。如对于铁路、轨道交通等项目,由于投资巨大、回收期限较长,投资方往往要求捆绑地上物业开发(即在地铁上面的土地盖物业),但按《物权法》及《招标拍卖挂牌出让国有土地使用权规定》,商业等各类经营性用地,必须以招标、拍卖或者挂牌方式出让。地铁上盖物业,其用地性质应为经营性用地,也应该按"招拍挂"程序取得建设用地使用权,这样就无法保证轨道交通公司获得相应的土地,能否综合一体化开发成各地政策无法突破的问题。

(二) PPP项目公司并不确定能取得项目土地使用权

如果PPP项目用地是通过出让方式取得,则可能的出让方式有招拍挂及协议出让,但协议出让有明确的程序性限定,根据《协议出让国有土地使用权规定》第三条,出让国有土地使用权,除依照法律、法规和规章的规定,应采用招标、拍卖或挂牌方式外,方可采取协议方式。协议出让属于控制比较严的出让方式,其有相应的前置条件。而即使满足了协议出让的前置条件,也未必能一对一协议转让,因为同样根据该规定第九条(即使是协议出让地,如果土地供应计划公布后),在同一地块有两个或两个以上意向用地者的,市、县人民政府国土资源行政主管部门应当按照《招标拍卖挂牌出让国有土地使用权规定》,采取

[①] 王朝才:《当前推进PPP工作面临的几个难点》。

招标、拍卖或挂牌方式出让。采取协议转让方式的，政府应在 PPP 项目合同中保证项目用地的获取，土地出让金统一上缴财政，但是是否能用于该项目的补贴不一定；土地出让价格应当采取暂定价方式。

国有土地使用权的招标拍卖挂牌与特许经营权的招标是两条线。获得特许经营权，并不能保证项目公司获得土地使用权。据此就不难理解前面两个同时期的 PPP 项目用地的获取结果截然不同的问题了。已经进行的很多 PPP 项目土地获取实践中，很多项目公司基本没有获得项目所占有的土地的土地使用权。

（三）以租赁方式取得项目用地租赁期限存在法律冲突

PPP 项目用地过程中会涌现出一系列合同，牵涉诸多合同方，因此无疑会涉及《合同法》的方方面面。以国有土地的租赁期限为例，《合同法》规定租赁期限最长不超过二十年，超出二十年的部分无效，而同时《合同法》的效力层级高于《基础设施和公用事业特许经营管理办法》，《规范国有土地租赁若干意见》，导致对租赁期限的合法性存在不同的理解和争议，这期间难免涉及复杂的法律和法理问题。

第二节 PPP 项目用地典型案例分析

本节介绍了 PPP 项目用地方面的两个典型案例：长沙梅溪湖项目和重庆市钓鱼嘴南部片区土地整治项目。

一、PPP 项目用地模式的典型案例

本节以长沙梅溪湖项目为典型案例，通过对实践中真实的案例的概述、经验总结、点评分析，"窥一斑而知全豹"地分析了 PPP 项目用地的相关实践。

（一）长沙梅溪湖项目案例的实践概述

长沙的梅溪湖项目位于长沙大河西先导区核心区域，总占地约 11452 亩（约 8 平方公里），总建面约 1134 万平方米，涵盖高档住宅、商场、超五星级酒店、5A 级写字楼、酒店式公寓、文化艺术中心、科技创新中心等众多顶级业态。方兴地产于 2011 年 1 月 26 日与长沙大河西先导区管理委员会等相关各方签署协议，成为长沙梅溪湖国际服务和科技创新城开发招募项目的投资人。据悉，这是方兴地产第一次踏入长沙，也是其首次涉足土地一级开发。该项目的前期工程建设预计需投入 128 亿元。作为梅溪湖项目的投资人，方兴地产需成立项目公司来负责筹集并承担该项目开发范围内的征地拆迁、补偿安置的所需全部资金,合计85.2亿元。与此同时,该项目开发范围内的基础设施和公用设施等建设工程所需资金也需要项目公司自行筹集。一年下来,公司在项目上的累计投入已经高达150亿元。而初步预算显示,该项目一二级开发完成的总体投入高达600多亿元。

(二)长沙梅溪湖项目案例的经验借鉴

对于如何平衡600亿元的巨资投入,方兴地产计划在完成一级开发之后回购一半的土地进行二级开发(包括土地推介①),剩余一半由政府的招拍挂程序公开出让。其中,于2011年9月引入中建股份②,占有20%的股权,这极大地分担了方兴地产独自开发的风险;同期,梅溪湖地块公告表示出让首批5宗临湖地块③,由中建股份以15.9亿元的价格拿下网挂023号和网挂019号两宗地,由方兴地产旗下的长沙金佳房地产开发有限公司以近10亿元的总价拍得。

分析方兴地产近几年的年报,长沙梅溪湖项目的土地开发收益呈快速增长趋势,2011年土地一级开发收益为5.17亿元,实现当年投入,当年收益;2012年土地一级开发收益为4.4亿元;2013年土地一级开发的收益为21.4亿元,同比增长386%。如此迅速的收益增长得益于先导区中大量基础设施的修建带来的土地增值。作为梅溪湖项目的投资人,方兴地产成立了项目公司负责筹集并承担该项目开发范围内的征地拆迁、补偿安置的所需全部资金,合计85.2亿元。2008年以前,长沙的城市格局是"西文东市",河西地区以发展文化教育为主,土地价值相对较低,平均为104万元/亩,折合楼面单价平均703元/平方米。而先导区成立以后,大量基础设施的投建,迅速提升了河西板块的土地价值,使得2012年成交单价达到515万元/亩(平均楼面单价达2189元/平方米),是2008年的5倍。

(三)长沙梅溪湖项目的案例点评

方兴进行土地一级开发的思路,就是先进行环境打造,再出让土地,并采用

---

① 2012年3月22日,该公司旗下位于长沙的梅溪湖项目前往广州展开土地推介,希望吸引广东大牌房地产企业的关注。计划2012年在土地出让业务上的销售收入为30亿元,占全年销售任务的23%。

② 中建股份所属长沙中建投资公司出资7.5亿元参股方兴长沙公司金茂投资(长沙)有限公司20%股权,出资后注册资本金为37.5亿元。根据协议,中建股份将与方兴一起参与沙梅溪湖国际服务和科技创新城开发项目。

③ 2011年9月,梅溪湖地块公告表示出让首批5宗临湖地块,网挂019号、020号、021号、022号、023号,可建面积约为100万平方米,出让起始价超过26亿元,楼面均价约为2600元/平方米且均为梅溪湖国际新城规划中一线临湖的优质资源地块。

不同的土地用地模式。首先是改善道路等基础设施，随后导入教育、医疗资源。与市场化企业操作不同，政府平台公司的优势也是明显的，而这对于一级开发企业来说，如何与政府谈判合作，准确把握土地出让的节奏成为一个项目成功与否的关键，比如获得融资有政府财政变相背书，拆迁也更强势。但由于缺乏市场的博弈，政府主导的城镇化常常过于超前，投资效率极低。土地一级开发前期需要投入巨大的资金，前两年，公司或都处于纯投入的状态。然而，一旦土地挂牌上市，便可以回笼资金，形成正向现金流。在卖地、开发每个环节都可以获取收益，还能以较少的代价沉淀一部分经营性资产。

二、PPP 项目土地整治的典型案例

本节以重庆市钓鱼嘴南部片区项目为典型案例，通过对该实践中真实的案例的概述、经验总结、点评，"四两拨千斤"地分析了 PPP 项目用地的相关实践。

（一）重庆市钓鱼嘴南部片区项目案例的实践概述

钓鱼嘴半岛位于重庆市大渡口区东南部，三面临江，与下游的渝中半岛遥相呼应，具有得天独厚的区域优势，是长江进入重庆主城区后第一个半岛区域，也是重庆主城唯一未开发的半岛。钓鱼嘴半岛作为重庆市政府重点开发项目，被列为重庆市十大城市片区之一。钓鱼嘴半岛面积 7.8 平方公里，坐拥 10.26 公里江岸线，江水水域面积宽阔，生态环境良好，自然地貌涵盖了江、山、岛、田、塘、滩六大要素，整个半岛山水辉映成趣，具备典型的山水城市环境及城市形象的重要景观要素。

重庆市拟将钓鱼嘴半岛打造成为区域性休闲旅游度假区和高端居住区，重点发展休闲娱乐、高端商务、旅游度假、主题公园及现代居住等功能。届时，钓鱼嘴半岛将被建成重庆主城新地标，与朝天门、江北嘴形成三足鼎立、相互补充之势。

此项目所称"土地一级开发"是指，依据土地利用总体规划和城乡总体规划，对钓鱼嘴南部片区土地实施成片整治（包括平场建设，市政道路建设，地下综合管廊建设，公园、绿地建设，前期设计及监理，其他应达到土地出让标准的事项等），按期达到土地使用权公开出让标准的土地初级开发行为。

大渡口区钓鱼嘴南部片区土地整治项目预计 3 年完成，最长不超过 5 年。根据重庆市发展改革委对本 PPP 项目的批复，预计总投资额约 65.9 亿元，社会投资人投资约 53 亿元，社会资本投资年化收益率不超过 10%。重庆市地产集团（重庆市土地储备中心）（以下简称"地产集团"）前期通过银行贷款等融资方式，已经完成投资约20亿元，本项目为地方平台公司存量项目。

（二）重庆市钓鱼嘴南部片区项目案例的经验借鉴

在此项目中，地产集团作为重庆市土地储备中心，对钓鱼嘴南部片区拥有整治储备权。地产集团作为招标人，通过公开招标方式选定社会资本投资人。招标公告限定社会资本最高年化收益率不超过8.5%，最低年化收益率投标人中标。社会资本投资人与地产集团子公司共同组建项目公司，投资比例不低于80%。地产集团与项目公司签订委托整治土地合同，约定由项目公司垫资整治土地，在熟地招拍挂成交后归还，并以中标年化收益加上其他必要费用确定项目公司收取的代理费用，项目公司归垫地产集团前期投资约20亿元。

民生加银资产管理有限公司（以下简称"民生加银"）以年化收益率8.24%中标，成为社会资本投资人。民生加银作为有限合伙人，与作为普通合伙人的地产集团全资子公司重庆市地产股权投资基金管理有限公司（以下简称"地产基金管理公司"），共同成立有限合伙基金。有限合伙基金的期限与本项目建设期限一致，为32年。有限合伙基金在项目公司持股81%（其中民生加银资产管理有限公司占有限合伙基金份额的99%）。本项目中，社会资本投资人承担按期出资的义务，按中标收益率分享投资收益，不分享土地出让增值收益，也不参与土地整治项目的具体运作。

重庆市钓鱼嘴开发投资有限公司（以下简称"钓鱼嘴公司"）为重庆市地产集团全资子公司，在项目公司中持股18%。钓鱼嘴公司前身为重庆市地产集团分公司，专门负责钓鱼嘴土地一级开发工作，前期已经完成了投资约20亿元，对该项目积累了丰富的经验。地产集团为了开展本PPP项目，撤销了钓鱼嘴分公司，重新出资，以原班人马设立了钓鱼嘴公司。作为项目公司的股东，钓鱼嘴公司将委派人员到项目公司，担任该项目的具体组织实施者。

重庆市双发地产股权投资基金有限公司（以下简称"双发地产基金"）为地产基金管理公司参股的并购产业基金，双发地产基金持有项目公司1%的股权。双发地产基金与有限合伙基金签订远期收购协议，收购有限合伙基金持有项目公司全部股权，每年按其中标年化收益支付预付款，在土地整治结束时支付其出资本金。双发地产基金的资金来源，在整治后熟地顺利卖出时由地产集团增资；地产集团不能顺利卖出熟地时，则由双发地产基金另行募集社会资本。

（三）重庆市钓鱼嘴南部片区项目的案例点评

在土地一级开发PPP模式中，经营权与收益权均可由社会资本享有，有利于解决土地一级开发项目造价失控的问题。但是，由政府控制土地整治项目的经营权，更有利于政府从全局性、整体性对项目进行把控，有利于动用政府资源进行土地征收、房屋拆迁、安置补偿，特别是有利于控制整治成本。由于整治项目费用最终由政府支付，由社会资本投资人控制经营权，出于利益驱动，容易造成土地整治成本虚增，以增大社会资本隐性收益。因此，土地整治项目可以仅让社会资本投资人单纯投资，发挥社会资本融资方式多样化的优势。这样，既解决政府负债过高、风险加大的问题，又为民间资本提供了分享稳定的公共项目投资收益的渠道，实现了公共利益与私人利益双赢。

社会资本以基金的方式投入，其投资回收期限是固定的，且通常要求按年支付收益。而土地一级开发项目虽然建设周期基本具有确定性，但熟地卖出期限具有不确定性，在目前房地产不景气的情况下更是如此。土地卖出的时间与基金投资人要求按年支付收益的时间是不可能吻合的。本项目采用双基金的模式，由一只后备基金远期收购前期投资基金，并以预付款的方式按年支付前期投资基金的收益，有利于解决基金期限与投资回报期限错配问题。

社会资本按中标年化收益率取得投资回报，其自身纳税是应当的。但通过项目公司分红，或项目公司清算收回投资及收益，由于项目建设代理费作为项目公司的利润，需要在项目公司缴纳企业所得税。而项目公司缴纳企业所得税后，社会资本分得的利润就达不到中标年化收益了。此项目采取了股权转让的方式退出，有利于解决双重征税的问题。

第三节　PPP 项目用地疑难问题解答

本节分析了 PPP 项目用地方面的相关疑难问题，包括 PPP 项目用地的取得、土地出让程序是否有必要规定例外情形、划拨土地使用权融资的三个风险。

一、PPP 项目用地的取得问题解答

本节重点选取"PPP 项目用地的取得"这一实践中最核心、最关键、最重要的问题作为首要疑难问题，通过一步步详解分析，解答了项目用地的"取得"上的一系列复杂难题。

根据《中华人民共和国土地管理法》第五十四条，"建设单位使用国有土地，应当以出让等有偿使用方式取得；但是，下列建设用地，经县级以上人民政府依法批准，可以以划拨方式取得……（二）城市基础设施用地和公益事业用

地"。

从本规定可以看出，有偿出让方式是主要使用方式，划拨方式必须要符合相应的情形，并应报经县级以上人民政府批准。各地在适用划拨地操作时，基本是按照《划拨用地目录》（2001年施行）明确列示的来操作。划拨用地目录中，对于"城市基础设施用地和公益事业用地"等明确可以以划拨方式取得，据此可以理解 PPP 项目中的大部分用地，可以采取划拨地；但对于社会基础设施项目用地（如教育设施、医疗卫生设施等），则强调其公益性和非营利性，否则根据规定将属于"应当以有偿方式提供土地使用权"的情形。济邦咨询公司正在操作的新虹桥国际医学中心营利性医院项目中，各医院项目法人通过协议出让的方式获得相应的土地使用权。

关于基础设施及市政公用 PPP 项目（包括但不限于污水、垃圾焚烧发电、供气等），项目法人关于土地使用的权利，就我们的实际操作经验概括下来，主要有以下三种：项目法人享有划拨土地使用权、出让土地使用权以及通过租赁方式享有对土地使用的权利。

通常为平抑政府购买服务费用（或向公众收费水平）或者市政管线、站、场等涉及多方主体的用地，一般采取划拨用地的方式。但划拨用地融资，目前争论不一。

当然也有项目法人通过出让方式获取土地使用权，但基本是采取协议转让的方式，由政府在 PPP 协议中保证项目用地获取，土地出让金上交财政，由财政统一调配，是否能用于该项目的补贴则不一定；在土地出让价格方面采取暂定价的方式，如果未来土地实际获取成本低于或高于该等成本，相应调高或调低相应的产品或服务的价格。出让地在融资方面，比较获银行认可，但不是所有的出让地皆可以进行土地使用权抵押担保。

以租赁方式获取用地的，通常属于前期手续未办理任何变更的情形（含立项、土地使用权等仍在政府行业主管部门名下），该等情形下，需要明确租金标准、租赁期限（租赁通常期限不超过二十年，如果短于 PPP 项目经营期的，需要明确续约方式）、长期稳定供应等。但该等情形下，项目法人无相应的土地使用权，对于构筑物亦不能根据房地一体主义标注所有权，建筑物亦无法办理权证。此种情形下，仅设备融资或者应收账款质押融资或者股东担保等或可考虑。

二、土地出让程序问题解答

本节重点选取"PPP 项目用地的出让程序"这一实践中常常遇到的繁琐程

序为重点疑难问题,通过一步步详解分析,解答了项目用地的"出让程序"上的一系列复杂难题。

我们认为应该规定例外情形,否则可能不利于 PPP 项目的顺利推进。

对于 PPP 项目用地而言,如果用地是通过出让方式取得,则可能的出让方式有招拍挂及协议出让,但协议出让有明确的程序性限定。根据《协议出让国有土地使用权规定》第三条,出让国有土地使用权,除依照法律、法规和规章的规定应当采用招标、拍卖或者挂牌方式外,方可采取协议方式。协议出让属于控制比较严的出让方式,其有相应的前置条件。即使满足了协议出让的前置条件,也未必能够一对一协议转让,因为根据《物权法》及《协议出让国有土地使用权规定》(即使是协议出让地,如果土地供应计划公布后),在同一地块有两个或者两个以上意向用地者的,市、县人民政府国土资源行政主管部门应当按照《招标拍卖挂牌出让国有土地使用权规定》,采取招标、拍卖或者挂牌方式出让。

而以上操作程序,则可能和 PPP 项目操作存在衔接错位,PPP 项目需先通过公开竞争的方式(当然,也有通过一对一谈判方式)完成投资人遴选程序,然后由中选的 PPP 项目投资人或其下设的项目公司获取相应的土地,并在其上投资、建设、运营相应的基础设施,这便意味着必须要保证 PPP 项目投资人或其设立的项目公司拿到该地块。在现行的法律规定下,通常的操作路径是按照协议出让土地的方式操作,以保证项目公司能顺利获取土地。但即使是协议出让,如果产生两个以上的意向用地人的话,则根据前述分析亦不能保证项目公司一定能获得项目用地,且招拍挂制度会使得相应的土地使用权的获取成本增加,相应会抬高政府购买服务的成本,或者第三方付费的成本,这便需要作例外的约定,以保证 PPP 项目投资人或其设立的项目公司按照双方事先约定的金额获取相应的土地使用权。

铁路、轨道交通等项目,投资额大、回收期长。为保障项目上商业可行,投融资模式的设计非常关键,是否允许土地综合开发,也是影响项目投资回报的重要因素。

关于铁路项目,《国务院关于改革铁路投融资体制加快推进铁路建设的意见》(国发〔2013〕33号)中明确,"加大力度盘活铁路用地资源,鼓励土地综合开发利用。支持铁路车站及线路用地综合开发"。"参照《国务院关于城市优先发展公共交通的指导意见》(国发〔2012〕64号),按照土地利用总体规划和城市规划统筹安排铁路车站及线路周边用地,适度提高开发建设强度。创新节地技术，鼓励对现有铁路建设用地的地上、地下空间进行综合开发。"

国务院办公厅《关于支持铁路建设实施土地综合开发的意见》，明确要求，"盘活存量铁路用地与综合开发新老站场用地相结合。支持铁路运输企业以自主开发、转让、租赁等多种方式盘活利用现有建设用地，鼓励铁路运输企业对既有铁路站场及毗邻地区实施土地综合开发，促进铁路建设投资等主体对新建铁路站场及毗邻地区实施土地综合开发，提高铁路建设项目的资金筹集能力和收益水平"。明确落实及保障措施，如"政府供应既有铁路站场综合开发范围内的用地，应将综合开发的规划要求和铁路建设要求一并纳入土地供应的前提条件"。这个便是拿地和铁路建设绑定的措施。而"铁路运输企业依法取得的划拨用地，因转让或改变用途不再符合《划拨用地目录》的，可依法采取协议方式办理用地手续"，则是明确如果铁路用地因综合开发变更成商业用地，要怎样操作及怎样保障原铁路运营企业仍有权进行相应土地的开发建设及经营等。但上述种种政策或措施能否推进铁路建设，目前还不好有定论，实际操作难度不小，因为沿线土地涉及国土、环保等多个部门，另加上尚未修订的政策限制，民间资本（含外资）仍存顾虑。

就轨道交通站场上盖物业、毗邻土地进行综合一体开发而言，尽管我们都认为这是方向，但目前尚未看到相关方面的文件出台。我们鼓励在人口众多的区域，要支持以轨道交通为主的综合交通发展，按照轨道交通为导向的新型城镇发展。市场人士普遍认为轨道沿线土地为各种地产开发商垂涎的重点对象，一旦放开，会吸引大量资金进入。例如日前，绿地集团成立绿地地铁投资发展公司，并与申通地铁、上海建工等多家沪上国资企业签署战略合作协议，由绿地牵头组成联合体在全国多地开展地铁投资开发业务。

以港铁模式为例，轨道交通和沿线土地开发挂钩，轨道交通带来的土地增值效应外溢，外溢的增值容许轨道交通公司收回一部分投资，如此将可形成良性循环，但这与现在的土地制度存在一定的冲突。根据《物权法》及《招标拍卖挂牌出让国有土地使用权规定》，商业等各类经营性用地，必须以招标、拍卖或者挂牌方式出让。地铁上盖物业，其用地性质应为经营性用地，必须走相应的招拍挂程序，但如此一来，就无法保证轨道交通公司获得相应的土地，能否综合一体化开发成各地政策无法突破的问题，比如土地的管理是归国土部门来管，城市的建设是归建设部门来管，建设部门和规划部门对城市有一个整体规划。城市规划若不调整的话，轨道交通沿线要进行高密度的开发很难进行。若推行物业开发的模式，土地能否改变用途（按照国土部门的规定，交通用地不能用于商业用地），改变用途后是否可以协议出让，是否会参照铁路绑定土地综合开发，这些还不得而知。

三、划拨土地使用权融资问题解答

本节重点选取"划拨土地使用权融资"这一实践中项目用地最常见的融资方式为重点疑难问题，通过一步步详解分析，解答了项目用地的"划拨土地使用权融资"上的一系列复杂难题。

银行等金融机构在评估是否接受划拨土地使用权融资时，通常会考虑如下风险：

（1）政府无偿收回的风险。根据《土地管理法》第五十八条第一款第（四）项及《中华人民共和国城镇国有土地使用权出让和转让暂行条例》第四十七条，"无偿取得划拨土地使用权的土地使用者，因迁移、解散、撤销、破产或者其他原因而停止使用土地的，市、县人民政府应当无偿收回其划拨土地使用权，并可依照本条例的规定予以出让。对划拨土地使用权，市、县人民政府根据城市建设发展需要和城市规划的要求，可以无偿收回，并可依照本条例的规定予以出让。无偿收回划拨土地使用权时，对其地上建筑物、其他附着物，市、县人民政府应当根据实际情况给予适当补偿"。本条规定的情形，是属于可以无偿收回划拨土地使用权的情形，如果已经设定抵押的划拨土地使用权被无偿收回，则相应的抵押权也会消灭。

（2）出让金优于抵押权人的权益的风险。根据《担保法》第五十六条及《城市房地产管理法》第五十一条，以划拨方式取得的土地使用权或连同地上建筑物一并抵押的，在处分土地使用权和建筑物时，需先从所得价款中缴纳相当于应当缴纳的土地使用权出让金的款额后，余下价款抵押权人方可优先受偿。因此，在融资担保中，抵押权人应当充分考虑划拨土地使用权应缴纳的出让金部分，合理确定其抵押价值。

（3）抵押合同是否生效的风险。根据《物权法》第一百八十条及第一百八十七条，建设用地使用权（无论该等土地使用权性质是划拨地还是出让地）抵押，采用登记生效主义。但实务操作过程中一般都在以划拨土地使用权及其地上附着物设定抵押时，抵押双方往往仅签署抵押合同，而没有到土地管理部门办理登记，这可能将导致抵押无效，抵押权不成立，那么抵押权人在实现抵押权时将不受法律保护。当然我们注意到就划拨土地使用权而言，《城镇国有土地使用权出让和转让暂行条例》第四十五条规定，如果在实现抵押权后，向当地市、县人民政府补交土地使用权出让金的，亦符合规定。当时的国家土地管理局在《关于划拨土地使用权管理有关问题的批复》中，亦明确在划拨土地使用权转让、出租、抵押管理工作中，采取补办出让手续，补交出让金的做法是符合《城镇国有土地使用权出让和转让暂行条例》和财政部有关规定的。

根据《城市房地产管理法》第四十八条，以出让方式取得的土地使用权，可以设定抵押权。但这也不意味着对所有的出让土地使用权皆适用，如果是涉及公益设施的，则不得抵押。《担保法》第三十七条及《物权法》第一百八十四条规定，"学校、幼儿园、医院等以公益为目的的事业单位、社会团体的教育设施、医疗卫生设施和其他社会公益设施，不得抵押"。即使该等土地使用权是以出让方式获得，且公益设施为私立性质，也不得抵押。《关于私立学校、幼儿园、医院的教育设施、医疗卫生设施能否抵押的请示的意见》（法工办发〔2009〕231号）规定，私立学校、幼儿园、医院和公办学校、幼儿园、医院，只是投资渠道上不同，其公益属性是一样的。私立学校、幼儿园、医院的教育设施、医疗卫生设施也属于社会公益设施，按照《物权法》第一百八十四条规定，不得抵押。

当然出让土地使用权亦存在抵押合同是否生效的风险，如前述，建设用地使用权登记生效。但实务操作过程中，以出让土地使用权及其地上附着物设定抵押时，抵押双方往往仅签署抵押合同，而没有到土地管理部门办理登记，这可能将导致抵押无效，抵押权不成立，那么抵押权人在实现抵押权时将不受法律保护。

如果涉及上述情形，出让土地使用权不能用于融资或不被接受的情形下，怎样解决项目法人融资难题，是我们需要重点考虑的问题，应收账款质押是相对比较可行也相对易于为银行等金融机构接受的做法。不得不承认，在项目融资尚未能被有效接受的情形下，解决PPP项目融资的问题，是当前需要我们共同探讨并需要制度作出安排的难题。

在PPP项目中，大多存在分期建设的问题，关于其中的土地是根据基础设施建设期数，分期申请用地，还是作好规划预留，分期到位，抑或是土地一次性到位，也是现在我们在操作项目时经常遇到的。

关于建设用地，根据《土地管理法实施条例》第二十一条的规定，具体建设项目需要使用土地的，建设单位应当根据建设项目的总体设计一次申请，办理建设用地审批手续；分期建设的项目，可以根据可行性研究报告确定的方案分期申请建设用地，分期办理建设用地有关审批手续。但作为投资人方顾问，我们希望土地是一次性到位，否则可能存在如下问题：（1）后续用地不到位，尽管已经作好规划预留;(2)基础设施分期建设中,仍存在几期公用(共享)设施需一次建成的问题,此意味着可能需要占用后几期用地,如果不能做到一次性到位,可能会影响项目建设;(3)如果届时土地不到位,可能会存在土地征地拆迁或平整等影响整个项目进度或影响建设工艺的风险。

  但如果一次性到位,则可能存在土地闲置问题。根据《闲置土地处置办法》,闲置土地是指国有建设用地使用权人超过国有建设用地使用权有偿使用合同或者划拨决定书约定、规定的动工开发日期满一年未动工开发的国有建设用地。已动工开发但开发建设用地面积占应动工开发建设用地总面积不足1/3或者已投资额占总投资额不足25%,中止开发建设满一年的国有建设用地,也可以认定为闲置土地。对于一次性到位所可能导致的土地闲置问题应如何解决,我们通常在PPP项目协议中约定,此风险由政府方承担(当然,是非投资人的原因所导致的土地闲置)。

第六章　PPP项目融资与再融资相关法律法规分析

PPP项目融资与再融资中主要涉及两对法律关系：一为政府方与社会资本之间的法律关系，此间主要涉及政府担保与退出机制问题；二为融资方与项目公司之间的融资法律关系，此间所涉及的融资方的权利和义务，比较突出的且在立法层面上需要关注的是融资方的介入权。除此之外，产权制度设计作为可融资性的前提是融资不可回避，而项目用地、特许经营权融资担保等问题因与其他法规相交叉又产生一些急需消除的冲突。就融资方式而言，目前直接回应PPP需求项目的专门性法规仍处于探索阶段。

第一节　PPP项目融资与再融资涉及的法律法规及存在的主要问题

本节重点梳理了我国关于PPP项目融资与再融资相关的主要法律法规及规范性文件，并进行了分类归纳。通过对相关法条的分析，明确我国PPP项目融资与再融资相关法律法规及规范性文件存在的主要问题和冲突。

一、PPP项目融资与再融资涉及的法律法规及规范性文件

本章根据PPP项目与融资的相关性分为两部分：第一部分为项目融资本身直接涉及法规，包括政府方担保、融资方介入权、社会资本方退出以及融资方式；第二部分则针对融资法规与其他法领域交叉所产生的立法冲突、立法需求，

包括需与物权担保制度相协调的资产权归属问题以及特许经营权、项目收益权的质押问题，与房产土地制度相衔接的立法需求等。

（一）PPP 项目融资与再融资直接涉及的法律法规及规范性文件

1. 关于 PPP 项目中政府方担保的相关规定

PPP 以减少政府负债为初衷，政府不得成为 PPP 项目举债方是担保允许性的界限。根据《国务院关于加强地方政府性债务管理的意见》（国发〔2014〕第 43 号）、《国务院办公厅转发财政部　发展改革委　人民银行关于在公共服务领域推广政府和社会资本合作模式指导意见的通知》（国办发〔2015〕42 号）、《财政部关于对地方政府债务实行限额管理的实施意见》（财预〔2016〕第 255 号）、财政部《政府和社会资本合作项目财政管理暂行办法》（财金〔2016〕92 号）等的规定，PPP 融资是项目公司的义务，政府不能成为 PPP 项目的举债方，并不承担偿债责任。PPP 项目在实施运营全过程中形成的项目公司的负债不得移交给政府（见表 6-1）。

表 6-1　　　　关于 PPP 项目中政府方担保的相关规定

类型	要求	依　　据
狭义担保	禁止	《担保法》、《预算法》均禁止地方政府及其所属部门为任何单位和个人的债务以任何方式提供担保。 《国务院关于加强地方政府融资平台公司管理有关问题的通知》（国发〔2010〕19 号）：坚决制止地方政府违规担保承诺行为，地方政府在出资范围内对融资平台公司承担有限责任，实现融资平台公司债务风险内部化。 《传统基础设施领域实施政府和社会资本合作项目工作导则》（发改投资〔2016〕2231 号）：PPP 项目融资责任由项目公司或社会资本方承担，当地政府及其相关部门不应为项目公司或社会资本方的融资提供担保。
固定回报承诺	禁止	《基础设施和公用事业特许经营管理办法》第 21 条：政府不得承诺固定投资回报和其他法律、行政法规禁止的事项。 财政部、发展改革委《关于进一步共同做好政府和社会资本合作（PPP）有关工作的通知》（财金〔2016〕32 号）：要坚决杜绝各种非理性担保或承诺、过高补贴或定价，避免通过固定回报承诺、明股实债等方式进行变相融资。

续表

类型	要求	依据
最低需求风险支出	允许	财政部《关于推广运用政府和社会资本合作模式有关问题的通知》（财政部〔2014〕76号）：注重体制机制创新，充分发挥市场在资源配置中的决定性作用，按照"风险由最适宜的一方来承担"的原则，合理分配项目风险，项目设计、建设、财务、运营维护等商业风险原则上由社会资本承担，政策、法律和最低需求风险等由政府承担。 《政府和社会资本合作项目财政管理办法》中将最低需求风险支出纳入支出管理：风险承担支出，是指在项目实施过程中按照法律规定或者合同约定，因法律安排、政策风险、最低需求风险以及其他原因导致项目合同终止等情况，政府应承担相应责任的财政或有支出。
支付保证类	待规范	中共中央国务院《关于完善产权保护制度依法保护产权的意见》：地方各级政府及有关部门要严格兑现向社会及行政相对人依法作出的政策承诺，认真履行在招商引资、政府与社会资本合作等活动中与投资主体依法签订的各类合同，不得以政府换届、领导人员更替等理由违约毁约，因违约毁约侵犯合法权益的，要承担法律和经济责任。 中国银行（香港）有限公司与辽宁省人民政府、葫芦岛锌厂保证合同纠纷二审民事判决书（〔2014〕民四终字第37号）：政府出具的仅承诺"协助解决"的《承诺函》不能构成法律意义上的保证。

2. 关于 PPP 项目中融资方介入权的相关规定

根据《物权法》和《担保法》禁止流质的规定，担保权人没有自力救济权的，担保权人不能直接占有、处分担保物。作为债权人的融资方的权利主要是债务到期不能清偿时就担保资产拍卖、变卖等的所得优先受偿。

我国现有 PPP 政策中对于融资方介入权的触发条件与终止事由只有原则性的规定。《关于印发政府和社会资本合作模式操作指南（试行）的通知》（财金〔2014〕113号）规定，当项目出现重大经营或财务风险，威胁或侵害债权人利益时，债权人可依据与政府、社会资本或项目公司签订的直接介入协议或条款，要求社会资本或项目公司改善管理等。在直接介入协议或条 1 款约定期限内，重大风险已解除的，债权人应停止介入。

《关于规范政府和社会资本合作合同管理工作的通知》（财金〔2014〕156号）附件《PPP项目合同指南》规定，由于项目的提前终止可能会对融资方债权的实现造成严重影响,因此融资方通常希望在发生项目公司违约事件且项目公司无法在约定期限内补救时,可以自行或委托第三方在项目提前终止前对于项目进行补救。为了保障融资方的该项权利,融资方通常会要求在 PPP 项目合同中或者通过政府、项目公司与融资方签订的直接介入协议对融资方的介入权予以明确约定。

根据 2016 年 5 月 18 日发改委特许经营法立法听证会议纪要,债权人介入权是指依照合同约定或者法律规定,在项目公司无法承担偿债义务、因为债务人违约导致特许经营项目合同终止、约定的其他情形的情况下,允许债权人在一定期间内控制项目公司,或在一定条件下,允许债权人指定原特许经营者将特许经营权及项目整体权利义务转让给恰当的新的受让人,新的受让人必须履行原特许经营者承诺履行的义务[①]。

3. 关于 PPP 项目中社会资本退出问题的相关规定

财政部《关于推广运用政府和社会资本合作模式有关问题的通知》(财金〔2014〕76 号)提出要细化完善项目合同文本。即地方各级财政部门要会同行业主管部门协商订立合同,重点关注项目的功能和绩效要求、付款和调整机制、争议解决程序、退出安排等关键环节,积极探索明确合同条款内容。

《国务院关于创新重点领域投融资机制鼓励社会投资的指导意见》(国发〔2014〕60 号,下称 60 号文)对健全退出机制提出了原则性要求:政府要与投资者明确 PPP 项目的退出路径,保障项目持续稳定运行。项目合作结束后,政府应组织做好接管工作,妥善处理投资回收、资产处理等事宜。

国家发改委《关于开展政府和社会资本合作的指导意见》(发改投资〔2014〕2724 号,下称 2724 号文)规定政府和社会资本合作期满后,要按照合同约定的移交形式、移交内容和移交标准,及时组织开展项目验收、资产交割等工作,妥善作好项目移交。依托各类产权、股权交易市场,为社会资本提供多元化、规范化、市场化的退出渠道。

国家发改委《关于切实做好传统基础设施领域政府和社会资本合作有关工作的通知》(发改投资〔2016〕1744 号)提出了构建多元化退出机制。即政府和社会资本合作期满后,按照合同约定的移交形式、移交内容和移交标准,及时组织开展项目验收、资产交割等工作。推动 PPP 项目与资本市场深化发展相结

---

① 国家发展改革委:《特许经营立法专家论证会议纪要(第二期)》,http://fgs.ndrc.gov.cn/zttp/ppplftj/yjcg/201607/t20160714_811276.html。

合，依托各类产权、股权交易市场，通过股权转让、资产证券化等方式，丰富PPP项目投资退出渠道。提高 PPP 项目收费权等未来收益变现能力，为社会资本提供多元化、规范化、市场化的退出机制，增强 PPP 项目的流动性，提升项目价值，吸引更多社会资本参与。

此外，一些地方出台相关政策，如《上海市推广政府和社会资本合作模式的实施意见》（沪府办发〔2016〕37号）规定：设计合同条款时，要明确退出安排、应急和临时接管预案等关键内容和退出路径。如遇不可抗力或违约事件导致项目提前终止时，行业主管部门或相关单位要及时作好接管，保障项目设施持续运行，保证公共利益不受侵害。单方构成违约的，违约方应承担违约责任。项目合作结束后，行业主管部门或相关单位应做好接管工作，妥善处理资产交接等相关事宜。

4. 关于 PPP 项目融资方式的相关规定

这一部分政策分为三类，第一类是对于项目公司可适用的融资方式予以列举，如 42 号文作为纲领性的文件，提出鼓励开发性金融机构发挥中长期贷款优势、引导商业性金融机构拓宽项目融资渠道，并对项目运营主体、项目公司融资方式作出了示范性的规定。根据 42 号文的规定，项目公司可以通过公司债券、企业债券、中期票据、定向票据、项目收益债券、项目收益票据、资产支持票据、社保资金和保险资金、债权投资计划、股权投资计划、项目资产支持计划等多种方式进行融资。2724 号文在政策保障中指出鼓励金融机构提供财务顾问、融资顾问、银团贷款等综合金融服务；鼓励项目公司或合作伙伴通过成立私募基金、引入战略投资者、发行债券等多种方式拓宽融资渠道。445号文指出从充分发挥开发性金融的中长期融资优势、积极提供多种服务提前并主动介入项目、加强信贷规模的统筹调配等方面发挥开发性金融机构在支持PPP 融资中的作用[①]。

第二类是各部委出台的一些特定行业、特定领域的融资指引文件。如《交通运输部关于深化交通运输基础设施投融资改革的指导意见》（交财审发

[①] 445 号文在"开发银行加强信贷规模的统筹调配，优先保障 PPP 项目的融资需求"中指出：在监管政策允许范围内，给予 PPP 项目差异化信贷政策，对符合条件的项目，贷款期限最长可达 30 年，贷款利率可适当优惠。建立绿色通道，加快 PPP 项目贷款审批。

〔2015〕67号）提出创新性地提倡探索设立交通产业投资基金①。《关于运用政府和社会资本合作模式推进公共租赁住房投资建设和运营管理的通知》（财综〔2015〕15号）对于该领域融资政策作出了详细的规定：一是银行业金融机构加大对政府和社会资本合作模式公共租赁住房试点项目的信贷支持力度。二是鼓励社保基金、保险资金等公共基金通过债权、股权等多种方式支持项目公司融资。三是支持项目公司发行企业债券，适当降低中长期企业债券的发行门槛。四是支持以未来收益覆盖融资本息的公共租赁住房资产发行房地产投资信托基金（REITs）。

第三类则是体系庞杂的各类融资工具、融资通道的专门性法规，其中产业基金、资产证券化等都有了与PPP项目对接的制度尝试。以下择要梳理。

（1）关于通过产业基金参与PPP项目的相关规定

财政部《政府投资基金暂行管理办法》（财预〔2015〕210号）对政府投资基金的设立、运作和风险控制、资产管理等方面予以规范，尤其是对于基金的终止和退出机制做出了较为明确的规定。目前江苏、山东、河南、四川、云南、山西等地地方省级政府已经公布配套的规章、规范性文件②。按照已公布的配套文件来看，地方政府主导基金发起、政府出资占总规模为10%、收益分配采取优先级与劣后级，优先保障PPP产业引导基金的社会资本出资人的收益，均提出收益率的确定区间、固定收益与浮动收益、不足部分的弥补来源。

（2）关于银行资金参与PPP项目的相关规定

当前我国法律不允许商业银行直接投资于非自用不动产或者向非银行金融机构和企业投资③，商业银行可以通过银行贷款、保理融资、银团贷款、并购贷款等方式为PPP项目提供融资服务。

（3）关于保险资金参与PPP项目的相关规定

---

① 在探索设立交通产业投资基金上，67号文规定：各地交通运输部门要会同同级财政部门，积极研究探索设立公路、水路交通产业投资基金，以财政性资金为引导，吸引社会法人投入，建立稳定的公路、水路交通发展的资金渠道。同时，鼓励民间资本发起设立用于公路、水路交通基础设施建设的产业投资基金，研究探索运用财政性资金通过认购基金份额等方式支持产业基金发展。

② 参见江苏省《PPP融资支持基金实施办法（试行）的通知》（苏财规〔2015〕19号）、山东省《政府和社会资本合作发展基金实施办法》（鲁财预〔2015〕45号）、河南省《政府和社会资本合作开发性基金设立方案》（豫财资合〔2015〕5号）、四川省《政府和社会资本合作项目投资引导基金管理办法》（川府发〔2015〕49号）、云南省《政府和社会资本合作融资支持基金设立方案》（云财金〔2015〕73号）等。

③ 《商业银行法》第43条：商业银行在中华人民共和国境内不得从事信托投资和证券经营业务，不得向非自用不动产投资或者向非银行金融机构和企业投资，但国家另有规定的除外。

根据 PPP 相关政策规定①，保险资金直接投资股权可以在保险业相关的养老、医疗行业采用 PPP 模式。在养老、医疗 PPP 项目中，保险公司可以独立作为社会资本发起设立 PPP 项目公司，也可以与其他社会资本共同发起设立项目公司。《保险资金间接投资基础设施项目管理办法》（保监会令〔2016〕2号）第十条规定明确提出险资可以采取政府和社会资本合作模式投资基础设施项目，并对拟投 PPP 项目提出了"收费定价机制透明、具有预期稳定现金流或者具有明确退出安排"的三项要求。在这以后，险资是否可以组成投资计划并作为投资方直接与建设方或者运营方等组成联合体参与招投标，有待后续进一步探索。

（4）关于通过资产证券化参与 PPP 项目的相关规定

根据财政部《政府和社会资本合作项目财政管理办法》，在确保项目能够持续稳定提供公共服务的前提下，PPP 项目经营权、收益权可以进行资产证券化。《关于推进传统基础设施领域政府和社会资本合作（PPP）项目资产证券化相关工作的通知》（发改投资〔2016〕2698 号）积极推进符合条件的 PPP 项目通过资产证券化方式实现市场化融资，优先鼓励符合国家发展战略的 PPP 项目开展资产证券化。上海证券交易所、深圳证券交易所、中国证券投资基金业协会将建立专门的业务受理、审核及备案绿色通道，专人专岗负责，提高国家发展改革委优选的 PPP 项目相关资产证券化产品的审核、挂牌和备案的工作效率。

根据《资产证券化业务基础资产负面清单指引》等相关规定，PPP 项目中地方政府应当支付或者承担的财政补贴以及列入国家计划并已开工建设的保障房租赁债权或收益权可以作为基础资产。

（二）PPP 项目融资与再融资间接涉及的法律法规及规范性文件

间接涉及的规定，最为突出的是产权归属问题，即项目资产权与土地使用权的归属及其融资担保问题，需要研究与物权担保制度、房产土地法规的协调性。

1. 关于 PPP 项目资产权归属的相关规定

首先，根据我国现行产权制度，原则上由项目公司建造的建筑物、构筑物及其附属设施的所有权属于项目公司，在由法律例外规定的情况下则由国家所有。《物权法》第一百四十二条规定：建设用地使用权人建造的建筑物、构筑物及其附

---

① 相关规定参见 42 号文："鼓励项目运营主体利用资本市场直接融资。发挥开发性、政策性金融机构中长期贷款优势，支持社保和保险资金参与项目"、2015 年 5 月 13 日国务院常务会议："鼓励项目运营主体利用资本市场直接融资。发挥开发性、政策性金融机构中长期贷款优势，支持社保和保险资金参与项目"等。

属设施的所有权属于建设用地使用权人,但有相反证据证明的除外。第三十条条规定:因合法建造、拆除房屋等事实行为设立或者消灭物权的,自事实行为成就时产生效力。《物权法》第 52 条规定:铁路、公路、电力设施、电信设施和油气管道等基础设施,依照法律规定为国家所有的,属于国家所有(见表 6-2)。

表 6-2　　　　　　　　　PPP 项目资产权归属的相关规定

资产类型	产权归属	依据
铁路	社会资本方	国务院《关于创新重点领域投融资机制鼓励社会投资的指导意见》(国发〔2013〕33 号),提出向地方政府和社会资本放开城际铁路、市域(郊)铁路、资源开发性铁路和支线铁路的所有权、经营权。 国家发改委《关于进一步鼓励和扩大社会资本投资建设铁路的实施意见》(发改基础〔2015〕1610 号),标志着国内铁路经营权、所有权向社会资本的全面放开。
公路	未规范	已有《公路法》但未规范产权归属。
电力设施、电信设施和油气管道	未规范	暂无

其次,截至目前的 PPP 政策对于项目设施所有权还无明确规定。根据《企业会计准则解释第 2 号的通知》的规定,BOT 业务所建造基础设施不应作为项目公司的固定资产。根据国家计委、电力工业部、交通部 1995 年《关于试办外商投资特许权项目审批管理有关问题的通知》,特许期内,项目公司拥有特许权项目设施的所有权。而《基础设施和公用事业特许经营管理办法》明确规定了基础设施和公用事业特许经营可以采取"在一定期限内,政府授予特许经营者投资新建或改扩建、拥有并运营基础设施和公用事业,期限届满移交政府"的方式,认可项目公司可以拥有项目基础设施的所有权。

最后,截至目前的 PPP 政策倾向于以约定的方式解决产权归属。《政府和社会资本合作项目财政管理办法》第三十二条前段规定:"项目实施机构与项目应当根据法律法规和 PPP 项目合同约定确定项目公司资产权属。"《PPP 项目合同指南(试行)》也指出,PPP 项目合同中明确约定项目全生命周期内相关资产和权益的归属,以解决后续抵押担保、股权转让以及投资退出的问题。

2. 关于PPP项目用地使用权归属及抵押融资的相关规定

依《城市房地产管理法》第47条的规定,仅以出让方式取得的土地使用权方可以单独设定抵押权,而以其他方式如租赁、划拨取得的土地使用权不能单独设定抵押权,但依法取得的房屋所有权连同该房屋占用范围内的国有土地使用权可以同时设定抵押。在未来的立法中,尚需要与《土地管理法》做好衔接,明确获取土地的方式、性质,以及土地融资的渠道等(见表6-3)。

表6-3　　　　PPP项目用地使用权归属及抵押融资的相关规定

获得土地的方式	能否抵押	法规依据
划拨土地	仅限于随其地上物一同抵押	《城市房地产管理法》第47条。
出让土地	可以设定抵押权;但社会公益设施例外	《城市房地产管理法》第48条。 《担保法》第37条及《物权法》第184条规定的"(三)学校、幼儿园、医院等以公益为目的的事业单位、社会团体的教育设施、医疗卫生设施和其他社会公益设施;"即使该等土地使用权是以出让方式获得,且公益设施为私立性质,也不得抵押。 《关于私立学校、幼儿园、医院的教育设施、医疗卫生设施能否抵押的请示的意见》(法工办发〔2009〕231号)规定,私立学校、幼儿园、医院的教育设施、医疗卫生设施也属于社会公益设施,按照《物权法》第184条规定,不得抵押。
租赁土地	仅限于随其地上物一同抵押	《城市房地产管理法》第47条。

3. 关于PPP项目中特许经营权、项目收益权质押的相关规定

(1) 关于可以出质的权利类型,根据我国现行产权制度,只限于物权法明确规定的七类权利。根据《物权法》223条,债务人或者第三人有权处分的下列权利可以出质:①汇票、支票、本票;②债券、存款单;③仓单、提单;④可以转让的基金份额、股权;⑤可以转让的注册商标专用权、专利权、著作权等知识产权中的财产权;⑥应收账款;⑦法律、行政法规规定可以出质的其他财产权利。截至目前,只有公路、桥梁、渡口、隧道、农村电网建设与改造工程电费收益权等不动产收费权及学生公寓收费权具有明确的规定外。

(2) 关于质权的公示方式,《物权法》规定,汇票、支票、本票、债券、存款单、仓单、提单出质的，当事人应当订立书面合同。质权自权利凭证交付质权人时设立；没有权利凭证的，质权自有关部门办理出质登记时设立。以应收账款出质的，当事人应当订立书面合同。质权自信贷征信机构办理出质登记时设立。关于应收账款质押，人民银行《应收账款质押登记办法》规定了应收账款包括销售取得的债权，出租产生的债权，提供服务产生的债权，公路、桥梁、隧道、渡口等不动产收费权，提供贷款或其他信用产生的债权等。

在专门的 PPP 政策以及指导案例中有肯定项目收益权、特许经营权可质押性的规定，并对于该等特殊权利的公示方式作出创新性的规定。

《基础设施和公用事业特许经营法》规定，未经实施机关同意，特许经营者不得转让、出租、质押、抵押或者以其他方式擅自处分特许经营权。

《国家发展改革委、国家开发银行关于推进开发性金融支持政府和社会资本合作有关工作的通知》（发改投资〔2015〕445 号，下称 445 号文）指出，开发银行认真贯彻 60 号文件关于"探索创新信贷服务"的要求，不断创新和完善 PPP 项目贷款风险管理体系，通过排污权、收费权、特许经营权、购买服务协议项下权益质押等方式，建立灵活有效的信用结构，切实防范贷款风险。

（3）根据财政部《政府和社会资本合作项目财政管理办法》，项目公司以项目经营权、项目资产进行抵押、质押，以及在上述资产、权利和利益上设置留置权、担保权益的，需经财政部门和行业主管部门同意，并在财政部 PPP 项目综合信息平台上公示。

（4）最高法院在指导案例 53 号"福建海峡银行股份有限公司福州五一支行诉长乐亚新污水处理有限公司、福州市政工程有限公司金融借款合同纠纷案"中指出，特许经营权的收益权可以质押，并可作为应收账款进行出质登记。但是裁判书中未予认可特许经营权的质押[①]。

4. 关于 PPP 项目中项目资本金制度的相关规定

项目资本金是投资者在建设项目中投入的非债务性资金。《关于固定资产投资项目试行资本金制度的通知》（国发〔1996〕35 号）、《国务院关于调整和完善固定资产投资项目资本金制度的通知》（国发〔2015〕51 号）等对于各行业

[①] 最高院在论述关于污水处理项目特许经营权能否出质问题时特别指出：污水处理项目特许经营权是对污水处理厂进行运营和维护，并获得相应收益的权利。污水处理厂的运营和维护，属于经营者的义务，而其收益权，则属于经营者的权利。由于对污水处理厂的运营和维护，并不属于可转让的财产权利，故讼争的污水处理项目特许经营权质押，实质上系污水处理项目收益权的质押。

固定资产投资项目的最低资本金比例作出了具体的规定。除特别规定外，一般项目适用的最低项目资本金比例为 20%。新建项目设立专门的项目公司，项目资本金一般来源于股东出资（俗称公司注册资本金），如果在项目建设工程中股东对项目公司溢价增资的，则溢价部分也视为股东投入纳入项目资本金计算额度。以现有企业为项目法人不再新设项目公司的（如扩建项目），则扩建时的项目资本金可以来源于现有企业的自有留存资金（非债务性资金），不一定都需要股东另行出资。

二、PPP 项目融资与再融资相关法律法规中存在的主要问题

本章针对第一章梳理中所涉及的政府方担保问题、资产权属问题、特许经营权和项目收益权问题、项目浮动抵押问题、融资方介入问题等进行阐释。

（一）政府方担保类型与界限有待于立法厘清

PPP 中的政府担保包括三种方式：第一类是政府提供的《担保法》意义上的狭义担保。第二类是最低需求风险的担保。第三类是政府提供的基于公共支付权的支付保证。在未来的立法安排中，建议对于政府可以担保类型及范围的允许性做出进一步的制度安排。

就第一类担保，我国《担保法》，《预算法》等明文禁止。实践中对于通过代表政府或公共部门的国有独资或政府控股的公司或机构进行担保（例如政府融资平台公司）是否可以提供 PPP 中的直接担保也颇具争议。就第二类担保，目前 PPP 项目实践中仍然存在着不少地方政府就使用量进行盲目承诺、固定收益回报承诺的情形。关于流量或需求的担保，是应当甄别为一种市场和经营风险由私人部门承担，还是应当允许政府担保，尚需从风险分配机制的层面进一步地规范。就第三类担保，可以建立政府方 PPP 项目履约保证金制度，进一步明确保证金数额和支付形式，通过政府提前预留并提供履约保证金的方式。鼓励通过第三方平台托管合作资金，政府将应支付的合作资金提前存入第三方平台账户，第三方平台依据合同约定，支付社会资本方相关费用，保障 PPP 合作双方权益①。

（二）关于项目资产的产权归属无统一的制度安排

根据现行产权制度，如果项目土地划拨给项目公司，项目公司在划拨的土

---

① 李彪：《环境商会献策解 PPP 痛点：政府要搞，可以先交保证金》，每日经济新闻，http://m.nbd.com.cn/articles/2016-03-02/987828.html。

地上建造，产权归属于项目公司应无争议。但是，如果项目土地划拨给实施机构，实施机构将土地无偿交给项目公司使用，或是通过出租的方式将项目土地提供给项目公司使用，项目合作期间的产权归属就不甚明朗。对此，实践中形成了以下四种说法。第一种认为"房随地走"，以《物权法》第一百四十二条为依据，但是前提为"建造人是土地使用权人"。第二种认为"谁建造投资谁拥有"，以《物权法》第三十条为依据，但由于 PPP 是双方合作，难以认定事实行为。第三种认为"谁立项谁拥有"，系因实际工作中，传统模式都是将土地划拨给立项人，使得立项人与土地使用权人趋于一致。第四种则求诸当事人意思自治。产权归属问题关系项目资产可融资性及其风险，需要进一步地进行制度设计。

（三）项目运用浮动抵押与《物权法》浮动抵押制度相冲突

我国《物权法》的动产浮动抵押制度可以为 PPP 项目融资所用，但是这一制度对于 PPP 融资也存在着一些明显的制度障碍。首先，第 181 条对浮动抵押的范围主要限于生产设备、原材料等，排除了不动产、应收账款等；而实践中比较通行的做法是不对担保标的的范围做出限制，即项目公司全部的资产均可以是浮动担保的标的。其次，第 189 条设定浮动抵押的当时尚没有实际取得的财产，在登记当时并不构成担保范围的标的，只有将来真正取得时才能构成，而这与项目融资中运用浮动担保制度的初衷和目的是不相符的。

（四）特许经营权和项目收益权可融资性与物权担保制度相冲突

根据物权法定原则，物权的种类和内容应当是由法律规定，而非当事人的约定。PPP 模式中特许经营权、项目收益权因不属于《物权法》第 223 条明示列举的可以出质的权利，在认定是否属于兜底性条款的其他财产权利时，实践中常有争议。另外，该等权利质押没有规范的权利质押凭证，没有法定的登记机构，导致设立的权利质押的效力往往存疑。例如，《物权法》规定应收账款可以设立质权，自信贷征信机构办理出质登记时设立。就项目收益权而言，理论上属于应收账款的范畴，但是目前人民银行的应收账款质押系统仅考虑到期债权，既未考虑未来预期收益权也未考虑向终端用户的收费权情形。除了明文规定有登记机关的高速公路收费权、农村电网收费权以及学校公寓收费权之外，大多数 PPP 项目收益权都面临没有法定登记机构的尴尬。在专门的 PPP 政策中以及指导案例虽然有肯定项目收益权、特许经营权可质押性的趋势，但是该等政策效力低，与

《物权法》，《担保法》也不能有效衔接①。

（五）融资方介入权和行使边界有待于立法厘清

目前，基于《物权法》和《担保法》禁止流质的规定，担保权人没有自力救济权的，担保权人不能直接占有、处分担保物，一概否定自力救济，导致了我国在实现担保物权方面的效率低下的现状。由于 PPP 项目主要提供准公共物品，因而项目资产的处置往往受到很多限制，因而对于债权人而言，对担保财产的管理权比处置权更为重要。而根据目前法律的规定，作为债权人的金融机构的权利主要是债务到期不能清偿时就担保资产拍卖、变卖等的所得优先受偿，这对于债权人利益的保护十分不利，从而打击其对 PPP 项目的融资提供支持的积极性。为充分调动社会各方积极性，需要对融资方介入权的触发条件与终止事由、行使权利所产生的收益分配和后果分担、冲突情形的解决等问题作进一步研究。

（六）需为对接 PPP 需求的金融创新扫清制度障碍

当前，金融工具及融资渠道存在着不能有效回应 PPP 需求的问题。最为突出的问题即在于融资期限的错配。一般金融工具的期限通常为 5—10 年，最长的一般也只有 15 年，金融工具的期限与 PPP 项目动辄二三十年的运营期相比，显然不足以满足。此外，现阶段直接对接 PPP 需求的金融工具和融资渠道较少，也存在一系列制约因素。例如资产证券化中，现行破产法等法律制度规定的破产清偿顺序，制约资产证券的兑付。随着 2698 号文的出台，PPP 项目资产证券化的条件正在逐渐成熟，应给未来项目资产证券化预留空间，在未来立法安排中，应当明确 SPV 的独立性，进一步明确项目收益方式和渠道，保障项目自身还款收益的来源，并确保财政补贴等制度性安排的合理性。

第二节　PPP 项目融资与再融资典型案例分析

下述所选取的两个案例中，J 县高铁新区 PPP 项目在履约担保上具有一定启发性；呼市城市轨道交通 PPP 项目则在解决资本金不足、融资方退出、降低融资成本等方面具有较强的借鉴意义。

---

① 北京德恒（温州）律师事务所邢旭律师：《PPP 模式中社会资本方退出机制的必要性和可行性研究》，温州律师网，http://www.wzlawyers.cn/NewsDetail.php?ID_News=13093。

第六章　PPP 项目融资与再融资相关法律法规分析

一、PPP 项目融资与履约担保的典型案例①

J 县"PPP 融资 + 履约担保"中采用传统银行贷款进行融资，由政策性担保机构向银行出具履约担保，并由省级财政县级财政转移支付作为保证，解决了政府担保与地方政府债务管理的规定与 PPP 融资担保需求的冲突。

（一）J 县高铁新区 PPP 项目案例的实践概述

J 县高铁新区基础设施一期 PPP 项目，投资总额约 3.6 亿元人民币。项目运作方式为 BOT，项目合作期 11 年，其中建设期为 2 年，运营期为 9 年。项目实施机构为 J 县生态旅游产业园区管理委员会，项目采用政府付费方式。民营企业 L 公司中标确定为 J 县高铁新区基础设施一期 PPP 项目的社会资本方。项目前期（征地拆迁、土地取得）由政府方负责，法律和政策风险由政府方承担，社会资本方负责项目建设、融资、运营、维护和移交等。不可抗力由双方共担。

（二）J 县高铁新区 PPP 项目案例的经验借鉴（见图 6-1）

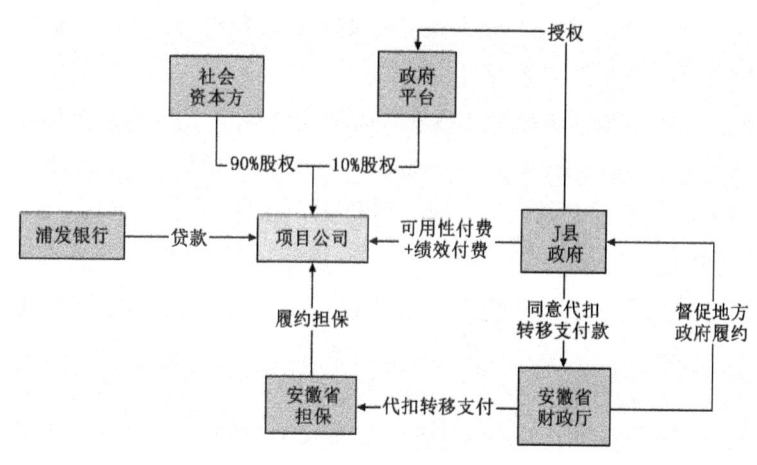

图 6-1

资料来源：财政部 PPP 中心。

1. 投融资结构

项目资本金 1 亿元，其中中标社会资本方占比 90%，政府方占比 10%。浦发银行提供 2.6 亿元项目贷款。

---

① 浦发银行郑大卫：《PPP 融资增信创新案例》，财政部 PPP 中心。

2. 增信模式

安徽省担保公司设计履约担保创新模式，向贷款银行（收益人）出具PPP项目履约保函，即规定J县按PPP合同约定因政府方原因未及时支付购买服务费时，由其向受益人代偿。安徽省财政承诺因J县政府不能按PPP合同约定支付政府购买服务费导致省担保公司履行代偿责任时，省财政将从J县财政转移支付代扣至省担保公司，缓释担保公司风险。

3. 风险管理

J县政府同意将政府付费纳入政府预算支出责任，本级人大同意纳入中期预算。银行通过贷后管理对项目资金进行全流程监管，防止资金挪用。除安徽省担保公司向银行提供履约保函外，项目采用合同项下收益权质押方式，在人行应收账款质押登记公示系统进行出质登记。

（三）J县高铁新区PPP项目的案例点评

安徽履约担保和转移支付相结合的增信模式具有如下意义：

第一，尽管PPP模式下地方政府不承担融资责任，但非经营性基础设施项目回报机制主要为政府付费。通过引入担保公司为经济欠发达县级地方政府履约增信，增加了社会资本方和金融机构的信心。

第二，安徽省财政因J县政府不能按PPP合同约定支付导致省担保履行代偿责任时，省财政负责代扣转移支付，确保担保公司有效降低风险。恰当地解决了政府担保与地方政府债务管理的规定与PPP融资担保需求的冲突，具有较强的借鉴意义。

二、PPP项目股权融资的典型案例[①]

呼市轨道交通PPP项目设计在融资结构上采用产业基金支持项目，既有效降低了项目融资成本，也为融资方预留了灵活多样的退出选择。

（一）呼市城市轨道交通PPP项目案例的实践概述

根据当地政府公布的初步投融资方案，呼和浩特轨道交通1、2号线一期工程建设项目总投资338.81亿元。资本金占总投资的50%，分别由自治区、市两级财政资金共同筹措解决，资本金以外的资金采用国内银行贷款等融资方式解决。两条线路拟采用PPP模式下的"BOT+工程总承包"的投资方式建设，目前由呼和浩特市交通投资有限责任公司负责项目实施。

---

① 中信银行张春中：《PPP模式项目股权融资：银行服务与典型案例》，财政部PPP中心。

(二) 呼市城市轨道交通 PPP 项目案例的经验借鉴

中国政企合作投资基金以直接投资方式投资呼市轨道交通 1、2 号线 PPP 项目；中信银行理财资金通过资管计划与呼和浩特交投共同设立呼和浩特市交通建设投资发展基金（有限合伙），通过该基金投资呼市轨道交通 1、2 号线 PPP 项目。

(三) 呼市城市轨道交通 PPP 项目的案例点评

呼市城市轨道交通 1、2 号线的融资模式具有以下特点：第一，处理了项目资本金不足的问题，满足了政府及资本方的融资需求，推进项目顺利落地。第二，为融资方预留了灵活多样的退出选择。投资方将来可经过转让基金份额、股权或项目移交后清算等方式进行加入。第三，中国政企合作投资基金的介入，使项目运作的专业性、科学性、安全性均得到了明显提升，有效降低了整个项目的融资成本。

第三节 PPP 项目融资与再融资疑难问题解答

本部分选取了两个具有代表性和普遍性的疑难问题进行梳理。通过对项目公司股权转让限制的官方意见和实践做法的梳理，可以掌握社会资本退出限制的一般思路。而收益权作为资产证券化基础资产适格性问题，是连接 PPP 项目与资产证券化的重要纽带。

一、PPP 项目融资中的项目公司股权转让限制问题解答

PPP 股权变更的最主要机制就是锁定期的安排。根据 PPP 合同指南的定义，锁定期是指限制社会资本转让其所直接或间接持有的项目公司股权的期间。锁定期的期限需要根据项目的具体情况进行设定，常见的锁定期是自合同生效日起，至项目开始运营日后的一定期限（例如 2 年，通常至少直至项目缺陷责任期届满）。另外，合同指南中列举了几种允许发生股权变更例外情形：（1）项目贷款人为履行本项目融资项下的担保而涉及的股权结构变更；（2）将项目公司及其母公司的股权转让给社会资本的关联公司；（3）参股政府方转让其在项目公司股权的不受股权变更限制。

2015 年 5 月 18 日，国家发展改革委主持召开的特许经营立法专家论证会议提出，鼓励以联合体形式参与特许经营项目并根据社会资本投资人的责任、义

务、承担风险等，确定项目主要建设运营人和投资人，对股份设定优先和劣后级别，分别设置相应股权、债权交易和退出的前置条件或限制条件。同时，退出机制的设计应做到两个确保：一是确保 SPV 的实际控制人不发生变化；二是确保项目的运营和服务不会因为股东结构等的变化而受到影响，公共利益不因此受到损害，股权、债权转让方及受让方不会从中牟取暴利。但对于非正常情况或不可抗力导致的股权或债权转让，应对社会资本方进行公允补偿①。

综上并结合 PPP 项目实践，在法律没有明确规定的情况下，通过合同安排进行股权转让应注意以下几点：

第一，社会资本方在完成合同项下义务之前原则上不得退出。因融资安排进入 PPP 项目的社会资本，在项目融资完成后才可以被允许退出。

第二，在确保 SPV 实际控制人不变、项目的运营和服务不会受到影响的同时，还应当评估公共利益受到的损害以及相关方是否因此而牟取暴利。

第三，涉及国有股权转让时，应符合国有资产管理制度的要求和程序，加强对国有资产的保护，实现国有资产的增值保值。

第四，此外，考虑到有些社会资本方企业集团内部资产重组的需要，应允许在保障资信条件不下降的条件允许社会资本方在关联企业间进行股权转让。

二、PPP 项目融资中收益权作为资产证券化基础资产适格性问题的解答

将收益权界定为适格的基础资产，需满足两个层面的判断标准。首先，需满足针对所有资产证券化基础资产的共同标准。根据证监会《证券公司及基金管理公司子公司资产证券化业务管理规定》，基础资产是指符合法律法规规定，权属明确，可以产生独立、可预测的现金流且可特定化的财产权利或者财产。其次，需要满足的是收益权的特殊界定标准。既需为"基础设施、商业物业等不动产财产或不动产收益权"，也要满足 2016 年 3 月《深圳证券交易所资产证券化业务问答》所规定的条件，即现行法律法规或司法解释已明确规定该财产权利为收益权，或者基础资产涉及的收费具有明确的法律依据。

据此，收益权作为基础资产的适格性判断，应关注如下四点：

第一，合法合规。首先，需满足基金业协会的"负面清单"的要求，即不得为"负面清单"所的禁止收益权。其次，权利类型具有明确法律依据。属于

---

① 国家发展改革委：《特许经营立法专家论证会议纪要（第五期）》，http://fgs.ndrc.gov.cn/zttp/ppplftj/yjcg/201608/t20160801_813778.html。

法律或者司法解释明确将此一权利称为"收益权",如最高人民法院关于适用《中华人民共和国担保法》若干问题的解释第九十七条:"以公路桥梁、公路隧道或者公路渡口等不动产收益权出质的,按照担保法第七十五条第(四)项的规定处理"。或者为该项收益权虽然没有法律的明确界定,但所依据的收费权利有着充分的法律支撑,如供水、供热、公交、电力、污水处理等城市基础设施项目。这些项目的收益一般是基于行政审批具有行政许可的性质,具有垄断、排他的特点,因此属于"基础资产涉及的收费具有明确的法律依据"。

第二,权属明确。经营性资产的权属不存在争议,且不得附带抵押、质押等担保负担或者其他权利限制,或者相关负担在基础资产转移给专项计划时够安排合理措施予以解除。

第三,可特定化。由于目前收益权在法律性质上一般归类为现实债权或者未来债权,所以特定化的要求也有所区别。如为现实债权,则合同要素的确定,再配合现金归集、转付的明确监管约定,就实现了特定化。但如为未来债权,需要进一步分析,此类债权是属于法律关系的主体、客体以及内容完全待定,还是属于原始权益人以及相对方、双方的给付内容、履行方式依据目前的实际情况已经可以作出稳定预期的情形。如为前者则为不可特定化的财产权利,后者则属于可特定化财产权利,只需设置特定的资金归集、监管安排就能够与其他资产相区分[①]。

[①] 参见天津融汇律师事务所杜文曲律师发表在无讼阅读上的《如何界定企业资产证券化收益权的法律适格性》一文。

第七章　SPV项目公司相关法律法规分析

在PPP项目的具体运行中,政府及有关社会资本通常会共同出资设立SPV项目公司,并由该项目公司进行PPP项目的具体运行工作。本章将对SPV项目公司的相关法律法规进行具体分析。本章的内容将主要分为四个方面:首先探讨了与SPV项目公司设立直接或间接相关的法律法规及SPV项目公司的法人地位;接着阐述了三种常见的SPV项目公司形式;进而分析了SPV项目公司在运行后期阶段的上市与退出流程;最后就SPV项目公司的会计并表处理问题进行了相关了研究。

第一节　SPV的设立与法人地位

本节将首先探讨直接与间接涉及PPP项目中SPV设立的法律法规及相关政策文件,在此基础上对设立SPV的重要性进行分析,为下文打下基础并作了铺垫。

一、PPP项目SPV设立涉及的法律法规及规范性文件

本部分将探讨与PPP项目SPV设立直接相关和间接相关的法律法规及规范性文件。

(一) PPP项目SPV设立直接涉及的法律法规及规范性文件

1.《关于印发政府和社会资本合作模式操作指南(试行)的通知》(财金〔2014〕113号)

2014年11月29日财政部印发的《关于印发政府和社会资本合作模式操作指南（试行）的通知》（财金〔2014〕113号）中第十一条部分规定：项目公司股权情况主要明确是否要设立项目公司以及公司股权结构。第二十三条规定：社会资本可依法设立项目公司。政府可指定相关机构依法参股项目公司。项目实施机构和财政部门（政府和社会资本合作中心）应监督社会资本按照采购文件和项目合同约定，按时足额出资设立项目公司。

从上述规定可以看出，SPV项目公司并不是必须成立，而是可以有选择地成立或者鼓励依法成立。同时，SPV项目公司在成立时，需在项目实施方案的项目概况中就项目公司股权情况加以说明。

2.《PPP项目合同指南（试行）》（财金〔2014〕156号）

2014年12月30日，财政部下发《关于规范政府和社会资本合作合同管理工作的通知》（财金〔2014〕156号），在其附件《PPP项目合同指南（试行）》第一章（总则）第一节（PPP项目主要参与方）第二部分（社会资本方）中对SPV的设立描述如下：社会资本是PPP项目的实际投资人。但在PPP实践中，社会资本通常不会直接作为PPP项目的实施主体，而会专门针对该项目成立项目公司，作为PPP项目合同及项目其他相关合同的签约主体，负责项目具体实施。项目公司是依法设立的自主运营、自负盈亏的具有独立法人资格的经营实体。项目公司可以由社会资本（可以是一家企业，也可以是多家企业组成的联合体）出资设立，也可以由政府和社会资本共同出资设立。但政府在项目公司中的持股比例应当低于50%且不具有实际控制力及管理权。

从上述规定可以看出，《PPP项目合同指南（试行）》并未规定政府必须出资设立SPV，这就导致实务中PPP项目是否需要出资设立SPV存在较大争议。虽然《PPP项目合同指南（试行）》正文部分就设立SPV只表述为"通常"而不是"必须"，但第二节PPP项目基本合同体系清楚表明：项目公司（SPV）是PPP项目主要参与方的中心。因此，根据财政部财金〔2014〕113号文、财金〔2014〕156号文的规定，PPP项目在实务操作中是需要设立SPV的。

（二）PPP项目SPV设立间接涉及的法律法规及规范性文件

截至目前，与PPP项目中SPV设立间接涉及的相关法律法规主要围绕着SPV项目公司的多种形式展开。本部分将对这些法律法规进行简要分析，在第二节SPV项目公司的组织形式中，本文还将结合不同的SPV形式对相关法律法规进行具体分析。

1.《合同法》

在 SPV 架构内，债权资产的转让，对 SPV、投资人（债权人）和债务人的权利义务会直接发生作用。一方面，按照《中华人民共和国合同法》的上述规定，债权的转让应当事先通知债务人，也就是说债务人有知情权和对抗权，而且这种权利的行使在 SPV 架构内也不能改变。另一方面，对于债务人权利的行使，在 SPV 架构内，要比在得到转让债权通知的时候直接向债权人行使，会增加很多交易成本。同时，在 SPV 架构内，投资人的债权也随之实现，债权人、债务人权利和义务的关系也随之发生了变更，债权资本的承担转向了 SPV，而债务人原有的对抗权就转给了债权人来行使，实际上也满足权利义务的对等性。

2.《证券法》

《证券法》对 SPV 的证券发行资产、种类、形式和主体资格等都有严格的限制条件，且资本市场上证券的发行要以信用凭证为依托，投资效益同发行公司的绩效息息相关。这就与 SPV 框架体系内的资产证券化发展模式出现了矛盾。在法律调整过程中，并未明确资产对证券发行的支撑功能，无法使 SPV 在资产证券化中的特定目标载体作用得到充分发挥。

3.《信托法》

《信托法》明确规定了信托的法律地位，初步解决了与资产证券化相关的破产隔离等法律问题。信托设立以后，信托财产即与委托人的自有财产隔离，委托人破产后，而信托财产不会被列入委托人的破产财产。《信托法》同时规定，"信托财产与属于受托人所有的财产相区别，不得归入受托人的固有财产或者成为固有财产的一部分"，"受托人必须将信托财产与其固有财产分别管理，分别记账"。

二、设立 SPV 的重要性

本部分将从政府资本参股 SPV 的重要性，以及确立 SPV 法人地位的必要性这两个角度来论述设立 SPV 的重要性。

（一）政府资本参股 SPV 的重要性分析

PPP 项目的作用是多重的，但是其核心在于管理，而不仅仅是完成初步的融资需要。通俗来说，政府与社会资本合作是借别人的能力和借别人的钱来提供公共产品或服务，通过对社会资源的整合，实现降低建设及管理成本，提高运行效率的目的。

1. 政府参与 SPV 有助于引进社会资本

自财政部大力推进 PPP 项目合作以来，社会资本方大多持观望态度，尤其是社会资本方中的民营资本,这其中的根本原因是社会资本对这一模式存在一定程度的不确定忧虑。而 PPP 的本质就是引进社会资本,如果社会资本进不来,PPP 项目将失去它本来的意义。因此,政府在设立 SPV 时不可只政策引导,无实际行动,若政府部分出资参与设立 SPV,则有利于增强社会资本方对 PPP 项目投资的信心,从而有助于社会资本的引进。

2. 政府参与 SPV 会给项目融资加强增信

PPP 项目往往需要很高的投资额。所以,在通常情况下,PPP 项目一般不太可能完全用社会资本方的自有资金完成建设和运营维护。因此,融资将成为 PPP 项目的必然选择。若政府出资参股 SPV,由于政府本身存在的高信用评级,政府的参与可以在一定程度上增强银行或其他金融机构对项目建设与运营能力的信心,从而有利于改善项目融资的信用评级情况。而项目的可融性增强,将有助于 SPV 项目的运行与发展。

3. 政府参与 SPV 能从根本保障社会利益

PPP 项目一般都是涉及基础建设的长周期项目,尤其是后期运营和维护的时间较长。因此,在项目后期,有可能会出现社会资本方本身运营出现问题,导致其被动退出的情况,如因社会资本方的股权被法院强制执行或其他原因等被迫转让等。在这种情况下,根据《公司法》的有关规定,此时政府因持有 SPV 股权而享有优先受让的股东权利。因此,相比于其他方购买股权对公共利益可能会产生不利影响的情况,政府行使股权的优先受让权有利于对项目的管控,确保项目的顺利运营,从而从根本上保护了社会公众的利益。

(二) 确立 SPV 法人地位的必要性分析

确立 SPV 法人地位,主要是为了实现 SPV 破产隔离的功能。因此,确立 SPV 法人地位的必要性如下:

1. SPV 具有独立经营核算的特点

SPV 确立独立的法人地位的必要性在于:一方面,SPV 在资产、人员、管理、会计处理上应该既独立于发起人,也独立于其他当事人如投资者、信用评级机构、信用增级机构、证券承销商等,使之不受其他实体破产与经营风险的影响,且避免其关联性操纵;另一方面,有助于其业务范围、经营能力的独立。

2. 设立 SPV 才能真正实现破产隔离

SPV 应该是一个破产隔离实体,威胁 SPV 的破产风险主要有两种:一是发起人的破产,二是 SPV 自身的破产。首先,发起人破产的主要危险在于,由于 SPV 与发起人关系紧密,在发起人破产时,法院可能会运用实质性合并规则,否认公司法人资格，不承认 SPV 在法律上的独立地位，将 SPV 的资产并入发起人的破产财产，使已经转移给 SPV 的资产也处于发起人其他债权人的要求之下。所以，必须按照有关规则相应设计 SPV 的结构及其与发起人的关系，以远离发起人的破产风险。其次，如果 SPV 自身破产，属于 SPV 的资产就会被列入破产财产。如果发起人的资产与 SPV 的资产相隔离，那么 SPV 的破产与否就不会影响发起人的资产。

第二节 SPV 的组织形式

本节将介绍 SPV 常见的三种表现形式及特点，与当前现行法律法规的冲突以及发展前景，并结合相关案例进行分析。

一、SPV 的信托形式

信托形式是 SPV 中比较常见的一种形式，利用信托形式可以达到所有权分离的效果。本部分将主要阐述 SPV 信托形式的特点，与当前法律法规的冲突以及发展前景。

（一）SPV 信托形式的具体表现形式及特点

信托的基本含义是委托人将财产权转移给受托人，受托人则基于受益人的利益处分信托财产，受托人的财产就成为信托财产。信托财产所有权的性质极为特殊，表现为"所有权与利益的分离"，即受托人享有信托财产的所有权，称为"法定所有权"。以信托方式设立 SPV，是指原始权益人将证券化资产转让给 SPV，建立信托关系，由 SPV 作为资产支持证券的发行人代表对证券化资产享有权利。在这样一个信托关系中，委托人为原始权益人，SPV 是法律规定的受托人，信托财产为证券化资产组合，受益人为信托受益权证书的持有人。原始权益人将证券化资产信托于 SPV 后，这一财产的所有权就属于 SPV，原始权益人的债权人就不能对此资产主张权利。

信托形式是除公司形式之外比较常见的一种 SPV 组织形式。这是因为信托具有一定的灵活性：相比于公司和合伙形式，信托的设立和经营规则要求少；信托可以发行种类多样的债券和股份权益，作为一个法律上独立的载体，也可以对外签订协议和参与其他活动；由于拟证券化的资产作为信托财产转移给受托人，基于信托财产的独立性，实现资产转让真实出售较其他形式的 SPV 容易获得。

（二）SPV 信托形式面临的主要法律冲突及发展前景

1. SPV 信托形式与《信托法》的冲突

SPV 中信托形式的应用与目前的《信托法》的冲突主要是信托与破产隔离的冲突。根据我国《信托法》第 2、15、16 条的规定，信托财产与发起人的财产并没有完全隔离，在《信托法》中也没有其他的条文规定信托财产的所有权归属，所以委托人无法将其财产实现破产隔离。如果不实现破产隔离，那么投资者将面临巨大的风险，而相应的收益却与风险不成正比。

2. SPV 信托形式的发展前景

目前困扰很多 PPP 项目的一个重大的障碍是，产权的更迭可能涉及高额的所得税，形成对于 PPP 模式的重大负担。尤其是在准经营性或者非经营性项目当中，SPV 的收入主要由政府补贴构成，只有政府补贴到 SPV 能够达到合理收益的水准，社会资本股东才能通过税后分红的方式逐渐收回投资。而这样的地方政府要通过财政对 SPV 进行补贴，这些补贴中的相当一部分又要纳税（国税和地税），导致需要支出更高的补贴，形成"地方补贴国家"的局面。如果为了避免这种失衡现象采用特许经营期满项目资产溢价移转的方式，则产权转让导致的高额税收会使得这种情况雪上加霜。

如果 SPV 采取信托架构，就能缓解这一问题。因为在各国的税收系统中，信托会被视为一种"导管"，产权转移到信托名下会认为是一种税收递延的安排，因此只有产权发生不可逆的实质移转时才需要交税，可以减轻投资人的税收负担。在准经营性和非经营项目中，真正达到政府"补贴"的目的。同时，由于信托财产具有闭锁性，有破产隔离的功能，因此财产产权在法律上发生更迭时，不会出现由于投资方、债权人或者相关联方发生破产或者其他情形导致的有害于产权正常更迭的情形。

二、SPV 的合伙形式

SPV 的合伙形式在实际应用中并不常见，但 SPV 合伙形式也具有其特殊的优势。因此，本部分将对 SPV 合伙形式的优势、面临的主要法律冲突及发展前景等问题进行分析。

（一）SPV 合伙形式的具体表现形式及特点

合伙形式也是 SPV 的组织形式之一，但相对于公司形式和信托形式被运用程度较少。合伙形式由其成员所有并为其服务，合伙型 SPV 很好地避免了双重征税的问题，但是风险隔离上却相对欠缺，因此，为了实现破产隔离，它通常要满足一些有关的条件。

(二) SPV 合伙形式面临的主要法律冲突及发展前景

1. SPV 合伙形式与《合伙企业法》的冲突

2006 年 8 月 27 日第十届全国人民代表大会常务委员会第二十三次会议修订《中华人民共和国合伙企业法》，对于有限合伙这一形式作出了规定。在目前施行的合伙企业法规定不够详尽、可操作性不强的情况下，政府的合伙企业法的目的将决定这种形式发展 SPV 的可行性并不高，在实际操作中将遇到多重阻碍。

2. SPV 合伙形式的发展前景

目前在 PPP 众多项目设立的项目公司中，仍然很难采取合伙形式，也鲜有以合伙形式的项目公司应用。而现有的 PPP 基金公司，虽然是合伙形式，但投入到具体项目公司时，并不是以合伙形式体现的。

三、SPV 的公司形式

SPV 的公司形式是 SPV 中最常见最被广泛使用的形式。虽然 SPV 的公司形式具有一定的优势，但仍然与当前的法律法规冲突。本部分将结合北京地铁 4 号线的案例，对以上问题及公司形式的发展前景进行分析。

(一) SPV 公司形式的具体表现形式及特点

SPV 公司的是指依照公司立法所规定的条件和程序设立的、以营利为目的的企业法人。公司形式的 SPV 应该是 PPP 中最为常见也是最为大家熟悉的项目公司形式。

SPV 公司形式最鲜明的特点即通过成立公司，与资本方的风险隔离，做到了资产独立、经营独立等。在融资方面有很大优势。

(二) SPV 公司形式面临的主要法律冲突及发展前景

1. SPV 公司形式与《公司法》的冲突

SPV 在本身的设计中，主要起到承接债权和风险的媒介作用，因而自身并不需要大量的注册资本。然而，在 2013 年 12 月 28 日全国人大修改通过的《中华人民共和国公司法》中，虽然删去了对公司注册资本金额度的限制，可仍然规定法律法规有资本限额规定的从其规定。同时，新修订的《公司法》虽然取消了公益金的提取，但是在第一百六十六条中仍然规定，提取利润的 10% 作为法定公积金。而在 SPV 框架体系中，超过 95% 的资本收益要交由投资人，无需留利，但会因此接受《公司法》第二百零三条"处以二十万元以下的罚款"制裁。因此，SPV 框架体系与《公司法》存在一定矛盾。

2. SPV 公司形式的发展前景

尽管公司形式的 SPV 具有多种益处，但如果从某些方面考虑则未必是最合适最经济的方式。例如，从税收角度，由于公司是税法上的纳税主体，须按照税法的规定单独缴纳税款，或者会因发起人与 SPV 存在母子公司关系而在合并纳税时导致总体纳税额提高，增加成本。同时，公司法都会对公司的最低资本金、成立要件、开展的业务活动和经营管理规定一系列的要求，维持公司的运营，需要董事和行政人员的存在，这些都造成了公司型 SPV 的手续繁琐和运营成本的增加。所以，公司形式虽然普遍存在，但依旧问题重重。如果想要继续发展运用公司形式的 SPV，需要解决这些问题。

（三）北京地铁 4 号线项目中设立公司形式 SPV 问题

1. 北京地铁 4 号线项目的实践概述

北京地铁 4 号线是我国轨道交通行业第一条采用 PPP 项目融资模式建设的运营线路，于 2009 年 9 月 28 日正式投入运营。北京地铁 4 号线工程的所有投资建设任务以 7∶3 的比例划分为 A、B 两部分。A 部分由政府投资方负责，主要为地铁前期的洞体、车站等土建工程；B 部分由京港地铁公司完成，工程主要为车辆、信号灯设备的投资、运营和维护。

2. 北京地铁 4 号线项目的 SPV 设立方式

京港地铁是由京投公司、北京首都创业集团有限公司（首创集团）和香港铁路有限公司（港铁公司）按 2∶49∶49 的出资比例组建的特殊项目公司（SPV）。京港地铁既是 B 部分的投资方，又是地铁开通后的运营方。因此，北京地铁 4 号线项目对于 SPV 形式的应用恰好体现了 PPP 项目的精神。

3. 北京地铁 4 号线项目案例点评

京港地铁可谓是典型的 SPV 公司形式，时至今日，大部分 PPP 项目中都采取了公司形式，其应用最为广泛。

第三节 SPV 上市与资本的退出

本节将主要探讨两个问题：SPV 的上市流程及相关难点与对策；SPV 资本的退出。本节将结合相关案例对 SPV 上市与退出中的问题进行具体分析。

一、SPV 上市相关问题

本部分将就 SPV 上市过程中所可能面临的一些问题进行分析和阐述。

（一）SPV 上市流程

SPV 项目公司如果有上市融资的需求，应符合资本市场的一系列相关法律法规。在流程上与其他普通公司上市无异，但应遵循 SPV 项目公司本身的特点，进行公司结构的改革，使其达到资本市场的相关要求。

（二）SPV 上市面临的主要难点及对策

SPV 上市的主要难点在于，其设立的特殊性难以达到资本市场相应的上市要求。结合第二节提到的不同形式的 SPV 与相关法律法规的内在冲突可以发现，SPV 在设立时就矛盾重重，既需要达到风险隔离的目的，又要摆脱"空壳公司"的影子，给实际操作带来一定困难。

SPV 公司一般来说不可以进行对外投资，资金受监管，自然也就没有融资的需要，上市动机不强；但不排除资本方希望以 SPV 项目公司的形式继续在当地投资，通过增资，或利润再投资等方式在当地进行投资等运营规模的扩大。此时，如果 SPV 项目公司能够形成稳定主营业务（上市更多考量主营业务情况），也不排除上市可能；同时，是否要参与债券及股权市场等则是完全看股东对 SPV 公司的考虑，如果股东有需要变现等需求，在上市之外，对 SPV 项目公司进行再融资、资产证券化、发行项目收益债等手段也都是可以采取的。

公司上市主要为了募集资金，投资于公司的发展项目。但是项目公司一般是针对具体项目而设立的，在 PPP 协议中，如果规定合作期满后，项目公司解散，则没有上市的必要。如果想要项目公司将项目长久运营下去，则需要对项目公司进行规范，使其从资本结构、治理结构等多个方面符合上市的要求。

二、SPV 资本的退出

本部分将就 SPV 资本退出阶段可能遇到的问题及对策进行分析。

（一）SPV 资本退出的多种方式[①]

1. SPV 再融资

在 PPP 的合同期限内，如果确实遇到了因不可抗力因素引起 PPP 合作合同的中止，或者政府资本需要退出的项目等情况，英国、美国等国家允许此项目进

---

① 曹君丽："公共项目公私合作的退出机制研究"，《中国集体经济》，2013 年第 33 期。

行再融资,允许 SPV 通过配股、增发和发行可转换债券等方式在证券市场上进行融资,将风险引入证券市场打散,进行项目风险的转移。

这种方式的优点是将项目风险分散至较大范围,公共项目的公益性不会受太大影响,使资金迅速聚集进行后续建设和维护。但是,再融资的方式需要将项目引入债券市场,手续相对繁琐,且项目风险承担受众者范围较广。

2. 债务重组

债务重组的含义是指债权人在债务人发生财务困难情况下,债权人按照其与债务人达成的协议或法院的裁定做出让步的事项。国外很多国家会在终止公私合作项目合同的同时对原有的项目公司进行债务重组,以此退出合作项目。

债务重组的优点在于重组能够将风险内部消化,并未转移到第三方。缺点是投资主体利益受损,容易引起债务纠纷,且如果政府是投资主体,将面临未来财政赤字变大的问题。

3. 协议转让

在政府提出终止合同的条件下,如果社会资本方也想放弃此项目,可以通过协议转让的方式将项目整体移交第三方,由第三方按照合理的转让价格出资收购项目。这种协议转让的方式作为公共项目公私合作退出机制的重要组成部分,在国外被很多国家广泛应用。

这种方式的优点在于操作简单,只要存在愿意收购项目的第三方,就可以将项目进行整体移交,保证了项目的后续建设进度不受太大的影响。缺点在于项目经第三方接手,有可能演变为营利性项目,公共项目的公益性会受一定的影响。

(二) SPV 资本退出面临的主要难点及对策

虽然在现阶段,大量的 PPP 项目还处于正在进行的阶段,还远不到资本退出的时机,但我们仍需要未雨绸缪。我国的 SPV 退出机制还处在起步和探索阶段,特别是我国 SPV 退出机制还不完善,退出渠道不通畅成为制约 PPP 的一大障碍,如 SPV 难以达到上市要求等。为了改善这一局面,本文提出以下对策。

1. 建立多层次、多渠道的公共项目公私合作的 SPV 退出机制

从国外的 SPV 退出机制主要方式分析,多层次、多渠道的退出机制是保证公共项目的建设并进入良性运行的必要保证。由于不同的公共项目所具有的特性不一,如建设规模、公益性质和行业地位都不一样,单一的退出机制会阻碍公共项目公私合作的良性运行。因此,建立多层次、多渠道的退出机制是保证公共项目公私合作良性运行的可行方案。

2. 可采取协议转让的退出方式

从美国的 SPV 退出机制的分析中知道，协议转让在美国的公私合作退出机制中发挥着重要的作用。从风险投资的回报率来看，再融资确实是最优的 SPV 退出方式，但是它也存在着交易成本高及对资本市场较高的依赖性等缺点。与上市相比，协议转让退出方式具有较大的灵活性，操作简便，且对资本市场无太大要求，更适合我国的实际。

三、SPV 上市与社会资本退出问题的典型案例

本部分将结合巴安水务项目对 SPV 上市与资本退出进行具体的探讨。

（一）巴安水务项目案例的实践概述

贵阳市观山湖区政府、贵州水业产业投资基金管理有限公司成立贵州水业产业投资基金（有限合伙），规模 30 亿元，其中首期规模不低于 6 个亿；贵州水业产业投资基金（有限合伙）、巴安水务公司、贵州水投水务有限责任公司（控股股东为贵州水投集团，实际控制人为贵州水利厅），分别出资 1 个亿、3.9 个亿、5.1 个亿，组建贵州水务股份有限公司，三者的股权比例分别为 10%、39%、51%。贵州水业产业投资基金（有限合伙）负责资金，巴安水务公司负责工程技术，贵州水投水务有限责任公司负责项目资源，项目公司（即贵州水务股份有限公司）主要负责贵州省区域范围内的城市供水、污水处理、中水回用以及固体废弃物处理，市政基础设施等项目的投资、建设和运营。

（二）巴安水务项目案例的经验借鉴

贵州省政府及贵州水投集团通过整合资源，使项目公司（即贵州水务股份有限公司）三年内实现水处理规模不低于 100 万吨/日，争取 3—5 年内达到 A 股（主板或中小板）上市条件，贵州水业产业投资基金（有限合伙）实现退回。

（三）巴安水务项目的案例点评

该项目实际上是通过吸收投资基金进行配资，通过政府及贵州水投集团大力支持，实现项目公司上市后，投资基金退出。不同于其他 PPP 项目采取的 BOT 运营方式，该项目采取了 BOO 模式，即通过打包上市完成投资基金的退出，由项目公司一直持有运营。

第四节　SPV 合并报表分析

本节主要分为三个部分。首先，对会计准则有关 SPV 并表的相关规定作出

了简要介绍。其次，在前文论述的基础上结合案例探讨了 SPV 控制权认定的要素和影响分析。最后，本节阐述了 SPV 合并预期对各方资本产生的影响。

一、会计准则的相关规定

本部分主要探讨了国内、外会计准则对于 SPV 合并的制度变迁，及是否进行合并和终止资产确认的判断标准。

（一）国外会计准则（IFRS、GAAP）的相关规定

2008 年金融危机之前，国际会计准则关于 SPV 的合并问题主要由《国际会计准则第 27 号——合并财务报表和单独财务报表》（简称 IAS27）和《解释公告第 12 号——合并：特殊目的实体》（简称 SIC12）来规范；而资产的终止确认问题则是由《国际会计准则第 39 号——金融工具：确认和计量》（简称 IAS39）来规范。金融危机后，国际会计准则理事会对相关会计准则进行了修改，其主要内容如下。

1. 对特殊目的实体控制权的判断是其合并的主要标准

2011 年 5 月 12 日，IASB 发布了新的《国际会计准则第 10 号——合并财务报表》（简称 IFRS10），取代了 IAS27 和 SIC12 中关于 SPV 的合并的规定。IFRS10 在对 SPV 合并问题上，以是否掌握 SPV 的控制权为原则，对拥有控制权的 SPV 应合并报表，而不论对 SPV 的控制是通过股权或其他合约安排形成。不过 IFRS10 规定，即使 SPV 需要合并，证券化中转让的资产仍可以终止确认。同时国际会计准则理事会还发布了《国家财务报表准则第 12 号——涉入其他主体的披露》（简称 IFRS12），规定了有关 SPV 合并主体和未合并主体的信息披露要求，不仅要披露报告主体和合并的 SPV 的信息，也要披露未合并的 SPV 的信息，便于投资者了解对 SPV 控制的基础、对合并资产和负债的限制以及未合并 SPV 的风险敞口。

2. 风险和报酬的转移是资产终止确认的主要标准

IASB 根据美国次贷危机的经验教训，对金融工具准则进行了大量研究，推出了《国际财务报告准则第 9 号》（简称 IFRS9）用以取代 IAS39，不过 IFRS9 中关于资产终止确认的规定与 IAS39 基本相同。

美国会计准则中也以控制权作为特殊目的实体合并的主要判断标准。美国会计准则《财务会计准则公告第 167 号——可变利益实体的合并》是特殊目的实体合并问题的主要依据。虽然不是所有的 SPV 都符合 FAS167 中可变利益实体（简称 VIE）的定义，但在资产证券化中使用的 SPV 几乎都是 VIE。FAS167 主要

围绕"主导对 VIE 经济表现产生最重大影响的活动的权力",来确定 SPV 是否需要合并。

(二)国内会计准则的相关规定

国内主要依据的法规是财政部 2006 年印发的《企业会计准则第 22 号——金融工具确认与计量》《企业会计准则第 23 号——金融资产转移》以及《企业会计准则第 33 号——合并财务报表》。第 23 号准则中要求"企业对金融资产转入方具有控制权的,除在该企业财务报表基础上运用本准则外,还应当按照《企业会计准则第 33 号——合并财务报表》的规定,将转入方纳入合并财务报表的范围"。但我国并没有专门制定针对 SPV 合并的相关准则或处理办法,特别是对 SPV 的定义、操作和会计处理都没有很明确、详尽和一致的指导和规定。第 23 号准则是我国资产证券化业务会计处理的主要依据。第 23 号准则主要是参照《国际会计准则第 39 号——金融工具:确认和计量》制定的,其基本原理和具体的会计测试和计量规定都套用了国际会计准则。按照 IAS39 的精神,国内第 23 号准则采用了"风险和报酬+控制"的框架对资产转移的终止确认进行衡量。

二、PPP 项目中关于 SPV 控制权的认定

本部分将结合具体案例,对 PPP 项目中关于 SPV 控制权认定的主要因素进行分析。

(一)有关控制权认定的要素[①]

1. 权力

社会资本在分析是否对 PPP 项目公司拥有权力时,应当充分考虑自身的实质性权力,同时考虑其他投资方所享有的实质性权力。例如,当社会资本对 PPP 项目公司行使和执行经营管理职能时,如果 PPP 项目公司的其他投资方缺乏能无理由地罢免社会资本的权力,或者即使有所谓"罢免"的权力也因为行使的条件或实务操作难度等因素导致该罢免权力仅为一项保护性权力,那么通常表明社会资本对 PPP 项目公司拥有权力。此外,需要特别强调的是,根据企业会计准则规定,"两个或两个以上投资方分别享有能够单方面主导被投资方不同相关活动的现时权力的,能够主导对被投资方回报产生最重大影响的活动的一方拥有对被投资方的权力"。因而在实务中,PPP 项目公司主要的参与各方都应进行谁

---

① 陈燕华、苏虹、孙宇辉、张宇辉、张宏敏:《社会资本融资及 PPP 资金——实务与会计处理(一)》,普华永道,2016 年。

拥有"权力"的判断。

2. 可变回报

可变回报是指不固定的、并可能随被投资方业绩而变动的回报。这是一个广义的定义，包括从传统的股利、利息到服务费、对外投资公允价值的变化、信贷或流动性支持造成的风险敞口、税收优惠、获得未来流动性、规模经济、成本节约及获得专有技术等。社会资本在判断其享有被投资方的回报是否变动以及如何变动时，应当基于合同安排的实质，而非法律形式。

3. 权力与可变回报之间的关系

在某些情况下，社会资本作为决策者在确定其是否自身即是主要责任人或更大程度上为代理人时，应综合考虑其与被投资方以及其他方之间的关系，比如社会资本对 PPP 项目公司的决策权范围、其他方享有的实质性权力、社会资本的薪酬水平等。

综合以上多方面的考虑，结合股权比例，PPP 项目公司才能最终确定控制方的归属。

（二）PPP 项目公司控制权认定问题的典型案例

1. 北京地铁 4 号线与杭州地铁 1 号线案例比较

继成为标志的北京地铁 4 号线项目之后后，杭州地铁 1 号线也对此模式进行了模仿。但是，杭州地铁 1 号线与北京地铁 4 号线存在一个显著差异，即 SPV 公司的股份构成。在北京京港地铁公司的股份构成中，京投公司的股份只占 2%，代表政府和公共利益的京投公司并不控股京港地铁，这样可以让市场的作用在社会资本的竞争中充分体现。

然而，杭州地铁 1 号线的 SPV 公司杭州杭港地铁有限公司（杭港地铁）由杭州市地铁集团和港铁公司共同出资，其中杭州市地铁集团占 51% 的股份，港铁公司占 49% 的股份。这种股份构成有可能造成的后果是 SPV 公司所作出的决定更容易体现政府的意愿而不是市场的需求。虽然杭港地铁未必能够决定地铁线路规划，但是如果 PPP 只是换一种引资方式体现政府意愿而非市场需求，那么后期的追加投入等资金将大幅增加，PPP 模式的优势也将不复存在。

2. 部分地方国企项目公司并表情况

在 SPV 公司是否并表的问题上，地方建筑国企的表现比较规范。在社会资本持股超过 50% 的情况下通常并表，且能充分反映 SPV 公司资产、负债等财务情况。如表 7-1 所示，上海建工、安徽水利、粤水电都明确指出 SPV 公司纳入合并报表。

表 7-1　　部分地方国企的 SPV 项目公司并表情况[①]

社会资本方公司名称	项目名称	相关并表信息
上海建工	安吉经济开发区新型城镇化建设政府与社会资本合作（PPP）项目	项目投资金额约为34.83亿元人民币，项目公司注册资本金为11.5亿元，其中政府资本出资比例为资本金部分的10%，其余部分由公司出资。该项目公司出现在合并报表中。
上海建工	都江堰市滨江新区基础设施投资建设PPP项目	项目投资金额约为72亿元人民币，其中前期费28亿元，勘察设计和建安工程费约44亿元，上海建工为本联合体的牵头人，本项目的施工总承包单位。该项目公司出现在合并报表中。
安徽水利	陕西省彬县红岩河水库PPP项目	项目公司注册资本44 900万元，其中彬县红岩河水库有限责任公司以前期完成的水库在建工程作价22 000万元作为出资，出资比例49%，本公司以现金出资22 900万元，出资比例51%。该项目公司出现在合并报表中。
粤水电	广东省韩江高陂水利枢纽工程PPP项目	公司与国开发展基金有限公司共同出资8 800万元设立广东粤水电韩江水利开发有限公司，本公司按实缴资本持有其54.55%股权，因此将其纳入合并财务报表范围。

三、SPV 合并对各方资本的影响

本部分将分别探讨 SPV 合并对政府资本方以及社会资本方的影响。

（一）对政府资本方的影响

《合同指南》对项目公司作出了规定：项目公司可以由社会资本（可以是一家企业，也可以是多家企业组成的联合体）出资设立，也可以由政府和社会资本共同出资设立。但政府在项目公司中的持股比例应当低于50%，且不具有实际控制力及管理权。《合同指南》第七章《项目的建设》则再次强调了政府方在项目建设中的监督和介入权的大小问题：PPP项目与传统的建设采购项目完全不同，政府方的参与必须有一定的限度，过度的干预不仅会影响项目公司正常的经营管理以及项目的建设和投运，而且还可能将本已交由项目公司承担的风险和管

[①] 唐笑、岳恒宇：《半年报行业 PPP 订单汇总分析与思考系列三》，广发证券，2016 年。

理角色又揽回到政府身上，从而违背 PPP 项目的初衷。因此，政府资本方并不应该在持股比例低于 50% 的情况下再去占有控制权。

SPV 不被纳入无控制权的政府资本方的合并报表的范围，否则，与发起公司的交易将因合并而抵消，就丧失了表外融资、隔离风险等功能。而 43 号文提出的模式恰好是解决地方债务的一大举措，通过以 PPP 模式运作项目，地方政府实际已经和项目的债务隔离开来。PPP 三大特征中的"风险共担"并不意味着政府会对项目的债务负责。PPP 项目中，项目公司可以通过贷款、企业债等各种方式融资举债，但所产生的一切债务均不属于政府债务或者是政府或有债务的范畴，PPP 的债务可依靠财政补贴，但政府不承担 SPV 的偿债责任。因此，政府不可能为 SPV 公司或者社会资本的投资提供担保。

（二）对社会资本方的影响

如果确定了 SPV 项目公司与社会资本方并表，那么，其合并方法以及给社会资本方带来的财务报表上的影响，与合并其他子公司无异。需要注意的是，如果 SPV 项目公司资产负债率很高，社会资本方出于担心影响整体报表财务指标的考虑，不愿意将其并入母公司的报表，可以选择与其他资本方先成立 PPP 基金，再对项目公司进行投资。

第八章 PPP项目建设运营维护移交相关法律法规分析

本章对PPP项目在建设、运营维护和移交环节涉及的法律法规和政策文件进行了梳理，对这些法律文件中存在的问题进行了分析，针对各环节的典型问题列举了相关案例，并对相关的疑难问题进行了解答。

第一节 PPP项目建设运营维护移交涉及的法律法规及存在的主要问题

本节主要梳理PPP项目建设运营维护移交环节涉及的法律法规及规范性文件，并对与该环节相关的内容作出提示。另外，本节还将讨论各环节所涉法律法规及规范性文件存在的问题。

一、PPP项目建设运营维护移交涉及的法律法规及规范性文件

PPP项目建设运营维护移交环节占据了大部分的项目周期，与项目全生命周期的各个阶段都存在千丝万缕的关系，所涉及的法律法规及规范性文件庞杂，以下对各个环节分别涉及的法律文件按法律层级、发布时间进行分类和梳理，并对其中与相应环节高度相关的法律内容进行提炼。

（一）关于PPP项目中建设问题的相关规定

建设环节重点包含以下事项：建筑许可、建设用地、市政配套的供给、工期进度、建设标准、安全事故责任，招标投标、施工监理、分包、勘察和设计审

批、工程验收、工程保险、保修责任、建设期监管、违约责任、环境保护等。

上述事项所涉规定按法律层级整理如表 8-1—表 8-5 所示。

表 8-1　　　　　PPP 项目建设在法律层面的相关规定

发布时间	名称	相关内容
1999 年 3 月 13 日	《中华人民共和国合同法》	规定了建设工程合同、违约责任等
1999 年 8 月 30 日	《中华人民共和国招标投标法》	规定了招标、投标、开标、评标、中标及法律责任等
2004 年 8 月 28 日	《中华人民共和国土地管理法》	规定了土地所有权和使用权、土地利用总体规划、建设用地、监督检查和法律责任等
2007 年 3 月 16 日	《中华人民共和国物权法》	规定了建设用地使用权等
2011 年 4 月 22 日	《中华人民共和国建筑法》	规定了建筑许可、工程发包与承包、工程监理、工程安全生产管理、工程质量管理和法律责任等
2014 年 4 月 24 日	《中华人民共和国环境保护法》	规定了排污费的征收、建设项目环境影响评价文件的编制等
2014 年 8 月 31 日	《中华人民共和国政府采购法》	规定了政府的监督检查和法律责任等
2016 年 7 月 2 日	《中华人民共和国环境影响评价法》	规定了规划的环境影响评价和建设项目的环境影响评价等

表 8-2　　　　　PPP 项目建设在行政法规层面的相关规定

发布时间	名称	相关内容
1998 年 11 月 29 日	《建设项目环境保护管理条例》	对环境污染评价、环境保护设施建设进行了具体规定
2000 年 1 月 30 日	《建设工程质量管理条例》	规定了建设单位、设计单位、施工单位、工程监理单位的质量责任和义务、建设工程的质量保修和监督管理等
2003 年 11 月 24 日	《建设工程安全生产管理条例》	对建设、勘察、设计、工程监理、施工等单位的安全责任、监督管理和法律责任作了具体规定
2011 年 12 月 20 日	《中华人民共和国招标投标法实施条例》	对工程建设中的招标投标活动进行了具体规定

续表

发布时间	名称	相关内容
2014年7月29日	《中华人民共和国土地管理法实施条例》	对土地使用权及所有权、土地利用总体规划、建设用地、监督检查进行了具体规范
2015年6月12日	《建设工程勘察设计管理条例》	对工程勘察设计发包与承包、监督与管理进行了具体规定
2015年1月30日	《中华人民共和国采购法实施条例》	对采购程序等进行了具体规定

表8-3　　　　PPP项目建设在部门规章层面的相关规定

发布时间	名称	相关内容
2003年12月31日	企业国有产权转让管理暂行办法	规定企业国有产权转让的程序和监督管理等
2007年9月28日	标拍卖挂牌出让国有建设用地使用权规定	规定了土地使用权的出让方式等
2009年10月19日	房屋建筑和市政基础设施工程竣工验收备案管理办法	具体规定了房屋建筑和市政基础设施工程质量的程序及标准等

表8-4　　　　PPP项目建设在国务院规范性文件层面的相关规定

发布时间	名称	相关内容
2013年9月6日	国务院关于加强城市基础设施建设的意见（国发〔2013〕36号）	具体规定了加强城市道路交通、管网改造、污水垃圾处理、生态园林建设，加快基础设施建设进度等
2014年6月3日	国务院办公厅关于加强城市地下管线建设管理的指导意见（国办发〔2014〕27号）	规范了对地下综合管廊建设的行为
2014年7月29日	国务院办公厅关于支持铁路建设实施土地综合开发的意见（国办发〔2014〕37号）	规定了鼓励新建铁路站实施土地综合开发，并完善相关配套政策等
2015年6月25日	国务院关于进一步做好城镇棚户区和城市危房改造及配套基础设施建设有关工作的意见（国发〔2015〕37号）	规定了加快城镇棚户区建设力度等

表8-5　　PPP项目建设在部门规范性文件层面的相关规定

发布时间	名称	相关内容
2003年2月13日	住房与城乡建设部关于培育发展工程总承包和工程项目管理企业的指导意见（建市〔2003〕30号）	规定了工程总承包的基本概念和主要方式，包括设计采购施工（EPC）、设计—施工总承包（D-B），工程项目管理的基本概念，包括项目管理服务（PM）、项目管理承包（PMC）等
2003年7月13日	建设部关于工程总承包市场准入问题说明的函（建市函〔2003〕161号）	规定了对从事工程总承包业务等企业不专门设立工程总承包资质，工程等施工由具有相应施工承包资质的企业承担
2005年5月9日	建设部关于发布国家标准《建设项目总承包管理规范》的公告（第325号）	批准了《建设项目工程总承包规范》为国家标准，编号为GB/T50358-2005
2005年9月10日	建设部关于加强市政公用事业监管的意见（建城〔2005〕154号）	规定了市政公用事业的成本监管、产品和服务质量监督检查等
2011年12月20日	国家发改委、工业和信息化部、财政部等官员印发简明标准施工招标文件和标准设计施工总承包招标文件等通知（发改法规〔2011〕2018号）	对施工招标文件和设计施工总承包
2013年11月21日	住房与城乡建设部关于工程总承包市场准入问题的复函（建办市函〔2003〕573号）	规定了工程设计企业可以在其工程设计资质证书许可的工程项目范围内开展工程总承包业务
2013年12月2日	住房和城乡建设部关于印发《房屋建筑和市政基础设施工程竣工验收规定》的通知（建质〔2013〕171号）	规定了竣工验收的标准
2014年9月12日	国家发展改革委、民政部、财政部等关于加快推进健康与养老服务工程建设的通知（发改投资〔2014〕2091号）	规定了对社会资本投资健康与养老服务工程的鼓励，加大建设该行业的力度等

续表

发布时间	名称	相关内容
2014年12月31日	财政部、住房城乡建设部、水利部关于开展中央财政支持海绵城市建设试点工作的通知（财建〔2014〕838号）	规定了对海绵城市建设试点给予专项资金补助、试点城市由省级财政、住房城乡建设、水利部门联合申报、采取竞争性评审方式选择试点城市等
2015年3月17日	国家发展改革委、财政部、水利部关于鼓励和引导社会资本参与重大水利工程建设运营的实施意见（发改农经〔2015〕488号）	规定了项目参与方式，可通过与经营性较强项目组合开放，规范项目建设程序以及相关优惠和扶持政策等
2015年4月21日	财政部、国土资源部、住房城乡建设部等关于运用政府和社会资本合作模式推进公共租赁住房投资建设和运营管理的通知（财综〔2015〕15号）	对推进公共住房投资建设和运营的基本目标和原则、全过程的监管和绩效评价体系、公共租赁住房的土地政策进行了规定
2016年2月25日	财政部办公厅、住房城乡建设部办公厅、水利部办公厅关于开展2016年中央财政支持海绵城市建设试点工作的通知（财办建〔2016〕25号）	规定了试点选择流程、建设运营模式、配套方案等

（二）关于PPP项目中运营维护问题的相关规定

运营维护环节重点包含以下事项：运营服务标准、产品标准、运营分包、设施租赁、特许经营、更新改造、追加投资、运营服务计量、运营过程中产生的主副产品权属、信息归档、纳税、运营期保险、政府监管、特别补偿、违约责任、环境保护等。

上述事项所涉规定按法律层级整理如表8-6—表8-10所示（与建设环节重合的部分不再列举）。

表8-6　　　　　　PPP项目运营维护在法律层面的相关规定

发布时间	名称	相关内容
2007年3月16日	《中华人民共和国企业所得税法》	规定了企业所得税等

续表

发布时间	名称	相关内容
2009年8月27日	《中华人民共和国产品质量法》	规定了生产者的产品质量责任和义务、损害赔偿和罚则等
2009年8月27日	《中华人民共和国民法通则》	规定了企业法人、债权、知识产权、租赁、违反合同和侵权的民事责任等
2013年12月28日	《中华人民共和国公司法》	规定了公司的财务、会计、合并、分立、增资、减资、股东权利等
2014年8月31日	《中华人民共和国预算法》	对各级政府预算、举债范围、不得为任何单位和个人债务提供担保等进行了规定
2015年4月24日	《中华人民共和国保险法》	规定了保险合同等
2016年11月7日	《中华人民共和国档案法》	规定了档案的管理、利用和公布
2016年11月7日	《中华人民共和国固体废物污染环境防治法》	规定了工业固体废物污染环境的防治和危险废物污染环境防治等
2016年12月25日	《中华人民共和国环境保护税法》	规定了环境保护税的税目、税额等

表8-7　　PPP项目运营维护在行政法规层面的相关规定

发布时间	名称	相关内容
1995年11月22日	《中华人民共和国预算法实施条例》	对预算收支范围、决算等进行了具体规定
1998年11月29日	《建设项目环境保护管理条例》	对环境污染评价、环境保护设施建设进行了具体规定

表8-8　　PPP项目运营维护在国务院规范性文件层面相关规定

发布时间	名称	相关内容
2014年9月6日	国务院关于深化预算管理制度改革的决定（国发〔2014〕45号）	对规范税收优惠政策、优化转移支付机构进行了具体规定
2014年11月16日	国务院关于创新重点领域投融资机制鼓励社会投资的指导意见（国发〔2014〕60号）	规定了创新生态环保投资运营机制、鼓励投资运营农业和水利工程、推进市政基础设施投资运营市场等

续表

发布时间	名称	相关内容
2014年12月27日	国务院办公厅《关于推行环境污染第三方治理的意见》（国办发〔2014〕70号）	规定了坚持排污者付费原则、培育企业污染治理新模式、发展环保资本市场等

表8-9　　　　　PPP项目运营维护在部门规章层面的相关规定

发布时间	名称	相关内容
2015年4月25日	基础设施和公用事业特许经营管理办法	对关于基础设施和公用事业的特许经营项目建设、运营、维修、保养作出了规定

表8-10　　　　PPP项目运营维护在部门规范性文件层面相关规定

发布时间	名称	相关内容
1995年8月21日	国家计委、电力工业部、交通部关于试办外商投资特许权项目审批管理有关问题的通知（计外资〔1995〕1208号）	规定特许经权项目设施的所有权等

（三）关于PPP项目中移交问题的相关规定

移交环节重点包含以下事项：对公共利益的保护、资产评估、知识产权、移交质量保证、绩效评价、过户手续、信息公开、违约责任等。

上述事项所涉规定按法律层级整理如表8-11—表8-13所示（与建设、运营维护环节重合的部分不再列举）。

表8-11　　　　　PPP项目移交在法律层面的相关规定

发布时间	名称	相关内容
2008年10月28日	《中华人民共和国企业国有资产法》	规定了国有资产的转让、监督和评估等

表 8-12　PPP 项目移交在国务院规范性文件层面的相关规定

发布时间	名称	相关内容
2015 年 4 月 3 日	国务院办公厅关于印发 2015 年政府信息公开工作要点的通知（国办发〔2015〕22 号）	规定了对政府批准预算、决算和预算执行情况、财政转移支付安排、国有资产占用情况、土地供应计划、重大建设项目、环境保护等的信息公开要求

表 8-13　PPP 项目移交在部门规范性文件层面的相关规定

发布时间	名称	相关内容
2014 年 12 月 2 日	国家发改委关于开展政府和社会资本合作的指导意见（发改投资〔2014〕2724 号）	对绩效评价与退出机制进行了具体规定
2014 年 11 月 29 日	财政部关于印发政府和社会资本合作模式操作指南（试行）的通知（财金〔2014〕113 号）	操作指南从项目移交层面具体指导 PPP 项目

二、PPP 项目建设运营维护移交相关法律法规中存在的主要问题

PPP 项目建设运营维护移交环节所涉及的法律法规存在较多问题，包括预算相关立法不足、与土地政策有冲突、没有专门针对 PPP 的税收征管立法、关于工程总承包的立法不充分、竣工验收立法不健全、监管制度不健全、国有产权转让相关规定与 PPP 操作相冲突、社会资本方定价规则与价格法不协调等，不一而足。

（一）对地方政府财政预算规制不足

不少案例显示，尤其是与污水、垃圾处理相关的 PPP 项目，因财政预算压力大，支付意愿普遍不高，按照合同约定时间足额支付的情况很少。而且，虽然政府没有按照约定给已签约项目足够的拨款，却要求项目按期完工及运营。在这种情况下，社会资本一般只能选择与政府协商，又考虑须保障项目的长期运营，社会资本倾向于维持与政府间的良好关系。对于政府服务费用补偿不到位、拖欠的情况，协商往往以妥协让步告终，社会资本会自筹资金先行垫付相关建设运营成本，造成现金流压力巨大。

（二）PPP 项目运作与土地制度的冲突

依照《中华人民共和国物权法》和《招标拍卖挂牌出让国有建设用地使用

权规定》,"工业、商业、旅游、娱乐和商品住宅等经营性用地以及同一宗地有两个以上意向用地者的,应当以招标、拍卖或者挂牌方式出让"。针对含经营性的 PPP 项目,政府一方面通过招标、竞争性谈判、单一来源采购等方式选择社会投资人,另一方面又必须通过"招拍挂"方式出让 PPP 项目的经营性用地,很可能造成社会投资人虽中标 PPP 项目却无法获得所需的土地使用权。而对于轨道交通和沿线土地综合一体开发的 PPP 项目,投资巨大,回收期限较长,投资方往往要求捆绑地上物业开发,这产生了巨大的矛盾。

(三)有关税收征管的问题不健全

国家税务总局并没有出台针对 PPP 模式的统一税收规范,使得 PPP 项目在税收征管中缺乏明确的规定。其一是实行中央、省、市、县垂直管理的税务主管部门对政府作出的税收优惠承诺是否认可。其二是对于周期较长的 PPP 项目,不同的时期会需要不同的政策支持,建设期、运营期和移交期都分别需要不同的税收政策给予支持。

(四)有关 EPC、PMC 的法律法规不健全

对于 PPP 项目,项目公司或者投资人一般倾向于采用 EPC(设计—采购—施工)总承包或 PMC(Project Management Contract)进行工程建设管理。尤其是 EPC 总承包模式,建设的总价和最终完工日期都有明确约定,工程建设承包商承担了全部的建设风险,对 PPP 项目的风险进行了有效的转移和划分。然而我国有关 EPC、PMC 的法律法规很不健全。

诚然,《中华人民共和国建筑法》,从法律层面对 EPC 总承包作出了一些原则性规定,建设部《关于培育发展工程总承包和工程项目管理企业的指导意见》《关于工程总承包市场准入问题说明的函》《关于工程总承包市场准入问题的复函》等一系列文件,涉及了 EPC 总承包的事宜,《建设项目工程总承包管理规范》作为国家标准已施行,但都只是一些初步的、简单的规定,没有上升到国家法律层面,没有系统、全面的法律体系,可操作性不强,难以实施,限制了 EPC、PMC 等工程建设管理模式的发展。

(五)竣工验收法律不健全

针对 PPP 项目竣工验收,法律依据通常是原住建部 2009 年发布的《房屋建筑和市政基础设施工程竣工验收备案管理办法》和 2013 年发布的《房屋建筑和市政基础设施工程竣工验收规定》等,然而上述规定并没有涵盖所有 PPP 项目的范围,同时,规定过于简单,没有考虑到 PPP 项目的特殊性。

（六）建设运营维护中的监管制度不健全

针对 PPP 项目监管，目前主要的法律依据是 2015 年发布的《基础设施和公用事业特许经营管理办法》和原建设部 2005 年发布的《关于加强市政公用事业监管的意见》。《办法》只对监管作了概括性的规定，并未涉及监管过程中责任的分担及相应的法律后果。《意见》虽提出从市场准入、完善特许经营制度、运行安全，产品与服务质量，价格与收费、成本等方面进行监管，但是由于没有实施细则，可操作性不强，基本上形同虚设。

针对 PPP 项目中政府方的阅卷权、进入权、检查权、回购权等，需进一步立法进行规范。另外，针对 PPP 的项目涉及多方利益，如公众利益、投资者利益、公共部门利益等，如何在众多利益相关方之间适当分配行使监督权，亦需要建立相关机制。

（七）《企业国有产权转让管理暂行办法》股权转让期限与 PPP 项目国有产权的变动实际情况的冲突

《企业国有产权转让管理暂行办法》第二十条规定，"国有产权转让采取分期付款方式的，受让方首期付款不得低于总价款的 30%，并在合同生效之日起 5 个工作日内支付；其余款项应当提供合法的担保，并应当按同期银行贷款利率向转让方支付延期付款期间利息，付款期限不得超过 1 年"。而 PPP 项目中的股权回购款通常在工程交工验收后的 3 到 5 年内付清，有些项目甚至在股权回购前的建设期即开始偿还利息部分，这个冲突给项目实施带来极大不便。

（八）社会资本方定价规则与物价部门的批准权利协调机制不健全

PPP 项目中运营环节的收益为社会投资人的核心收入来源，项目运营价格的制定和调整方式直接影响社会投资人的投资回报。但对于直接关系到社会公共利益的轨道交通、高速公路等道路基础设施和污水处理等 PPP 项目，其定价和调整必须经地方政府和物价部门批准确定，社会资本在决定收费标准时自主权非常小，处于弱势地位，难以根据运营成本或市场供求变化自行及时调整，并且由于收费标准调整的期限较长，一旦确定便在一个固定时期内无法进行调整，将在一定程度上影响社会投资人的营运收入。因此，急需立法协调《基础设施和公共事业特许经营管理办法》中的调价机制与《中华人民共和国价格法》。

较为典型的案例是北京地铁 4 号线。其项目合同约定运营票价实行政府定价管理，采用计程票制。在特许期内，北京市政府根据相关法律法规、本着同网同价的原则，制定并颁布 4 号线运营票价政策，并根据社会经济发展状况适时调整票价。而实际情况是，4 号线开通五年多以后，运营票价方才由单一票价调整为阶梯票价，告别 2 元随便坐的时代。

第二节　PPP 项目建设运营维护移交典型案例分析

本节主要介绍三个典型案例，分别是针对建设环节的北京鸟巢项目、针对运营环节的北京地铁 4 号线项目和深圳大运中心项目。

一、PPP 项目建设中建设方案问题的典型案例

PPP 项目建设方案的拟订是整个项目至关重要的一个步骤，不仅关系建设的顺利实施，更关系运营的效果。最终方案的敲定一定是多方（包括政府方、建设方和运营方等）利益共同平衡的结果，以下将通过典型案例进行说明。

（一）北京鸟巢项目案例的实践概述

国家体育场是目前我国第一个采用 PPP 模式的公益性项目，中国政府最初要求健身馆、运动厅、场地、体育设施必须是标志性结构，向世界展示中国新形象。但 2004 年开始，中国政府重新明确了"建设和谐社会"的出发点，认为原始设计太奢侈、不能保证赛后物有所值，开始修改原始设计，以举办俭朴的奥林匹克运动会。修改后的设计，终止了可收起屋顶，节省了至少 2000 吨高质量的用于支撑结构的钢材，但也被设计团体追加了相当于之前设计费三分之一的重新设计费，施工单位也不得不停止、等待重新设计、等待结构工程师和建筑师提供新的施工图。

（二）北京鸟巢项目案例的经验借鉴

北京鸟巢项目是一个对建设要求比较高的项目，对于这类设计复杂的建设工程，动工后的设计改动都极大地增加建设方的成本，因此，建设方在项目施工前，便要争取获得政府极大的支持和担保，防范设计风险。若设计方案由于政府的原因而临时改变，应该约定政府及时支付所有因改变产生的额外费用。

（三）北京鸟巢项目的案例点评

在 PPP 项目建设中，如果包含设计结构创新、复杂的建设工程，政府的支持至关重要。项目的复杂性和缺乏经验相结合可能导致巨额超支，项目开始之前，最好与有经验的国际团体签订获得适当咨询的协议，另外，也要自行独立培养相关专家。

二、PPP 项目运营中监管问题的典型案例

PPP 项目终究是关系到民生的项目,投入运营后是否能真正为人民的生活带来便利是检验其必要性、设计和建设质量、运营效果等的一个重要指标。为了确保项目在盈利和为人民服务中取得平衡,监督是运营环节中必不可少的一环。以下将介绍一个具有较为完备的监督体系的案例。

(一) 北京地铁四号线项目[①]案例的实践概述

北京地铁 4 号线是我国城市轨道交通领域的首个 PPP 项目,该项目由北京市基础设施投资有限公司具体实施(前面章节已有详细介绍,此处不再赘述)。

(二) 北京地铁四号线项目案例的经验借鉴

政府的监督体现为:一是文件、计划、申请的审批;二是建设、试运行的验收备案;三是运营过程和服务质量监督,实现了包括投资、建设、运营全过程的事前、事中、事后控制。在监管标准上,也结合具体内容,遵守了能量化的尽量量化,不能量化的尽量细化的原则。

(三) 北京地铁四号线项目的案例点评

北京地铁 4 号线 PPP 项目的持续运转,得益于项目建立了相对完备的监管体系,明晰了政府与市场的边界。4 号线项目中,政府的监督主要体现在文件、计划、申请的审批,建设、试运营的验收、备案,运营过程和服务质量的监督检查三个方面,既体现了不同阶段的控制,也体现了事前、事中、事后的全过程控制。

三、PPP 项目运营中政府补贴问题的典型案例

(一) 深圳大运中心项目[②]案例的实践概述

深圳大运中心位于深圳市龙岗区龙翔大道,距离市中心约 15 公里,是深圳举办 2011 年第 26 届世界大学生夏季运动会的主场馆区,也是深圳实施文化立市战略、发展体育产业、推广全民健身的中心区。世界大学生夏季运动会成功举办之后,深圳大运中心的运营维护遇到了难题,每年高达 6000 万元的维护成本成为深圳市政府的沉重负担。

---

① 《13 个 PPP 项目典型案例之北京地铁 4 号线项目》,国家发改委门户网站,2015 年 7 月 21 日—2017 年 2 月 13 日。

② 《13 个 PPP 项目典型案例之深圳大运中心项目》,国家发改委门户网站,2015 年 7 月 21 日—2017 年 2 月 13 日。

(二)深圳大运中心项目案例的经验借鉴

值得借鉴的是,深圳大运中心项目采取的总运营商与专业团队共同运营大运中心的模式为项目运营质量的保障奠定了基础。项目建立运营调蓄基金,通过商业运作反哺场馆运营的资金管理办法为平衡大运场馆日常维护费用提供了资金渠道。

(三)深圳大运中心项目的案例点评

从国内其他大型场馆的运营经验来看,仅仅依靠场馆的租赁费用难以为继场馆的日常维护费用。龙岗区政府与佳兆业集团吸取国内外经验,通过划拨方式将部分商业用地交由总运营商开发利用,将产生的利润弥补大运场馆日常运营的亏损,创造性地提出由政府方和运营方共同管理调蓄基金的做法,值得在更大范围内推广。

第三节 PPP项目建设运营维护移交疑难问题解答

本节在分析PPP项目建设运营维护相关的法律法规及规范性文件的基础上,结合实践中的典型案例的经验,对PPP项目建设运营维护中已经遇到的以及可能会遇到的热点问题进行解答,以供参考。

一、PPP项目运营中项目产权归属问题解答

项目建造的基础设施等其他资产,运营期内能否归项目公司所有,法律规定不一。根据1995年《国家计委、电力工业部、交通部关于试办外商投资特许权项目审批管理有关问题的通知》,特许期内,项目公司拥有特许权项目设施的所有权;根据财政部2008年发布的《关于印发企业会计准则解释第2号的通知》,BOT业务所建造基础设施不应作为项目公司的固定资产,……项目公司的收入应确认金融资产或无形资产;但是2015年发布的《基础设施和公用事业特许经营管理办法》第五条(二),明确规定了基础设施和公用事业特许经营可以采取"在一定期限内,政府授予特许经营者投资新建或改扩建、拥有并运营基础设施和公用事业,期限届满移交政府"的方式,认可项目公司可以拥有项目基础设施的所有权。

二、PPP 项目运营中社会资本退出问题解答

运营期满前,社会资本可能希望通过转让其所持有的项目公司股权来实现退出。但是在项目合作方选择阶段,通常政府是在对社会资本的融资能力、技术能力、管理能力等资格条件进行系统评审后,才最终选定社会资本合作方。因此如果在项目实施阶段,社会资本将股权转让给不符合有关资格条件的主体,将有可能导致项目无法按照既定目的或标准实施。因此,通常 PPP 合同会对社会资本的股权转让加以限制。比如,设置一定的锁定期,要求社会资本在项目公司进入成熟运转前或缺陷责任期届满前不得转让项目公司股权、约定受让方的资质条件,甚至在锁定期后转让仍需政府事先同意等。目前,PPP 相关政策文件重准入,轻退出,对社会资本方退出机制的安排,偏重非正常情况下的临时接管,退出机制有待健全。

三、PPP 项目建设运营维护移交中政府违约问题解答

这可能是社会资本考虑 PPP 项目时最担心,也最为关注的问题。政府违约,在过往 PPP 项目的实施过程中不是小概率事件。出现政府违约情况时,社会资本需要依靠签订的 PPP 合同,所以合同至关重要,社会资本应尽可能通过合同严密设置防控包括政府违约在内的种种风险以及相应的争议解决机制。如此,即便发生政府违约的情形,也有合同依据寻求法律上的保护。比如,财政部给出的《PPP 项目合同指南》中指出,PPP 项目合同可以选择仲裁或民事诉讼作为最终的争议解决方式。《基础设施和公用事业特许经营管理办法》还规定,对政府的具体行政行为,可以提起行政复议或行政诉讼。详见第十一章介绍。

第九章 PPP 项目资产管理相关法律法规分析

PPP 项目资产管理是确保 PPP 项目顺利运行，确保各方资产安全的重要内容。PPP 项目的资产管理涉及政府、社会资本、项目公司、社会公众等各方的利益。由于 PPP 项目的公益性，其资产管理也具有特殊性，和一般公司的资产管理有着明显的区别。目前我国的法律法规及规范性文件对 PPP 项目资产管理涉及的资产产权归属、资产运营、资产移交等问题有诸多相关规定，但也存在着层级低、不具体、适用冲突等问题。在 PPP 项目资产管理实践中，具体案例的探索和做法各异，一些具有一定的借鉴意义。

第一节 PPP 项目资产管理涉及的法律法规及存在的主要问题

PPP 项目资产具有和一般资产相同的地方，但也有其特殊性。PPP 资产管理在法律法规及规范性文件的适用上要依据《物权法》《公司法》《担保法》《企业国有资产法》等一般法律，也要符合专门针对 PPP 项目进行的规定。这些规定多集中在部门规章及部委规范性文件层面，层级较低、体系杂，在实践存在着适用冲突和法律空白等问题。

一、PPP 项目资产管理涉及的法律法规及规范性文件

PPP 资产管理从本质上看还是一种资产管理。我国现有的法律法规及其他规

范性文件中对资产的形成、运营、移交等有着明确的规定，同时，针对PPP项目中的资产形成、运营、移交，也相继出台了一些专门规定。这些规定对于PPP项目资产管理的规范有些可以直接适用，有些则只能间接适用。

（一）PPP项目资产管理直接涉及的法律法规及规范性文件

1. PPP项目资产管理中资产形成问题的相关规定

资产形成时资产管理的基础和前提，没有资产形成就谈不上资产的管理。资产的形成必然伴随着产权的确认。产权不仅仅是所有权，还包括使用权、收益权、债权等诸多财产性权利。在PPP项目中，围绕着项目资产的所有权、使用权、收益权、特许经营权等产权有着不尽相同的规定。

第一，在法律层面对于项目资产产权归属的相关规定。

在《物权法》中关于资产所有权的归属有一系列的规定，这些规定适用于PPP项目资产所有权的界定：①第六条，不动产物权的设立、变更、转让和消灭，应当依照法律规定登记。动产物权的设立和转让，应当依照法律规定交付。②第十四条，不动产物权的设立、变更、转让和消灭，依照法律规定应当登记的，自记载于不动产登记簿时产生效力。③第三十条，因合法建造、拆除房屋等事实行为设立或者消灭物权的，自事实行为成就时产生效力。④第四十一条，法律规定专属于国家所有的不动产和动产，任何单位和个人不能取得所有权。第五十二条，国防资产属于国家所有。铁路、公路、电力设施、电信设施和油气管道等基础设施，依照法律规定为国家所有的，属于国家所有。⑤第一百三十五条，建设用地使用权人依法对国家所有的土地享有占有、使用和收益的权利，有权利用该土地建造建筑物、构筑物及其附属设施。⑥第一百三十七条，设立建设用地使用权，可以采取出让或者划拨等方式。工业、商业、旅游、娱乐和商品住宅等经营性用地以及同一土地有两个以上意向用地者的，应当采取招标、拍卖等公开竞价的方式出让。严格限制以划拨方式设立建设用地使用权。采取划拨方式的，应当遵守法律、行政法规关于土地用途的规定。⑦第一百四十二条，建设用地使用权人建造的建筑物、构筑物及其附属设施的所有权属于建设用地使用权人，但有相反证据证明的除外。

由于PPP项目是政府和社会资本合作的结果，因此在PPP项目资产所有权的界定中会涉及国有资产的问题。在《企业国有资产法》第二条规定"本法所称企业国有资产，是指国家对企业各种形式的出资所形成的权益"，第五条规定"本法所称国家出资企业，是指国家出资的国有独资企业、国有独资公司，以及国有资本控股公司、国有资本参股公司"。

《土地管理法》第五十四条规定，"建设单位使用国有土地，应当以出让等有偿使用方式取得；但是，下列建设用地，经县级以上人民政府依法批准，可以以划拨方式取得：国家机关用地和军事用地；城市基础设施用地和公益事业用地；国家重点扶持的能源、交通、水利等基础设施用地；法律、行政法规规定的其他用地"。

第二，在行政法规和国务院文件层面的对于项目资产产权归属的相关规定。

《国务院办公厅转发财政部 发展改革委 人民银行关于在公共服务领域推广政府和社会资本合作模式指导意见的通知》（国办发〔2015〕42号）中规定：①推进相关立法，明确政府出资的法律依据和出资性质，规范政府和社会资本的责权利关系。②实行多样化土地供应，保障项目建设用地。对符合划拨用地目录的项目，可按划拨方式供地，划拨土地不得改变土地用途。③不符合划拨用地目录的项目，以租赁方式取得土地使用权的，租金收入参照土地出让收入纳入政府性基金预算管理。以作价出资或者入股方式取得土地使用权的，应当以市、县人民政府作为出资人，制定作价出资或者入股方案，经市、县人民政府批准后实施。

第三，在部门规章和部委文件层面对于项目资产产权归属的相关规定。

《基础设施和公用事业特许经营管理办法》（发展改革委、财政部等六部委第25号令）中规定，"特许经营协议应当主要包括以下内容：项目名称、内容；特许经营方式、区域、范围和期限；项目公司的经营范围、注册资本、股东出资方式、出资比例、股权转让等；所提供产品或者服务的数量、质量和标准；设施权属，以及相应的维护和更新改造；监测评估；投融资期限和方式；收益取得方式、价格和收费标准的确定方法以及调整程序；履约担保；特许经营期内的风险分担；政府承诺和保障；应急预案和临时接管预案；特许经营期限届满后，项目及资产移交方式、程序和要求等；变更、提前终止及补偿；违约责任；争议解决方式；需要明确的其他事项"。

《市政公用事业特许经营管理办法》（建设部第126号令）中第九条规定，"特许经营协议应当包括以下内容：特许经营内容、区域、范围及有效期限；价格和收费的确定方法、标准以及调整程序；设施的权属与处置；设施维护和更新改造；安全管理；履约担保；特许经营权的终止和变更；违约责任；争议解决方式；双方认为应该约定的其他事项"。

在1995年国家计委、电力部、交通部联合发布的《关于试办外商投资特许权项目审批管理有关问题的通知》有"在特许期内，项目公司拥有特许权项目设施的所有权，以及为特许权项目进行投融资、工程设计、施工建设、设备采购、运营管理和合理收费的权利,并承担对特许权项目的设施进行维修保养的义务"的规定。这是对于 PPP 项目资产所有权归属的最早最为明确的规定。

《企业会计准则解释第 2 号》(财会〔2008〕)第五条对企业采用建设运营移交方式(BOT)参与公共基础设施建设业务的会计处理进行了规定:①合同投资方为按照有关程序取得该特许经营权合同的企业。合同投资方按规定设立项目公司进行项目建设和运营。项目公司除取得建造有关基础设施的权利以外,在基础设施建造完成以后的一定期间内负责提供后续经营服务。②建造合同收入应当按照收取或应收对价的公允价值计量,并分别以下情况在确认收入的同时,确认金融资产或无形资产。合同规定基础设施建成后的一定期间内,项目公司可以无条件地自合同授予方收取确定金额的货币资金或其他金融资产的;或在项目公司提供经营服务的收费低于某一限定金额的情况下,合同授予方按照合同规定负责将有关差价补偿给项目公司的,应当在确认收入的同时确认金融资产。合同规定项目公司在相关基础设施建成后,从事经营的一定期间内有权利向获取服务的对象收取费用,但收费金额不确定的,该权利不构成一项无条件收取现金的权利,项目公司应当在确认收入的同时确认无形资产。③项目公司未提供实际建造服务,将基础设施建造发包给其他方的,不应确认建造服务收入,应当按照建造过程中支付的工程价款等考虑合同规定,分别确认金融资产或无形资产。④BOT 业务所建造基础设施不应作为项目公司的固定资产。

《关于印发政府和社会资本合作模式操作指南(试行)的通知》(财金〔2014〕113 号)规定:①项目概况主要包括基本情况、经济技术指标和项目公司股权情况等。经济技术指标主要明确项目区位、占地面积、建设内容或资产范围、投资规模或资产价值、主要产出说明和资金来源等。项目公司股权情况主要明确是否要设立项目公司以及公司股权结构。②项目投融资结构主要说明项目资本性支出的资金来源、性质和用途,项目资产的形成和转移等。

《PPP 项目合同指南》(财政部 2014 年)中规定:①在 PPP 项目中,通常项目公司有权并且有义务获得项目的融资。为此,PPP 项目合同中通常会明确约定项目全生命周期内相关资产和权益的归属,以确定项目公司是否有权通过在相关资产和权益上设定抵质押担保等方式获得项目融资,以及是否有权通过转让项目公司股份以及处置项目相关资产或权益的方式实现投资的退出。②在 PPP 实践中,通常根据政府方和项目公司哪一方更有能力、更有优势承担取得土地的责任的原则,来判定由哪一方负责取得土地。③政府方以土地划拨或出让等方式向项目公司提供项目建设用地的土地使用权及相关进入场地的道路使用权,并根据项目建设需要为项目公司提供临时用地。项目的用地预审手续和土地使用权证均由政府方办理，项目公司主要予以配合。④如果项目公司完全有权、有能力根据我国法律规定自行取得土地使用权的，则可以考虑由项目公司自行取得土地使用权，但政府方应提供必要的协助。⑤政府还可通过无偿划拨土地，提供优惠贷款、贷款贴息，投资入股，放弃项目公司中政府股东的分红权，以及授予项目周边的土地、商业等开发收益权等方式，有效降低项目的建设、运营成本，提高项目公司的整体收益水平，确保项目的商业可行性。

《政府和社会资本合作项目通用合同指南（2014年版）》（发展改革委2014年）中规定：项目合同应明确界定政府和社会资本合作的主要事项。其中包括：项目资产权属，明确合作各阶段项目有形及无形资产的所有权、使用权、收益权、处置权的归属。土地获取和使用权利明确合作项目土地获得方式，并约定社会资本主体对项目土地的使用权限。

《财政部关于印发政府和社会资本合作项目财政承受能力论证指引》的通知（财金〔2015〕21号）中规定：①第九条，PPP项目全生命周期过程的财政支出责任，主要包括股权投资、运营补贴、风险承担、配套投入等。如果社会资本单独组建项目公司，政府不承担股权投资支出责任。②第十五条，股权投资支出应当依据项目资本金要求以及项目公司股权结构合理确定。股权投资支出责任中的土地等实物投入或无形资产投入，应依法进行评估，合理确定价值。③第二十二条，配套投入支出责任应综合考虑政府将提供的其他配套投入总成本和社会资本方为此支付的费用。配套投入支出责任中的土地等实物投入或无形资产投入，应依法进行评估，合理确定价值。

《政府和社会资本合作项目财政管理暂行办法》（财金〔2016〕92号）第二十九条规定，"各级财政部门应会同相关部门加强PPP项目涉及的国有资产管理，督促项目实施机构建立PPP项目资产管理台账。政府在PPP项目中通过存量国有资产或股权作价入股、现金出资入股或直接投资等方式形成的资产，应作为国有资产在政府综合财务报告中进行反映和管理"。第三十二条规定，"项目实施机构与项目应当根据法律法规和PPP项目合同约定确定项目公司资产权属"。

2. PPP项目资产管理中资产运营问题的相关规定

PPP项目资产和其他企业资产一样，不是静置在那里，而是需要运营和管理，以提高资产的使用效率。但是PPP项目资产有明显的公益属性，涉及公共利益的保护，因此对其运营和管理又与普通的企业资产有所区别。

第九章　PPP 项目资产管理相关法律法规分析

第一，在法律层面对于项目资产运营的相关规定。

《物权法》有如下规定：①第三十九条，所有权人对自己的不动产或者动产，依法享有占有、使用、收益和处分的权利。第四十条，所有权人有权在自己的不动产或者动产上设立用益物权和担保物权。用益物权人、担保物权人行使权利，不得损害所有权人的权益。②第六十八条，企业法人对其不动产和动产依照法律、行政法规以及章程享有占有、使用、收益和处分的权利。

《国企业国有资产法》规定：①第十六条，国家出资企业对其动产、不动产和其他财产依照法律、行政法规以及企业章程享有占有、使用、收益和处分的权利。国家出资企业依法享有的经营自主权和其他合法权益受法律保护。②第五十一条，本法所称国有资产转让，是指依法将国家对企业的出资所形成的权益转移给其他单位或者个人的行为；按照国家规定无偿划转国有资产的除外。

《担保法》第三十七条规定，"下列财产不得抵押：学校、幼儿园、医院等以公益为目的的事业单位、社会团体的教育设施、医疗卫生设施和其他社会公益设施"。

第二，在行政法规和国务院文件层面对项目资产运营的相关规定。

《国务院办公厅转发财政部　发展改革委　人民银行关于在公共服务领域推广政府和社会资本合作模式指导意见的通知》（国办发〔2015〕42 号）中规定，"建成的项目经依法批准可以抵押，土地使用权性质不变，待合同经营期满后，连同公共设施一并移交政府；实现抵押权后改变项目性质应该以有偿方式取得土地使用权的，应依法办理土地有偿使用手续"。

第三，在部门规章和部委文件层面对项目资产运营的相关规定。

《PPP 项目合同指南》（财政部 2014 年）中规定：①由于土地是为专门实施特定的 PPP 项目而划拨或出让给项目公司的，因此在 PPP 项目合同中通常还会明确规定，未经政府批准，项目公司不得将该项目涉及的土地使用权转让给第三方或用于该项目以外的其他用途。②股东协议除了包括规定股东之间权利义务的一般条款外，还可能包括与项目实施相关的特殊规定。如果承包商参与项目的主要目的是承担项目的设计、施工等工作，并不愿长期持股，承包商会希望在股东协议中预先做出股权转让的相关安排；如果融资方也是股东，融资方通常会要求限制承包商转让其所持有的项目公司股权的权利，例如要求承包商至少要到工程缺陷责任期满后才可转让其所持有的项目公司股权。③如果项目公司以项目资产或其他权益（例如运营期的收费权），或社会资本以其所持有的与项目相关的权利（例如其所持有的项目公司股权）为担保向融资方申请融资，融资方在主张其担保债权时可能会导致项目公司股权以及项目相关资产和权益的权属变更。因此，融资方首先要确认 PPP 项目合同中已明确规定社会资本和项目公司有权设置上述担保，并且政府方可以接受融资方行使主债权或担保债权所可能导致的法律后果，以确保融资方权益能够得到充分有效的保障。④在 PPP 项目中，虽然项目的直接实施主体和 PPP 项目合同的签署主体通常是社会资本设立的项目公司，但项目的实施仍主要依赖于社会资本自身的资金和技术实力。项目公司自身或其母公司的股权结构发生变化，可能会导致不合适的主体成为 PPP 项目的投资人或实际控制人，进而有可能会影响项目的实施。鉴于此，为了有效控制项目公司股权结构的变化，在 PPP 项目合同中一般会约定限制股权变更的条款。该条款通常包括股权变更的含义与范围以及股权变更的限制等内容。⑤在不同 PPP 项目中，政府方希望控制的股权变更范围和程度也会有所不同，通常股权变更的范围包括：直接或间接转让股权，并购、增发等其他方式导致的股权变更，股份相关权益的变更，兜底规定。⑥违反股权变更限制的后果。一旦发生违反股权变更限制的情形，将直接认定为项目公司的违约行为，情节严重的，政府方将有权因该违约而提前终止项目合同。

《政府和社会资本合作项目财政管理暂行办法》（财金〔2016〕92号）中规定：①第二十九条，各级财政部门应会同相关部门加强 PPP 项目涉及的国有资产管理，督促项目实施机构建立 PPP 项目资产管理台账。政府在 PPP 项目中通过存量国有资产或股权作价入股、现金出资入股或直接投资等方式形成的资产，应作为国有资产在政府综合财务报告中进行反映和管理。②第三十条，存量 PPP 项目中涉及存量国有资产、股权转让的，应由项目实施机构会同行业主管部门和财政部门按照国有资产管理相关办法，依法进行资产评估，防止国有资产流失。③第三十一条，PPP 项目中涉及特许经营权授予或转让的，应由项目实施机构根据特许经营权未来带来的收入状况，参照市场同类标准，通过竞争性程序确定特许经营权的价值，以合理价值折价入股、授予或转让。④第三十二条，对于归属项目公司的资产及权益的所有权和收益权，经行业主管部门和财政部门同意，可以依法设置抵押、质押等担保权益，或进行结构化融资，但应及时在财政部 PPP 综合信息平台上公示。项目建设完成进入稳定运营期后，社会资本方可以通过结构性融资实现部分或全部退出，但影响公共安全及公共服务持续稳定提供的除外。

3. PPP 项目资产管理中资产移交问题的相关规定

PPP 项目资产最为重要的特点是在一定期限后项目资产都会被移交给政府，

并且对于资产移交的范围、时间、方式等有着诸多规定。

第一，在法律层面对于项目资产移交的相关规定。

《物权法》的规定有：①第一百四十三条，建设用地使用权人有权将建设用地使用权转让、互换、出资、赠与或者抵押，但法律另有规定的除外。②第一百四十六条，建设用地使用权转让、互换、出资或者赠与的，附着于该土地上的建筑物、构筑物及其附属设施一并处分。第一百四十七条，建筑物、构筑物及其附属设施转让、互换、出资或者赠与的，该建筑物、构筑物及其附属设施占用范围内的建设用地使用权一并处分。

第二，在行政法规及国务院文件层面对资产移交的相关规定。

《国务院办公厅转发财政部 发展改革委 人民银行关于在公共服务领域推广政府和社会资本合作模式指导意见的通知》（国办发〔2015〕42号）规定，"项目资产移交时，要对移交资产进行性能测试、资产评估和登记入账，并按照国家统一的会计制度进行核算，在政府财务报告中进行反映和管理"。

第三，在部门规章及部委文件层面对资产移交的相关规定。

《基础设施和公用事业特许经营管理办法》（发展改革委、财政部等六部委令第25号）规定：①第三十一条，特许经营者应当按照技术规范，定期对特许经营项目设施进行检修和保养，保证设施运转正常及经营期限届满后资产按规定进行移交。②第三十八条，在特许经营期限内，因特许经营协议一方严重违约或不可抗力等原因，导致特许经营者无法继续履行协议约定义务，或者出现特许经营协议约定的提前终止协议情形的，在与债权人协商一致后，可以提前终止协议。特许经营协议提前终止的，政府应当收回特许经营项目，并根据实际情况和协议约定给予原特许经营者相应补偿。③第三十九条，特许经营期限届满终止或提前终止的，协议当事人应当按照特许经营协议约定，以及有关法律、行政法规和规定办理有关设施、资料、档案等的性能测试、评估、移交、接管、验收等手续。

《关于印发政府和社会资本合作模式操作指南（试行）的通知》（财金〔2014〕113号）中规定：①第三十二条，项目移交时，项目实施机构或政府指定的其他机构代表政府收回项目合同约定的项目资产。项目合同中应明确约定移交形式、补偿方式、移交内容和移交标准。移交形式包括期满终止移交和提前终止移交；补偿方式包括无偿移交和有偿移交；移交内容包括项目资产、人员、文档和知识产权等；移交标准包括设备完好率和最短可使用年限等指标。②第三十三条，项目实施机构或政府指定的其他机构应组建项目移交工作组，根据项目合同约定与社会资本或项目公司确认移交情形和补偿方式，制定资产评估和性能测试方案。项目移交工作组应委托具有相关资质的资产评估机构，按照项目合同约定的评估方式，对移交资产进行资产评估，作为确定补偿金额的依据。③第三十四条，社会资本或项目公司应将满足性能测试要求的项目资产、知识产权和技术法律文件，连同资产清单移交项目实施机构或政府指定的其他机构，办妥法律过户和管理权移交手续。社会资本或项目公司应配合做好项目运营平稳过渡相关工作。

《PPP项目合同指南》（财政部2014年）规定：①项目移交通常是指在项目合作期限结束或者项目合同提前终止后，项目公司将全部项目设施及相关权益以合同约定的条件和程序移交给政府或者政府指定的其他机构。②起草合同移交条款时，首先应当根据项目的具体情况明确项目移交的范围，以免因项目移交范围不明确造成争议。移交的范围通常包括：项目设施；项目土地使用权及项目用地相关的其他权利；与项目设施相关的设备、机器、装置、零部件、备品备件以及其他动产；项目实施相关人员；运营维护项目设施所要求的技术和技术信息；与项目设施有关的手册、图纸、文件和资料（书面文件和电子文档）；移交项目所需的其他文件。

《政府和社会资本合作项目通用合同指南（2014年版）》（发展改革委2014年）规定：①第四章，投资计划及融资方案。对于包含政府向社会资本主体转让资产（或股权）的合作项目，应在合同中明确受让价款及其构成。②第七章，本章重点约定政府向社会资本主体移交资产的准备工作、移交范围和标准、移交程序及违约责任等。本章适用于包含政府向社会资本主体转让或出租资产的合作项目。合同应对资产移交以下事项进行约定：移交范围，如资产、资料、产权等；进度安排；移交验收程序；移交标准，如设施设备技术状态、资产法律状态等；移交的责任和费用；移交的批准和完成确认；其他事项，如项目人员安置方案、项目保险的转让、承包合同和供货合同的转让、技术转让及培训要求等。③第九章，社会资本主体移交项目。本章重点约定社会资本主体向政府移交项目的过渡期、移交范围和标准、移交程序、质量保证及违约责任等。本章适用于包含社会资本主体向政府移交项目的合作项目。对于合作期满时的项目移交，项目合同应约定以下事项：移交方式，明确资产移交、经营权移交、股权移交或其他移交方式；移交范围，如资产、资料、产权等；移交验收程序；移交标准，如项目设施设备需要达到的技术状态、资产法律状态等；移交的责任和费用；移交的批准和完成确认；其他事项，如项目人员安置方案、项目保险的转让、承包合同和供货合同的转让、技术转让及培训要求等。

《政府和社会资本合作项目财政管理暂行办法》(财金〔2016〕92号)的规定包括：①第三十三条，各级财政部门应当会同行业主管部门做好项目资产移交工作。项目合作期满移交的，政府和社会资本双方应按合同约定共同做好移交工作，确保移交过渡期内公共服务的持续稳定供给。项目合同期满前，项目实施机构或政府指定的其他机构应组建项目移交工作组，对移交资产进行性能测试、资产评估和登记入账，项目资产不符合合同约定移交标准的，社会资本应采取补救措施或赔偿损失。项目因故提前终止的，除履行上述移交工作外，如因政府原因或不可抗力原因导致提前终止的，应当依据合同约定给予社会资本相应补偿，并妥善处置项目公司存续债务，保障债权人合法权益；如因社会资本原因导致提前终止的，应当依据合同约定要求社会资本承担相应赔偿责任。②第三十四条，各级财政部门应当会同行业主管部门加强对PPP项目债务的监控。PPP项目执行过程中形成的负债，属于项目公司的债务，由项目公司独立承担偿付义务。项目期满移交时，项目公司的债务不得移交给政府。

(二) PPP项目资产管理间接涉及的法律法规及规范性文件

1. PPP项目资产管理中资产形成问题间接相关的规定

第一，在法律层面关于资产形成的相关规定。

《公司法》的规定包括：①第三条，公司是企业法人，有独立的法人财产，享有法人财产权。公司以其全部财产对公司的债务承担责任。②第二十七条，股东可以用货币出资，也可以用实物、知识产权、土地使用权等可以用货币估价并可以依法转让的非货币财产作价出资；但是，法律、行政法规规定不得作为出资的财产除外。

第二，在部门规章及部委文件层面关于资产形成的相关规定。

《基础设施和公用事业特许经营管理办法》(发展改革委、财政部等六部委第25号令)第五条规定，"基础设施和公用事业特许经营可以采取以下方式：在一定期限内，政府授予特许经营者投资新建或改扩建、运营基础设施和公用事业，期限届满移交政府；在一定期限内，政府授予特许经营者投资新建或改扩建、拥有并运营基础设施和公用事业，期限届满移交政府；特许经营者投资新建或改扩建基础设施和公用事业并移交政府后，由政府授予其在一定期限内运营；国家规定的其他方式"。

《关于印发政府和社会资本合作模式操作指南(试行)的通知》(财金〔2014〕113号)规定，"社会资本可依法设立项目公司。政府可指定相关机构依法参股项目公司。项目实施机构和财政部门（政府和社会资本合作中心）应监督社会资本按照采购文件和项目合同约定，按时足额出资设立项目公司"。同时，113号文对PPP项目的相关模式进行了解释。"委托运营（Operations & Maintenance，O&M），是指政府将存量公共资产的运营维护职责委托给社会资本或项目公司，社会资本或项目公司不负责用户服务的政府和社会资本合作项目运作方式。政府保留资产所有权，只向社会资本或项目公司支付委托运营费。合同期限一般不超过8年。管理合同（Management Contract，MC），是指政府将存量公共资产的运营、维护及用户服务职责授权给社会资本或项目公司的项目运作方式。政府保留资产所有权，只向社会资本或项目公司支付管理费。管理合同通常作为转让—运营—移交的过渡方式，合同期限一般不超过3年。建设—运营—移交（Build-Operate-Transfer，BOT），是指由社会资本或项目公司承担新建项目设计、融资、建造、运营、维护和用户服务职责，合同期满后项目资产及相关权利等移交给政府的项目运作方式。合同期限一般为20—30年。建设—拥有—运营（Build-Own-Operate，BOO），由BOT方式演变而来，二者的区别主要是BOO方式下社会资本或项目公司拥有项目所有权，但必须在合同中注明保证公益性的约束条款，一般不涉及项目期满移交。转让—运营—移交（Transfer-Operate-Transfer，TOT），是指政府将存量资产所有权有偿转让给社会资本或项目公司，并由其负责运营、维护和用户服务，合同期满后资产及其所有权等移交给政府的项目运作方式。合同期限一般为20—30年。改建—运营—移交（Rehabilitate-Operate-Transfer，ROT），是指政府在TOT模式的基础上，增加改扩建内容的项目运作方式。合同期限一般为20—30年"。

《PPP项目合同指南》（财政部2014年）的规定包括：①本指南所称社会资本方是指与政府方签署PPP项目合同的社会资本或项目公司。本指南所称的社会资本是指依法设立且有效存续的具有法人资格的企业，包括民营企业、国有企业、外国企业和外商投资企业。②社会资本是PPP项目的实际投资人。但在PPP实践中，社会资本通常不会直接作为PPP项目的实施主体，而会专门针对该项目成立项目公司，作为PPP项目合同及项目其他相关合同的签约主体，负责项目具体实施。③项目公司是依法设立的自主运营、自负盈亏的具有独立法人资格的经营实体。项目公司可以由社会资本（可以是一家企业，也可以是多家企业组成的联合体）出资设立，也可以由政府和社会资本共同出资设立。但政府在项目公司中的持股比例应当低于50%，且不具有实际控制力及管理权。④在某些情况下，为了更直接地参与项目的重大决策、掌握项目实施情况，政府也可能通过直接参股的方式成为项目公司的股东（但政府通常并不控股和直接参与经营管理）。在这种情形下，政府与其他股东相同，享有作为股东的基本权益，同时也需履行股东的相关义务，并承担项目风险。

2. PPP项目资产管理中资产运营问题间接相关的规定

《公司法》的规定有：①第七十一条，有限责任公司的股东之间可以相互转让其全部或者部分股权。股东向股东以外的人转让股权，应当经其他股东过半数同意。股东应就其股权转让事项书面通知其他股东征求同意，其他股东自接到书面通知之日起满三十日未答复的，视为同意转让。其他股东半数以上不同意转让的，不同意的股东应当购买该转让的股权；不购买的，视为同意转让。公司章程对股权转让另有规定的，从其规定。②（股份有限公司）第一百三十七条，股东持有的股份可以依法转让。第一百三十八条，股东转让其股份，应当在依法设立的证券交易场所进行或者按照国务院规定的其他方式进行。

《最高人民法院关于适用〈中华人民共和国担保法〉若干问题的解释》第五十三条规定，"学校、幼儿园、医院等以公益为目的的事业单位、社会团体，以其教育设施、医疗卫生设施和其他社会公益设施以外的财产为自身债务设定抵押的，人民法院可以认定抵押有效"。

二、PPP项目资产管理相关法律法规中存在的主要问题

PPP作为一种国家大陆推广的提供公共产品和公共服务的新型和重要的方式，在实践中必须有明确的法律法规予以保障。细数我国对于PPP实践的相关规定，不是太少而是太多太杂。从正式推行PPP以来出台规定的情况来看，没有弥补在法律层级上专门针对PPP项目具体规定的缺失，而只是在部门规章和其他规范性文件层面进行"缝缝补补"，不仅不利于PPP项目实践的推进，反而为其增加了不必要的困扰。

（一）相关规定的法律层级较低且规定不具体

从法律层级上看，我国关于PPP项目资产管理的主要条款集中在财政部、国家发展改革委、交通部等相关部委的部门规章或者其他规范性文件中，而在行政法规或者更高层级的法律层面较少。由于各部委规章或者其他规范性文件具有同等的法律效力，而各部委有自己的行政体系，这使得地方政府、地方政府部门、社会资本等相关主体在适用时没有明确的依据，容易出现文件打架的状况。

行政法规层面关于PPP项目资产管理的规定是缺失的，代之以国务院或国务院办公厅的规范性文件。这些规范性文件不仅数量较少，规定比较笼统，而且在约束力和法律效力上远远不足。

法律层面的规定基本都是间接性的借鉴《物权法》《担保法》《公司法》《土地管理法》等现行法律，但由于PPP项目的特殊性，相关法律在适用时不能有直接有力的依据，不能妥善处理实践中的问题。

（二）对PPP项目资产基础概念模糊产权界定不清

PPP项目资产管理的基础是概念的界定，核心是产权的划分。PPP在我国属于新事物，政府、企业、社会从不同的角度对其不同的认识，但基础概念应该是统一和清晰的。PPP项目资产的概念在相关法律法规以及规定性文件中并没有统一的认识，对PPP项目资产和PPP项目公司资产等概念界定模糊。在《国务院办公厅转发财政部　发展改革委　人民银行关于在公共服务领域推广政府和社会资本合作模式指导意见的通知》（国办发〔2015〕42号）、《基础设施和公用事业特许经营管理办法》（发展改革委、财政部等六部委第25号令）、《财政部关于印发政府和社会资本合作项目财政承受能力论证指引》的通知（财金〔2015〕21号）等均使用的是"资产转移"的表述，但对于在PPP项目合同期满或者特许经营期满后是移交的资产是"PPP项目资产"还是"PPP项目公司资产"没有明确的说明。

对于什么是PPP项目资产，其范围是什么，产权如何归属，其与PPP项目公司资产的关系等都没有明确的说明。在实践中，PPP项目合同对资产移交的规定采用的是列举法，通过对资产移交范围进行列举来界定资产移交，这对于清晰界定产权关系不是长久之计。

这些问题主要集中于PPP项目资产的形成和移交两个阶段。首先是对于什么是PPP项目资产这一基本问题缺少明确的认识和界定。在相关文件中多是以"项目资产"这一表述，但是项目资产并不是一个规范的概念，在不同的情形下有着不同的解释。《基础设施和公用事业特许经营管理办法》《市政公用事业特许经营管理办法》等将项目资产主要锁定为项目设施，要求明确"设施权属"，并做好"项目及资产的移交"，但在财政部的《PPP项目合同指南》中要求"明确约定项目全生命周期内相关资产和权益的归属"，在国家发改委的《政府和社会资本合作项目通用合同指南（2014年版）》中要求在项目合同中界定"项目资产权属，明确合作各阶段项目有形及无形资产的所有权、使用权、收益权、处置权的归属"，项目资产的范围明显较"项目设施"扩大许多。在项目移交阶段，财政部发布的《PPP项目合同指南》将资产移交的范围进一步扩大为"项目设施；项目土地使用权及项目用地相关的其他权利；与项目设施相关的设备、机器、装置、零部件、备品备件以及其他动产；项目实施相关人员；运营维护项目设施所要求的技术和技术信息；与项目设施有关的手册、图纸、文件和资料（书面文件和电子文档）"。

由于对项目资产的范围没有一个较为统一和明确的界定，造成对项目资产的产权界定和资产移交以合同约定内容为依据，进而使得同为 PPP 项目，但项目资产的范围和归属却千差万别，缺乏可比性。这也为 PPP 项目资产的运营和产权流转埋下了一定的风险。

（三）PPP 项目公司的组织形式没有明确规定

PPP 项目公司是为了推进 PPP 项目实施专门设立的关键载体，具有极其重要的作用。在相关法律法规以及规范性文件中规定，社会资本实施 PPP 项目可以组建也可以不组建 PPP 项目公司。但在实践中，各方均衡利弊，一般都会组建 PPP 项目公司。PPP 项目公司应该采取什么样的组织形式对于 PPP 项目公司的运行是十分重要的。在目前的相关规定中，并没有对 PPP 项目公司的组织形式进行规定和明确，而是仅仅将其界定为"企业法人"。具体来说，《PPP 项目合同指南》（财政部 2014 年）只规定"项目公司是依法设立的自主运营、自负盈亏的具有独立法人资格的经营实体。项目公司可以由社会资本（可以是一家企业，也可以是多家企业组成的联合体）出资设立，也可以由政府和社会资本共同出资设立。但政府在项目公司中的持股比例应当低于 50% 且不具有实际控制力及管理权"。作为企业法人的经营实体有多种组织形式，不同组织形式下资产的管理不同，应该予以限制和明确，将 PPP 项目资产管理的风险进一步降低。

（四）PPP 项目设施产权的归属存在法律冲突

通过 PPP 模式提供公共产品和公共服务往往需要建设基础设施，这也是 PPP 项目最大的资产构成。基础设施的产权归属在 PPP 项目资产的产权关系中占据绝对重要的地位。

基础设施属于不动产的一种，但具有特殊性。在原来的政府投资模式下，基础设施由政府投资建设，其所有权也理所当然归属于国家所有，不存在冲突。但在 PPP 模式下，基础设施由社会资本方或者项目公司建设，其产权的归属，尤其是其所有权的归属在实践中存在法律适用冲突。

《物权法》第三十条、第一百四十二条对不动产所有权原始取得的规定是"因合法建造、拆除房屋等事实行为设立或者消灭物权的，自事实行为成就时产生效力"，"建设用地使用权人建造的建筑物、构筑物及其附属设施的所有权属于建设用地使用权人，但有相反证据证明的除外"。据此规定，PPP 项目设施如果仅作为"不动产",其所有权应该归属于PPP项目公司。

但由于PPP项目设施不是普通的不动产,而大多是具有公益属性的基础设施,其所有权的归属就不确定了。《物权法》第四十一条规定,"法律规定专属于国家所有的不动产和动产,任何单位和个人不能取得所有权"。第五十二条规定,"国防资产属于国家所有。铁路、公路、电力设施、电信设施和油气管道等基础设施,依照法律规定为国家所有的,属于国家所有"。PPP项目设施如果属于上述基础设施则应该归属于国家所有,而不能为项目公司所有。

如前所述,对于PPP项目资产的产权归属,主要是所有权的归属往往在项目合同中进行约定。不论在那种情形下,PPP项目设施总是属于PPP项目资产的一部分,其产权归属也会在项目合同中约定。这种约定是否构成《物权法》原始取得规定中的"相反证据",会影响PPP项目设施所有权的界定。在物权法释义中对此作了肯定的解释,认为合同约定可以被认为是相反的证据,但仍然有争议。

(五)社会资本退出机制需要进一步立法明确

社会资本方的退出机制安排已经纳入为国家和各部委关于PPP机制的应有内容,列入PPP合同管理和文本的重要组成部分,成为PPP合同的关键环节之一,并提出了退出机制的框架性要求。但地方政府及政府部门的指导意见或实施意见中,偏重于非正常情形下的临时接管等,对正常情形下社会资本方的退出方面仍然缺少规范和细化。在合同指南中,政府方的股权变更限制豁免和单方审核权的条款,无疑增加了社会资本方退出安排的难度。实践中,受上述规定的影响,存在着PPP合同法律关系下的社会资本方退出退化为变相的政府方审批权、社会资本方多以非正常方式退出等问题。

(六)PPP项目资产管理中的国有资产保护问题缺少合理规定

如前所述,PPP项目资产管理的基础概念存在混乱,产权归属界定模糊不清,这不仅仅会影响到社会资本的积极性,而且也会对国有资产的保护提出严峻考验。

在目前的法律法规及规范性文件中,涉及PPP项目下国有资产的保护的是:《政府和社会资本合作项目财政管理暂行办法》第二十九条规定,"各级财政部门应会同相关部门加强PPP项目涉及的国有资产管理,督促项目实施机构建立PPP项目资产管理台账。政府在PPP项目中通过存量国有资产或股权作价入股、现金出资入股或直接投资等方式形成的资产,应作为国有资产在政府综合财务报告中进行反映和管理。"第三十条规定,"存量PPP项目中涉及存量国有资产、股权转让的,应由项目实施机构会同行业主管部门和财政部门按照国有资产管理相关办法,依法进行资产评估,防止国有资产流失"。但是具体的操作没有明确规定。而现行的国有资产管理的相关规定,对于 PPP 项目并不能完全适用。这也使得在实践中许多地方"弹性"执行规定存在两难局面。

第二节　PPP 项目资产管理典型案例分析

当制度和规定有缺失时,实践中的案例是最好的探索和借鉴。新沂市污水处理厂改扩建项目对项目资产产权的归属处理和广州西朗污水对资产移交的处理对创新 PPP 项目资产管理思路有着很好的启发。

一、PPP 项目资产管理中资产形成问题的典型案例

新沂市污水处理厂改扩建项目[①]综合了两个存量项目资产的处理,其在资产形成阶段对产权的归属有较为明晰的约定。

(一)新沂市污水处理厂改扩建项目的实践概述

新沂市污水处理厂改扩建项目包括新沂市城市污水处理厂提标改造工程和经济开发区污水处理厂二期扩建工程两个部分。项目纳入 PPP 运作范围的主要包括设计工程规模为 7.0 万立方米/日的城市污水处理厂提标改造工程的投资、建设与运营以及经济开发区污水处理厂二期扩建工程的投资、建设与一、二期运营。

政府与社会资本合作方投资共同成立 PPP 项目公司,按股权比例分享收益。政府方以经济开发区污水处理厂存量资产作价出资,占股 49%,并将城市污水处理厂存量资产以应收债权的形式投资注入项目公司。社会资本以现金形式出资,占股 51%。该污水厂改扩建项目总投资中包含划拨土地的价值,项目公司成立后,政府将土地划拨至项目公司名下。经过与国土等相关部门的沟通,政府方同意在项目公司成立后四个月内,将项目用地使用权办理至项目公司名下,项目公司无需承担土地划拨相关费用,只需依法承担划拨用地使用期间的相关税费。

特许经营期满后,项目公司应向新沂市住建局无偿移交完好的项目设施、技

[①] 案例来源于南京卓远资产管理有限公司。

术设备及运营资料等全部资产及其全部权益。

(二) 新沂市污水处理厂改扩建项目的经验借鉴

新沂市污水处理厂改扩建项目是一个存量 PPP 项目。城市污水处理厂和经济开发区污水处理厂都是存在的实体项目，其在改造或扩建阶段引入 PPP 模式。该项目对两个存量资产的产权的处理是不同的。

对于开发区污水处理厂的存量资产，政府方通过作价入股的方式，将该部分存量资产的所有权转移给项目公司。项目公司取得了该部分资产的所有权。

而对于城市污水处理厂的存量资产，政府方并没有将其所有权转移给项目公司，而是将存量资产以"应受债权"的形式向项目公司注资。也就是说，项目公司并不拥有该存量资产的所有权，而是拥有使用权。在资产方计入资产的同时，在负债方计入长期负债，而不是计入所有者权益。

在 PPP 项目合同期满后，PPP 项目公司将资产进行移交，移交资产为"项目设施、技术设备及运营资料等全部资产及其全部权益"，移交对象为"新沂市住建局"，移交方式为"无偿移交"。

(三) 新沂市污水处理厂改扩建项目的案例点评

新沂市污水处理厂改扩建项目的创新之处在于对同样都是政府所有存量资产，在进行 PPP 项目运作中在产权归属上作出了不同的处理方式。这为处理 PPP 项目资产，尤其是项目设施的产权归属提供了一个好的思路。

政府方对于存量资产可以转移所有权，成为项目公司的股东，也可以不转移所有权只转移使用权，成为项目公司的债权人。

对于新建的 PPP 项目，该方式也不失为一种好的办法。项目设施的所有权可以归政府所有，但项目公司通过负债的形式拥有使用权。项目设施的所有权也可以归项目公司所有，政府以此入股，享有股权。

但该案例中对于什么是项目资产也没有明确的界定，重点还是放在了项目实施上。

二、PPP 项目资产管理中的项目资产移交问题的典型案例

广州西朗污水处理项目[①]在项目资产管理中对于项目资产的移交范围较大，直接将项目公司的资产进行了移交。

---

① 案例来源于《现代投资咨询》。

（一）广州西朗污水处理项目的实践概述

西朗污水处理厂位于广州市芳村区南部，是广州市政府为保护珠江，控制及减少对珠江的污染而鼓励兴建的 4 个污水处理厂之一，是广东省重点市政基础设施建设项目。西朗项目于 1998 年启动，2003 年建成，2007 年宣布全面启用。

西朗污水处理项目属于新建项目，项目建设内容包括西朗污水处理厂、截污干管及沿线 4 个泵站。该项目的项目资产是污水处理资产，资产运营具有收费机制，收费机制具有长期稳定性，故该项目具有可经营性，属于准经营性项目。

广州隧道开发公司与美国莱姆纳国际有限公司于 1993 年 3 月 6 日签订了协议书，在可行性研究获准通过后，在中国组建了广州莱姆纳西朗污水处理建设管理有限公司。

美国泰科亚洲投资有限公司获得西朗污水处理厂 17 年的特许经营权，项目于 1998 年启动，共 23 年 BOT 转让期，前 3 年为项目准备期，第二个三年为项目实体建设期，后 17 年为运营期。项目公司需要在 17 年内将主要设备更新一遍，以保证交付后污水处理设施能更持久的运营。

在 17 年商业运行期满以后，项目公司所有资产将无偿移交给政府方或其代表，包括西朗项目运行过程积累下来的专有技术、保密资料、设计资料、财务资料和发明的使用权等。向政府方移交的西朗项目资产不应存在任何抵押、担保、留置等障碍或负担。在移交发生前两年，中外双方将讨论公司资产移交程序；在移交前六个月，双方将对资产清单和移交方法进行友好协商。所有需移交资产均需处于良好的运行状态，并不得成为政府方继续经营该项目的负担。

（二）广州西朗污水处理项目的经验借鉴

广州西朗污水处理项目属于典型的 BOT 项目，PPP 项目资产即"污水处理资产"属于 PPP 项目公司"广州莱姆纳西朗污水处理建设管理有限公司"所有。该项目公司为中外合作经营公司。但是，在 23 年的合同期满后，项目公司移交的资产是"项目公司所有资产"，移交方式是"无偿移交"，移交对象是"政府方或其代表"，并且约定包括了"西朗项目运行过程积累下来的专有技术、保密资料、设计资料、财务资料和发明的使用权等"。所移交的资产明显已经超出了在资产形成时所界定的项目资产，是 PPP 项目公司资产。

（三）广州西朗污水处理项目的案例点评

广州西朗污水处理项目在资产的移交中将所需移交资产的范围直接界定为项目公司的所有资产，这种做法有利有弊。其利在于保证了通过 PPP 项目提供公共产品和公共服务的连续性，在期满移交给政府后完全为政府所有，不再涉及项目公司。其弊在于对于将 PPP 项目公司资产与 PPP 项目资产等同，对于社会资本的保障度降低。此外，PPP 项目公司资产的整体移交在法律操作上也存在一定的障碍。

第三节　PPP 项目资产管理疑难问题解答

PPP 项目资产管理在实践中面临许多需要解决的问题，法律法规及规范性文件的规定难以满足实践的需要。在法律法规规定没有补足的情况下，PPP 项目各个参与方要尽可能地保护自己的权益，降低 PPP 项目运行的风险，共同推动 PPP 项目顺利开展。立法者应理清思路，尽快出台统一规范、符合 PPP 项目特殊性和实践需要的法律法规。

一、PPP 项目资产管理中资产概念的问题解答

PPP 项目资产，是 PPP 项目资产管理中的一个基本概念。如何理解 PPP 项目资产与 PPP 项目公司资产是进行资产管理的前提之一。

从法理角度上来说，PPP 项目资产并不是一个法律上的概念，而 PPP 项目公司作为企业法人，与其相对应的 PPP 项目公司资产是一个法律上的概念，有明确的法律法规和会计制度予以规范。

从实践层面来说，PPP 项目资产往往和 PPP 项目公司资产相混淆，这其中有多方面的原因，比如 PPP 项目的公共性等。PPP 项目资产是明确的，依照《公司法》和《企业会计准则》等相关规定可以界定，但对于 PPP 项目资产在目前没有专门立法的情况下，政府方和社会资本方应该在资产形成时就予以约定。因为 PPP 合同是民事合同，合同双方可以在不违反法律法规的条件下，对有关事项进行约定。PPP 项目资产的界定属于对 PPP 项目公司资产的约定分类，因此双方可以就相关资产进行分类界定。

二、PPP 项目资产管理中资产产权归属的问题解答

PPP 项目资产产权的归属主要是资产所有权的归属，而这其中由以项目设施所有权的归属最为关键。

（一）如何确定 PPP 项目资产的所有权归属

对于 PPP 项目的所有权归属不能一概而论，要具体情况具体分析。PPP 项

的所有权归属与项目选择的具体 PPP 模式、项目双方转移物权时的约定等密切相关。

《物权法》是目前确定 PPP 项目资产所有权的最高法律文件。基本的规则就是"不动产物权的设立、变更、转让和消灭，应当依照法律规定登记。动产物权的设立和转让，应当依照法律规定交付"。

例如，就建设用地使用权来说，项目公司依法取得土地使用权，或者政府方将土地使用权依法转让给项目公司并进行登记后，项目公司即取得该土地使用权，该土地使用权当然也就成为项目公司的资产，至于该土地使用权是否属于 PPP 项目资产，则应该依照 PPP 项目合同的约定来判别。

（二）如何确定 PPP 项目设施所有权的归属

基础设施在 PPP 项目中属于特殊的一类资产，对其所有权的界定既会涉及一般 PPP 项目资产所有权界定的规则，又要考虑其特殊性带来的法律冲突。

《物权法》第五十二条规定，国防资产属于国家所有。铁路、公路、电力设施、电信设施和油气管道等基础设施，依照法律规定为国家所有的，属于国家所有。这里的基础设施应该作缩小解释，即基础设施涉及国家安全，属于国防资产，并依照法律属于国家所有的，才依照第四十一条"法律规定专属于国家所有的不动产和动产，任何单位和个人不能取得所有权"之规定，明确为绝对的国家所有。其他基础设施应该依照物权法、公司法等相关规定，确认所有权。也就是说，项目公司可以依法取得这些基础设施的所有权。

但是，就目前的实践情况来看，一般都会在项目合同中约定以项目基础设施为主的项目资产的产权归属。该约定一般被认为是构成了对项目公司当然取得所有权的相反证据。在当前法律法规对此规定缺失的情况下，通过约定对项目设施、项目资产的产权归属进行明确是比较安全的做法。

三、PPP 项目资产管理中国有资产保护问题解答

国有资产的保护是 PPP 项目资产管理中无处不在的红线。加强国有资产保护，各级政府部门是主角，也需要其他主体的配合。

在实践中，其一，要以《政府和社会资本合作项目财政管理暂行办法》为依据进行财政管理。对于其中加强国有资产管理的规定要执行到位。

其二，要遵循国有资产相关的法律法规及规范性文件，如若遇到规定与实践的冲突，要及时和政府方以及政府国有资产管理部门进行协商，不可随意处置。

其三，在现行法律法规及规范性文件下，要通过现代公司管理方式，加强国

有资产保护。根据《公司法》，公司的表决权和分红权可以不按同股同权、同股同利处理，而由公司章程进行约定。鉴于 PPP 项目的特殊性，项目公司的管理应由社会资本主导，约定由社会资产进行 PPP 项目公司管理，同时约定国有资本享有"否决权"，以保护国有资产。

其四，在加强国有资产保护的同时，一定要保障社会资本方的合法权益。在 PPP 项目中，各方的法律地位是平等的伙伴关系，保护国有资产重在防风险。如果减少国有资产流失风险而损害社会资本的合法权益，如对社会资本进行过分限制，将挫伤社会资本的积极性。

其五，创新国有资产的保护方式，寻找 PPP 项目资产管理中处理社会资本保护和国有资产保护的平衡点。通过政府经管资产的方式来对 PPP 项目资产进行管理，并加强国有资产的保护，维护社会公众的利益不失为一种好的方向，但具体的办法还需要财政部门进行研究制定。

第十章　PPP 项目税收相关法律法规分析

虽然现行税收政策体系对公共基础设施和公共服务领域已经给予了一系列优惠政策，但 PPP 模式涉及的范围较广，可能会产生额外增加的税收负担。合理规范地进行税收筹划，可以降低 PPP 项目成本，使公众能以更低的价格享受更优质的公共产品和服务。本章将从现有的 PPP 税收政策出发，分析项目实施过程中出现的问题，并结合案例进行分析解答。

第一节　PPP 项目税收涉及的法律法规及存在的主要问题

PPP 项目税收涉及的法律法规众多，包括法律、行政法规、部门规章、地方政策等多层级。由于我国多部税法仍处于立法阶段，中央和地方政策不统一等原因，PPP 项目税收存在一定的问题。本节通过梳理相关重要的政策法规，归纳总结存在的问题。

一、PPP 项目税收涉及的法律法规及规范性文件

PPP 项目税收涉及企业所得税、增值税等多个税种，目前已有多个层级的文件规范，以下将影响 PPP 项目税收的文件进行梳理和分类。

（一）PPP 项目税收直接涉及的法律法规及规范性文件

1. 在法律层面的相关规定

根据《中华人民共和国企业所得税法》第二十七条第二款、第三款，《中华人民共和国企业所得税法实施条例》第八十七条，《财政部　国家税务总局关于执行公共基础设施项目企业所得税优惠目录有关问题的通知》，《国家税务总局关于实施国家重点扶持的公共基础设施项目企业所得税优惠问题的通知》和《财政部　国家税务总局关于公共基础设施项目和环境保护节能节水项目企业所得税优惠政策问题的通知》的规定，投资企业从事《公共基础设施项目企业所得税优惠目录》规定的港口码头、机场、铁路、公路、城市公共交通、电力、水利等项目，从事公共污水处理、公共垃圾处理、沼气综合开发利用、节能减排技术改造、海水淡化等符合条件的环境保护、节能节水项目的所得，自项目取得第一笔生产经营收入所属纳税年度起，第一年至第三年免征企业所得税，第四年至第六年减半征收企业所得税。

2. 行政法规及国务院文件层面的相关规定

(1)《关于在公共服务领域推广政府和社会资本合作模式指导意见的通知》(国办发〔2015〕42号)的相关规定

通知第五章的第二十一条中规定，完善财税支持政策，落实和完善国家支持公共服务事业的税收优惠政策，公共服务项目采取政府和社会资本合作模式的，可按规定享受相关税收优惠政策。

(2)《关于资源综合利用及其他产品增值税政策的通知》(财税〔2008〕156号)的相关规定

通知规定：①垃圾处理、污泥处理处置劳务免征增值税。②先征后返政策：自2015年7月1日起污水处理劳务、再生水劳务，征收增值税，后返还70%。③即征即退政策：销售以垃圾为燃料生产的电力或者热力，销售自产的电力或热力，即征即退100%；销售以煤矸石、煤泥、石煤、油母页岩为燃料生产的电力和热力，即征即退50%。

3. 部门规章及部委文件层面的相关规定。

(1)《关于资源综合利用及其他产品增值税政策的通知》(财税〔2008〕156号)的相关规定

通知对销售特定类别自产货物实行免征增值税政策、对污水处理劳务免征增值税、对销售特定类别自产货物实行增值税即征即退的政策、销售特定类别自产货物实现的增值税实行即征即退50%的政策作出详细规定。

(2)《关于在公共服务领域深入推进政府和社会资本合作工作的通知》(财金〔2016〕90号)的相关规定

通知第十条规定，进一步加大财政扶持力度。各级财政部门要落实好国家支持公共服务领域 PPP 项目的财政税收优惠政策，加强政策解读和宣传。

（二）PPP 项目税收间接涉及的法律法规及规范性文件

1. 在法律层面的相关规定

（1）《中华人民共和国预算法》的相关规定

《预算法》第五十五条规定，预算收入征收部门和单位，必须依照法律、行政法规的规定，及时、足额征收应征的预算收入。不得违反法律、行政法规规定，多征、提前征收或者减征、免征、缓征应征的预算收入，不得截留、占用或者挪用预算收入。

PPP 的财政补贴是政府的一项支出，应该纳入预算管理，并且只有《预算法》将其纳入预算管理，进行预算审批，才使财政补贴是有法律依据的；如果只是政府承诺给予补贴，则在法律效力上存在瑕疵，在最终的兑现上也存在风险。

（2）《土地法》的相关规定

土地法第五十五条规定，以出让等有偿使用方式取得国有土地使用权的建设单位，按照国务院规定的标准和办法，缴纳土地使用权出让金等土地有偿使用费和其他费用后，方可使用土地。自本法施行之日起，新增建设用地的土地有偿使用费，百分之三十上缴中央财政，百分之七十留给有关地方人民政府，都专项用于耕地开发。

2. 行政法规及国务院文件层面的相关规定

《耕地占用税暂行条例》的相关规定

条例规定，对于铁路线路、公路线路、飞机场跑道、停机坪、港口、航道占用耕地，减按每平方米 2 元的税额征收耕地占用税。根据实际需要，国务院财政、税务主管部门经国务院有关部门并报国务院批准后，可以对前款规定的情形免征或者减征耕地占用税。

3. 部门规章及部委文件层面的相关规定

（1）《关于印发〈法治财政建设实施方案〉的通知》（财法〔2016〕5 号）的相关规定

通知规定，优化财政支出结构，修正不可持续的支出政策，调整无效和低效支出，腾退重复和错位支出。建立库款管理和转移支付资金调度挂钩机制。创新财政支出方式，引导社会资本参与公共产品提供，使财政支出保持在合理水平，将财政赤字和政府债务控制在可承受范围内，确保财政的可持续性。

（2）《关于支持农村饮水安全工程建设运营税收政策的通知》（财税

〔2012〕30号）的相关规定

通知第六条规定，对于既向城镇居民供水，又向农村居民供水的饮水工程运营管理单位，依据向农村居民供水收入占总供水收入的比例免征增值税；依据向农村居民供水量占总供水量的比例免征契税、印花税、房产税和城镇土地使用税。无法提供具体比例或所提供数据不实的，不得享受上述税收优惠政策。

二、PPP项目税收相关法律法规中存在的主要问题

目前，我国现行的有效税种为18个，但只有3部实体税收法律，其他税种都是由国务院制定暂行条例开征。对于PPP项目，税收的法律法规存在税收优惠、资产摊销、重复征税等问题。

（一）对于PPP项目税收中的税收优惠问题尚未法律法规规范

PPP项目涉及公共利益，其服务价格通常受到限制，导致收益不能满足社会资本方的要求，因此政府会采取税收优惠的方式来激励社会资本方。税收的高低及变化可以直接影响到PPP项目的财务，进而影响到项目的可持续发展。

目前，仍没有统一的法律法规对PPP模式能享受到哪些明确的税收优惠政策，这给PPP实施过程中的税务处理造成一定问题。例如，《关于在公共服务领域推广政府和社会资本合作模式指导意见的通知》第二十一项规定："落实和完善国家支持公共服务事业的税收优惠政策，公共服务项目采取政府和社会资本合作模式的，可按规定享受相关税收优惠政策"。随着PPP模式日益普及，分布于多个税种的间接条款已经无法满足社会资本的要求。

（二）对于PPP项目税收中的资产摊销问题尚未法律法规规范

PPP项目通常长达10—30年，其资产摊销方法和年限会影响到项目的利润。例如，实施"营改增"后，建筑安装业中的项目公司属于一般纳税人，将从工程总包方得到增值税专用发票，可以作为增值税进项。在回收工程投资前，项目公司可以凭着大数量的增值税进项，基本不用交增值税。

但是，部分行业已享受现有增值税税收优惠政策，如污水处理劳务和对垃圾处理、污泥处理处置劳务免征增值税，新的政策没有太多作用。因为这些行业没有销项税，从而进项税资产无法利用，巨大的进项税还是要在特许权期间摊销进当期成本费用。如果对部分投资收益低、回收期长的项目实行进项税退税，可以提高社会资本投入的积极性。

（三）对于PPP项目税收中的财政补贴纳税问题尚未法律法规规范

PPP项目的整体税费，包括该项目全生命周期的各种税收、行政事业性收费

和政府性基金等。《企业所得税法》第七条明确规定了三种类型的收入为不征税收入：一是财政拨款；二是依法收取并纳入财政管理的行政事业性收费、政府性基金；三是国务院规定的其他不征税收入。因此，社会资本在 PPP 项目中获得的各种财政补贴，税务部门也可能将其视同收入，缴纳企业所得税，这样可能会导致社会资本向政府寻求更多补贴，形成一种恶性循环。

（四）对于 PPP 项目税收中的股息分红征税问题尚未法律法规规范

PPP 项目公司通常采用有限责任公司的形式，股东获得分红的比例与持股比例相一致。根据《企业所得税法》的规定，中国居民企业股东从被投资的另一个居民企业获得的股息红利是免税所得。在实际运作中，因 PPP 项目收益率普遍较低，为了提高社会资本方的收益，政府会与社会资本方通过协议约定，使社会资本获得的分红比例高于其持股比例。在出现超比例分红的问题时，既可以将其认为是项目公司的免税的股息红利，也可以认定为源于政府的应税的偶然所得。目前还没有统一的法律法规对 PPP 项目的超比例分红问题作出规定。

（五）对于 PPP 项目税收中的资产转移征税问题尚未法律法规规范

TOT（转让—运营—移交）模式指政府将存量资产所有权有偿转让给社会资本或项目公司，并由其负责运营、维护和用户服务，合同期满后资产及其所有权等移交给政府的项目运作方式。在项目实施过程中，项目实施机构出于保护基础设施资产安全性等因素的考虑，坚持保留项目资产的所有权，而仅转让项目经营权。由于经营权在我国现有法律体系中并未有明确对应的法律概念，税费的适用等均无法可依，难以明确界定。实际操作中，税务机关会将经营权转让在税法上按"资产租赁"缴税。而以此方式所计算出的税收金额会很高，如全部由项目公司承担，也必将推高服务价格。

第二节 PPP 项目税收典型案例分析[①]

本节将通过某公司的税收筹划案例（见表 10-1），为社会资本方在实施 PPP 项目过程中提供参考，以实现合理合规处理税收问题，降低成本，提高收益。

---

① 德勤税务师事务所北京分所：《公私合伙制（PPP）项目的税务管理及税收筹划》。

表 10 – 1　　　　　　　某市高速公路 PPP 项目概况

项目概况	某省高速公路，路长 50km
建设模式	BOT
总概算	RMB305000 万
法律形式	公司型结构： 2010 年成立"××省高速公路投资有限公司" 为由某国有企业组建的 BOT 性质的项目法人公司 与政府签订特许权经营协议，负责项目的前期运作、融资、建设、运营、移交等任务
资金来源	自有资金与银行贷款（45%/55%） 其中银行贷款为 30.9 亿元

PPP 项目全流程下合理地税务筹划，能有效降低公司成本，降低投资项目的整体预算，有利于企业赢得更多 PPP 项目，提升企业核心竞争力。要把税务筹划纳入 PPP 项目的顶层设计中进行综合考虑，将 PPP 项目模式与税务筹划有机结合起来，优化公司的税务管理，最大限度地降低公司整体税负，提高投资回报率，提高企业未来运营的投资回报。

一、某市高速公路项目论证及招标阶段税务问题分析

在 PPP 项目论证及招标阶段，税务问题的处理对于吸引社会资本参与，保障 PPP 项目顺利进行有基础性的意义。

（一）减小税负转嫁对项目公司的影响

项目相关方可能通过各种渠道将其税负转移给项目公司，从而导致项目公司的税负提高，利润减少。项目公司可以通过以下 3 种方式减小成本：

（1）在采购或销售合同中明确税款的承担方；

（2）如项目公司为增值税一般纳税人，在选择供应商时也应选择增值税一般纳税人，以争取抵扣；

（3）积极争取税收优惠政策和财政补贴。

（二）减少通胀对项目公司的影响

由于 PPP 的项目持续时间通常长达 10 年以上，项目公司应该充分考虑通货膨胀对项目公司收益的影响：

（1）根据通货膨胀率，调整项目总税负，准确计算项目收益率；

(2) 综合税负现值，调整税收筹划方案，达到税负最优化；

(3) 选择合适的股东贷款或注册资本；

(4) 选择不同的融资主体。

（三）股东贷款和注册资本对整体税负的影响

1. 以注册资本的形式向项目公司注资（见表10-2）

表 10-2　　　　　　　　　　　　　　　　　　　　　　　　　　单位：万元

公司	项目		金额
BOT 公司	税前利润	①	2000
	所得税	② = ① × 25%	500
	税后利润	③ = ① - ②	1500
股东	分配到股东的股息	④ = ③	1500
	应交所得税	⑤	0
	最终利润	⑥ = ④ - ⑤	1500
整体税负		⑦ = ② + ⑤	500

2. 以股东形式贷款注资（见表10-3）

表 10-3　　　　　　　　　　　　　　　　　　　　　　　　　　单位：万元

公司	项目		金额
BOT 项目公司	税前利润	①	2000
	减去：利息	②	1000
	税前利润	③ = ② - ①	1000
	所得税	④ = ③ × 25%	250
	税后利润	⑤ = ③ - ④	750
股东	分配到股东的股息	⑥	750
	分配到股东的利息	⑦ = ②	1000
	应交营业税	⑧ = ② × 5%	50
	应交所得税	⑨	0
	最终利润	⑩ = ⑥ + ⑦ - ⑧	1700
整体税负		⑪ = ④ + ⑧ + ⑨	300

二、某市高速公路项目商业谈判及启动阶段税务问题分析

PPP 项目在谈判及启动阶段的税务处理对于明确项目参与各方的权责利有重要的影响，对于保障 PPP 项目平稳运行和 PPP 项目公司权益有积极的意义。

（一）PPP 项目的组织形式（见表 10-4）

表 10-4

比较	分公司	子公司
税务因素	1. 总分公司盈亏可以互相弥补 2. 由于母公司业务活动多元化，可申请多类型的税收优惠政策	1. 母子公司盈亏不能税前弥补 2. 可以独立申请全国或区域性税收优惠政策
其他	无法通过有效的关联交易安排来合理地转移税前利润，集团的整体税负较高。	可以通过安排合理的关联交易，将部分利润转移至低税率的子公司，以有效降低集团的整体税负。
建议	出于风险隔离等因素考虑，PPP 项目通常会设立单独的项目公司，因此应综合考虑税务等多方面因素，合理安排项目组织形式，以实现最优效益。	

（二）项目控股公司地点选择（见表 10-5）

表 10-5

拟设立项目控股公司地点	税收优惠政策
西部大开发地区	1. 自 2011 年 1 月 1 日至 2020 年 12 月 31 日，对设在西部地区的鼓励类产业企业减按 15% 的税率征收企业所得税。 2. 企业既符合西部大开发 15% 优惠税率条件，又符合《企业所得税法》及其实施条例和国务院规定的各项税收优惠条件的，可以同时享受。
西藏	1. 《关于我区企业所得税税率问题的通知》（藏政发〔2011〕14 号）规定，在西藏设立的各类企业（含西藏驻区外企业），在 2011 年至 2020 年期间，按 15% 的税率缴纳企业所得税。 2. 《西藏自治区企业所得税税收优惠政策实施办法》规定：（1）投资水利、交通、能源、城市（镇）公共设施等基础设施和生态环境保护项目建设、经营的，上述项目业务收入占企业总收入 70% 以上的，自项目取得第一笔生产经营收入所属纳税年度起，免征企业所得税 7 年。企业承包经营、承包建设和内部自建自用的项目除外。（2）投资太阳能、风能、沼气等新能源建设经营的，自项目取得第一笔生产经营收入所属纳税年度起，免征企业所得税 6 年。企业承包经营、承包建设和内部自建自用的项目除外。（3）经国家、自治区认定为高新技术企业的，自被认定之日起，可分别免征企业所得税 10 年、8 年。高新技术产品产值达不到国家规定比例的，仅对该产品进行免税。

续表

拟设立项目控股公司地点	税收优惠政策
上海自贸区	1. 将在试验区内注册的融资租赁企业或金融租赁公司在试验区内设立项目子公司，纳入融资租赁出口退税试点范围。 2. 对试验区内生产企业和生产性服务业企业进口所需的机器、设备等货物予以免税，但生活性服务业等企业进口的货物以及法律、行政法规和相关规定明确不予免税的货物除外。

（三）PPP 项目享有多种税收优惠政策

1. 行业性企业所得税减免优惠

（1）高新技术企业

对国家需要重点扶持的高新技术企业，减按 15% 的税率征收企业所得税；在 "5+1" 地区（深圳经济特区、珠海经济特区、汕头经济特区、厦门经济特区、海南经济特区和上海浦东新区）新设的国家需要重点扶持的高新技术企业取得的所得还可以享受"两免三减半"的优惠政策。

（2）研发费加计扣除

企业开发新技术、新产品、新工艺发生的研究开发费用，未形成无形资产计入当期损益的，在按照规定据实扣除的基础上，按照研究开发费用的 50% 加计扣除；形成无形资产的，按照无形资产成本的 150% 摊销。

2. 地区性税收优惠政策

（1）沿海地区

对设在横琴新区、平潭综合实验区和前海深港现代服务业合作区的鼓励类产业企业减按 15% 的税率征收企业所得税。

（2）西部大开发地区

自 2011 年 1 月 1 日至 2020 年 12 月 31 日，对设在西部地区的鼓励类产业企业减按 15% 的税率征收企业所得税。上述鼓励类产业企业是指以《西部地区鼓励类产业目录》中规定的产业项目为主营业务，且其主营业务收入占企业收入总额 70% 以上的企业。

（3）西藏

在西藏设立的各类企业，在 2011 年至 2020 年期间，按 15% 的税率缴纳企业所得税。

3. 特定项目相关税收优惠

(1) 公共基础设施项目

企业从事国家重点扶持的公共基础设施项目投资经营的所得，自项目取得第一笔生产经营收入所属纳税年度起，第一年至第三年免征企业所得税，第四年至第六年减半征收企业所得税。国家重点扶持的公共基础设施项目是指《公共基础设施项目企业所得税优惠目录》规定的港口码头、机场、铁路、公路、城市公共交通、电力、水利等项目。

(2) 节能环保项目

企业从事符合条件的环境保护、节能节水项目，包括公共污水处理、公共垃圾处理、沼气综合开发利用、节能减排技术改造、海水淡化等取得的所得，可以享受所得税"三免三减半"政策。

（四）小结

根据 PPP 项目实际需求，考虑根据不同专业职能分别设立各个专业子公司，通过合理的供应链安排，如设立采购公司、建筑公司、运营管理公司等将项目利润尽量转移至税负较低的公司。

三、某市高速公路项目建设和运营阶段税务问题分析

PPP 项目建设和运营阶段的税务问题处理涉及的主体多、现有规定多，税务问题处理具有很强的实操性。

（一）承包工程的税收管理

投融资带动的施工总承包及技术驱动的施工总承包，是我国建筑施工企业发展的主要两个方向。

在投融资带动的施工总承包中，施工企业既要考虑施工总承包所涉及的主要税收，也要考虑到其融资涉及的税收。当然，在实务操作中，PPP 项目中的融资主体未必由施工总承包来承担，而更多的是在项目公司的层面履行融资主体的身份。

我国企业纳税的主要税种为增值税和企业所得税。我国的税法已充分考虑到新老项目在投标报价时的差异，规定老项目（开工日期在 2016 年 4 月 30 日以前的）可以选择简易计税法，按 3% 的征收率执行。但假设 4 月 30 日以后落地的新 PPP 项目，其施工总承包合同依然采用老的造价规则进行投标计价，则会造成在税收上的损失，因为新项目已适用 11% 的税率。

在施工总承包合同中另一个重要问题在于混合销售。根据我国税法，一项销售行为如果既涉及服务又涉及货物，为混合销售。从事货物的生产、批发或零售

的单位和个体工商户的混合销售行为,按照销售货物缴纳增值税;其他单位和个体工商户的混合销售行为,按照销售服务缴纳增值税。由此可以判断,只有一项销售行为既涉及货物又涉及服务才为混合销售,如果是两项服务则应界定为混业经营,分别根据不同的劳务适用的不同税率进行计税。此外,根据以上规定,还可以获知,我国税法对于混合销售并未根据合同中货物及劳务的占比来进行判断,而是根据主体来判断,也就是施工总承包的建筑服务的主体决定了施工总承包合同按建筑服务11%税率进行混合销售的征税。

(二)运营阶段税务的税收管理

待项目公司设立后,项目投资人或其关联公司可能与项目公司签署EPC工程、技术转让、管理和采购合同。项目投资公司或其关联方与项目公司签订合同后,向其提供EPC工程服务、许可特许权或提供管理服务等,便可从项目公司提前以工程款、特许权使用费和服务费形式收回投资。运营合同虽然能够使项目公司将工程款、特许权使用费和服务费税前扣除,但项目投资公司或其关联公司可能同时涉及企业所得税、流转税等。

第三节 PPP项目税收疑难问题解答

针对PPP社会资本方对PPP项目税收法规政策的疑惑,本节选取若干普遍性问题进行分析解答。

一、PPP项目税收中的税收优惠问题解答

在出台统一的PPP项目税收优惠政策前,PPP项目公司可以参照现有的法律法规,争取获得税收优惠。目前,涉及PPP行业的税收政策主要有三类:公共基础设施项目企业所得税"三免三减半",区域性税收优惠,行业性税收优惠。

(一)公共基础设施项目企业所得税"三免三减半"

根据《企业所得税法》第二十七条第二款、第三款,《企业所得税法实施条例》第八十七条,《财政部国家税务总局关于执行公共基础设施项目企业所得税优惠目录有关问题的通知》,《国家税务总局关于实施国家重点扶持的公共基础设施项目企业所得税优惠问题的通知》和《财政部国家税务总局关于公共基础设施项目和环境保护节能节水项目企业所得税优惠政策问题的通知》的规定,投资企业从事《公共基础设施项目企业所得税优惠目录》规定的港

口码头、机场、铁路、公路、城市公共交通、电力、水利等项目,从事公共污水处理、公共垃圾处理、沼气综合开发利用、节能减排技术改造、海水淡化等符合条件的环境保护、节能节水项目的所得,自项目取得第一笔生产经营收入所属纳税年度起,第一年至第三年免征企业所得税,第四年至第六年减半征收企业所得税。

根据《财政部国家税务总局关于公共基础设施项目享受企业所得税优惠政策问题的补充通知》(财税〔2014〕55号)的规定:企业投资经营符合《公共基础设施项目企业所得税优惠目录》规定条件和标准的公共基础设施项目,采用一次核准、分批次(如码头、泊位、航站楼、跑道、路段、发电机组等)建设的,凡同时符合以下条件的,可按每一批次为单位计算所得,并享受企业所得税"三免三减半"优惠:(1)不同批次在空间上相互独立;(2)每一批次自身具备取得收入的功能;(3)以每一批次为单位进行会计核算,单独计算所得,并合理分摊期间费用。

(二)区域性税收优惠

区域性税收优惠是指国家法律规定特定地区相对于一般地区在税收上享有的优惠待遇。比如,根据《国家税务总局关于深入实施西部大开发战略有关企业所得税问题的公告》,自2011年1月1日至2020年12月31日,对设在西部地区以《西部地区鼓励类产业目录》中规定的产业项目为主营业务,且当年度主营业务收入占企业收入总额70%以上的企业,经企业申请,主管税务机关审核确认后,可减按15%税率缴纳企业所得税。再比如,根据《西藏自治区人民政府关于印发西藏自治区企业所得税政策实施办法的通知》,西藏自治区在统一执行西部大开发15%企业所得税优惠的基础之上,对地方分享部分予以减免。

(三)行业性税收优惠

根据税法规定,对国家需要重点扶持的高新技术企业,减按15%的税率征收企业所得税。对于符合条件的软件企业、集成电路企业可以享受"两免三减半"的企业所得税优惠,同时根据11月2日财政部、国家税务总局、科技部联合发布的《关于完善研究开发费用税前加计扣除政策的通知》,科技企业研发费用加计扣除的范围大大扩大,除了以下7种行业(烟草制造业;住宿和餐饮业;批发和零售业;房地产业;租赁和商务服务业;娱乐业;财政部和国家税务总局规定的其他行业),均可以申请研发费用加计扣除优惠。也即对于企业开发新技术、新产品、新工艺发生的研究开发费用,未形成无形资产计入当期损益的,在按照规定据实扣除的基础上,按照研究开发费用的50%加计扣除;形成无形资产的，按照无形资产成本的 150% 摊销。

二、PPP 项目税收中的资产摊销问题解答

资产的折旧摊销是 PPP 项目区别于传统模式的重要方面之一。增量 PPP 项目根据周期可划分为建设期和运营期，运营期的折旧摊销按照现有会计准则进行会计处理即可。建设阶段的投资与工程造价挂钩，也与建设投资人的投资回报挂钩。另外，政府方现阶段简化处理可以使用直线法测算，但是，将来 PPP 项目公司的折旧则需要按照实际资产的折旧情况来处理。

PPP 项目可以通过折旧或摊销将资产原值逐年分摊，计入项目总成本费用。例如在 BOT 模式中，PPP 项目投资建设形成固定资产，当政府拥有资产所有权、项目公司拥有资产使用权和收益权时，项目公司以无形资产摊销形式计提资产损耗成本；当采用 BOOT 模式时，资产所有权归属项目公司，项目财务测算以固定资产折旧形式计提有形损耗成本。

三、PPP 项目税收中的财政补贴问题解答

社会资本获得的政府补助如何征税缺乏明确规定。为了保障 PPP 项目在商业上的可行性，政府通常会向社会资本提供一定程度的补助，如建设阶段的投资补助、运营阶段的价格补贴等。对于这种补助，如何进行税务处理，目前并无明确规定。

根据财政部、国家税务总局有关规定，企业取得财政性资金，凡同时符合以下条件的，可以作为不征税收入：企业能够提供规定资金专项用途的资金拨付文件；财政部门或其他拨付资金的部门对该资金有专门的资金管理办法或具体管理要求；企业对该资金以及以该资金发生的支出单独进行核算。

在运营阶段，政府向社会资本提供的价格补贴，不能直观地判断其是否属于不征税收入。虽然在形式上，价格补贴有可能符合不征税收入的三个条件，但实质上，价格补贴并不具有不征税收入的本质属性。"价格补贴是政府向对社会资本提供的差价补偿，而这种差价原本就属于社会资本经营性收入的一部分，只是由社会资本先让渡给了消费者，最后又以政府补助的形式将其找补回来而已。因此，在本质上，价格补贴并不属于不征税收入，仍应是社会资本经营性收入的组成部分。"

四、PPP 项目税收中的股息分红问题解答

对社会资本获得项目公司中政府股东让渡的股利如何纳税没有规定。根据我国法律的规定，居民企业股东从另一被投资的居民企业获得的股利是免税的。在项目公司分红时，如果政府向社会资本让渡部分红利（作为一种间接补贴手段），社会资本的分红比例就会超过其持股比例。按照现行的税收法规，有三种可能的认定办法：一是认定为社会资本从项目公司分得的免税红利，二是认定为从政府或其部门获得的不征税收入，三是认定为社会资本从政府获得的应税偶然所得。至于选取何种办法，有待相应税收征管政策的出台。

五、PPP 项目税收中的"营改增"问题解答

目前，PPP 项目的社会资本方中，有一部分是建筑类企业，负责项目的设计、融资、建设、运营等环节。

"营改增"前，建筑类企业从 PPP 项目中取得的收入适用于建筑业、销售不动产等营业税税目，税率为 3% 或 5%。"营改增"全面实施后，营业税将退出历史舞台，对于参与 PPP 项目的建筑类企业，可能将面临 11% 的增值税以及部分成本支出难以取得进项抵扣等行业性问题，还可能遇到一些 PPP 项目所特有的税务挑战。

从销项税额来看，企业的建筑业收入将适用 11% 的增值税税率，如果企业无法从进项端足额抵扣，企业的流转税负将会加重。另外，社会资本还会从政府方获得部分收入，如贴息、财政返还、土地开发收益补贴等形式的政府补贴。这类收入属于非建筑业收入，适用于不同的增值税税率。当建筑类企业是项目的投资方，取得的股息和利息收入分属不同项目，适用于不同税率。

增值税处理会因项目收益性质而产生差异，所以，不同的项目收益组合将影响项目的整体税负水平。建筑企业在项目前期规划时就应对此加以考虑并作出相应安排。

从进项税额看，企业发生的各项成本及费用支出能否取得对应的可抵扣进项税额、如何将可抵扣的进项税额最大化，是企业最关心的问题。

在 BOT 模式中，PPP 项目投资建设形成固定资产，当政府拥有资产所有权、项目公司拥有资产使用权和收益权时，项目可能不被确认为该企业的固定资产，将出现发票抬头与会计处理不一致的情况，给建造支出的进项税抵扣带来潜在风险。

采用 BOOT 模式时，资产所有权归属项目公司，项目财务测算以固定资产折旧形式计提有形损耗成本。若项目公司取得的收入适用较低的增值税税率，则可能出现没有足够的销项税额而导致建设施工环节产生的巨额进项税无法获得抵扣。

针对"营改增"后出现的错配问题，具备集团架构的建筑类企业可以通过税务管理，使销项税额和进项税额在发生时间、发生主体上相互匹配。

第十一章　PPP 项目法律适用及争端解决

本章主要介绍我国 PPP 政策与《行政诉讼法》对基础设施特许经营协议的争议解决机制规定存在矛盾、PPP 项目中的政府购买服务是否属于民事行为，并列举了 PPP 项目争议可以采取的救济手段。

第一节　法律适用

本节主要回答两个问题：PPP 项目合同产生的争议是诉讼民事法律途径解决还是行政法律途径解决；PPP 项目中的政府购买行为是民事行为还是行政行为。

一、PPP 项目中特许经营协议发生争议是否可提起行政诉讼

我国 PPP 政策与《行政诉讼法》对基础设施特许经营协议的争议解决机制规定存在矛盾。

2014 年 11 月 1 日发布的《行政诉讼法》第十二条（十一）规定：公民、法人或其他组织认为行政机关不依法履行、未按照约定履行或者违法变更、解除政府特许经营协议、土地房屋征收补偿协议等协议的，提起诉讼，人民法院应当受理。

2015 年 4 月 22 日，最高人民法院发布了《关于适用〈中华人民共和国行政诉讼法〉若干问题的解释》，第十一条规定：行政机关为实现公共利益或者行政管理目标，在法定职责范围内，与公民、法人或者其他组织协商订立的具有行政法上权利义务内容的协议，属于行政诉讼法第十二条第一款第十一项规定的行政

协议。

2014年11月29日发布的财政部《关于印发政府和社会资本合作模式操作指南（试行）的通知》（财金〔2014〕113号文）附件第二十八条（三）争议解决规定：在项目实施过程中，按照项目合同约定，项目实施机构、社会资本或项目公司可就发生争议且无法协商达成一致的事项，依法申请仲裁或提起民事诉讼。

2014年12月31日发布的财政部《关于印发〈政府和社会资本合作项目政府采购管理办法〉的通知》（财库〔2015〕215号文）附件第二十二条规定：项目实施机构和中标、成交社会资本在PPP项目合同履行中发生争议且无法协商一致的，可以依法申请仲裁或者提起民事诉讼。

另外，2015年4月25日发布的《基础设施和公用事业特许经营管理办法》采取了回避性的立法，第四十九条规定："实施机构和特许经营者就特许经营协议履行发生争议的，应当协商解决。协商达成一致的，应当签订补充协议并遵照执行"。未提及对协商无法达成一致，如何进一步寻求救济。诚然，第五十一条规定："特许经营者认为行政机关作出的具体行政行为侵犯其合法权益的，有陈述、申辩的权利，并可以依法提起行政复议或者行政诉讼"。但如果包含基础设施特许经营的PPP协议属于民事合同，则行政机关不履行协议不属于作出具体行政行为的范畴，所以是否应当提起行政诉讼变得模棱两可。

事实上，PPP项目合同是政府方为完成某项公共职能，同时解决该项目建设过程中的资金及运营问题而与社会资本方及其他缔约方签订的合同。因此，PPP项目合同本身就可能存在两种不同的类型：第一种类型为仅确定政府方与社会资本方平等的权利义务关系；第二种类型为除确定上述平等的权利、义务关系外，还就该项目合同履行过程中政府特有的行政管理职能进行相关的约定（具有行政合同的特点）。因此，针对不同类型的权利义务引起的PPP诉讼应当允许适用不同种类的诉讼途径。PPP项目合同履行过程中所发生的涉及项目建设、运营、移交过程中产生的纠纷（即不属于行政管理领域的纠纷），应属于平等主体之间发生的合同纠纷和其他财产权益纠纷，可以通过约定的仲裁条款，纳入仲裁的受案范围，亦可以提起民事诉讼；而涉及行政管理领域的纠纷，则不能通过约定的仲裁条款将该纠纷纳入到仲裁的受案范围，可以提起行政复议或行政诉讼。

简而言之，应严格区分作为公共事务管理者的政府和作为平等合同缔约方的政府实施机构，对于政府实施机构违反PPP项目合同的行为，通过合同约定的争议条款按照民事纠纷、平等对待原则依法处理；对于政府作为公共事务的管理者，在履行 PPP 项目的规划、管理、监督、授予特许经营权等行政职能时可能侵犯项目公司合法权益的行政行为，通过行政复议、行政诉讼途径依法处理。

由于定性为行政合同，发生争议时，对社会资本方很不利，所以 PPP 协议中应尽量避免出现"特许经营"字样，将 PPP 协议中的特许经营部分单列，单独签订特许经营协议，以避免 PPP 协议履行发生争议时，打行政官司。

二、PPP 项目中的政府购买服务是否民事行为

根据 2014 年 12 月 15 日财政部、民政部、国家工商总局发布的《政府购买服务管理办法（暂行）》，政府购买服务"是指通过发挥市场机制作用，把政府直接提供的一部分公共服务事项以及政府履职所需服务事项，按照一定的方式和程序，交由具备条件的社会力量和事业单位承担，并由政府根据合同约定向其支付费用"。根据 2014 年 8 月 31 日发布的《政府采购法》，政府采购"是指各级国家机关、事业单位和团体组织，使用财政性资金采购依法制定的集中采购目录以内的或者采购限额标准以上的货物、工程和服务的行为"。因此，PPP 项目中发生的政府购买服务是政府采购的一种，所以政府购买服务适用于《政府采购法》。

《政府采购法》第四十三条规定，"政府采购合同适用合同法。采购人和供应商之间的权利和义务，应当按照平等、自愿的原则以合同方式约定"，另外，第七十九条规定："政府采购当事人有本法第七十一条、第七十二条、第七十七条违法行为之一，给他人造成损失的，并应依照有关民事法律规定承担民事责任"。政府采购的过程中，不涉及行政权力的行使，购销双方法律地位平等。因此，PPP 项目中政府购买服务属于民事行为。

第二节　争端解决机制

本节主要介绍针对 PPP 项目争议可以采取的协商、调解、仲裁、诉讼等争端解决机制。

一、协商

发生争议事项后，PPP 项目合同各方一般会首先争取通过友好协商的方式解决争议。PPP 合同可以对参与磋商例会的人员及人员的更替程序、费用承担、基本协商原则作出安排。社会资本方与政府均可邀请专业中介机构专家参与会议，解决纠纷。若磋商例会不能解决争议，在 PPP 合同有约定的前提下，争议可交由项目联合小组解决，联合小组可由政府实施机构、社会资本发起人、承建方、资金方、运营方以及其他人员构成。联合小组依照约定程序作出决定，并发出通知书，对政府实施机构与社会资本方均有约束力，不执行将处以没收一定所得或罚金。若约定时期内无法通过协商方式解决问题，则考虑以下争议解决方式。

二、调解

除因政府作为公共事务管理者，因 PPP 项目规划、管理、监督、授予特许经营权而导致的 PPP 项目合同纠纷外，对于其他争议，PPP 项目合同各方可自愿申请调解。

2011 年 1 月，适用于民间纠纷的《人民调解法》开始施行。2013 年施行的新《民事诉讼法》确立了调解协议司法确认制度，经司法确认的调解协议具有强制执行力。PPP 合同可以约定采用调解方式解决争议，并明确调解委员会组成、权限、议事规则、调解程序、费用承担等。值得注意的是，调解员没有作出调解协议的义务，且调解所达成的协议在经过司法确认前不具有拘束力。调解的好处在于，PPP 专业性强，纠纷由相关专家解决更利于短时间解决核心问题。不伤及当事人继续合作的感情基础。

三、仲裁

协商或调解不能解决的争议，PPP 项目合同各方可采用仲裁方式解决，但一定要首先达成仲裁条款。1995 年 9 月，《仲裁法》开始施行，至今已有二十余年历史。仲裁的优势包括：自愿性，可自主选择仲裁事项和仲裁机构；专业性，无论是机构仲裁还是临时仲裁，具有仲裁员资格的人员都是一定专业领域中的权威人士；保密性，仲裁一般不公开审理，当事人的商业秘密和贸易活动不会因仲裁活动而泄密；一裁终局，仲裁裁决书一经作出即产生效力；独立性，仲裁机构是民间组织，独立于政府机关和其他仲裁机构。与调解不同的是，仲裁员有义务作出仲裁裁决。对于 PPP 项目，最好是约定异地仲裁，可排除当地政府的行政保护，更加有利于保证仲裁的公正性。

四、诉讼

PPP 项目中提起民事诉讼的情形：在不含特许经营的 PPP 项目合同中，实施机构和社会资本因项目合同发生争议时，双方可依法提起民事诉讼。在含特许经营的 PPP 项目合同中，实施机关对社会资本不履行特许协议约定义务的行为可提起民事诉讼；政府违反除履行 PPP 项目规划、管理、监督、特许经营权授予之外的合同义务时，社会资本可提起民事诉讼。

PPP 项目中提起的行政诉讼的情形：在含特许经营的 PPP 项目合同中，政府作为公共事务的管理者，在履行 PPP 项目的规划、管理、监督、授予特许经营权等行政职能时，作出了侵犯社会资本的合法权益的行为，社会资本可依据《行政诉讼法》提起行政诉讼。

关于诉讼管辖的问题可以参考以下案例：

2004 年 9 月 15 日，新陵公司与辉县市政府签订了《关于投资经营辉县上八里至山西省省界公路项目的协议书》，负责该公路融资、建设、运营、移交（FBOT）。因为辉县市政府未履行合同义务，导致协议无法履行，且辉县市政府以文件形式自认应当进行回购，新陵公司起诉到河南省高院，要求辉县市政府回购补偿。辉县市政府提出管辖权异议，认为：本案双方的公路建设协议书，系采取 BOT 模式的政府特许经营协议，新陵公司的回购和补偿请求均是以该合同为基础，该合同是行政合同而非民事合同。属于新乡市中级人民法院辖区内重大、复杂的行政诉讼案件，应当由新乡市中级人民法院管辖。综上，请求将本案移交新乡市中级人民法院管辖。河南省高院经审查认为：双方协议约定系作为平等民事主体的当事人之间权利义务关系的约定，新陵公司因履行该合同产生纠纷向本院提起诉讼，本院作为民事案件受理并不违反法律规定。裁定驳回辉县市人民政府对本案管辖权提出的异议。（河南省高级人民法院案号：（2015）豫法民一初字第 1 - 1 号民事裁定书）

在此案例中，政府违反的是除履行 PPP 项目规划、管理、监督、特许经营权授予之外的合同义务时，因此，社会资本可提起民事诉讼。

第十二章 加快推进 PPP 立法的思考与建议

加快推进我国 PPP 立法已经成为各方的共识，但在如何立法、立什么样的法、难点问题如何解决等具体操作层面，各方观点不一。加快推进 PPP 立法工作需要进一步厘清和加深对我国 PPP 的认识，在理论上进行深入的思考。在此基础上，明晰我国 PPP 立法的目标定位和原则思路，以强化顶层设计推进 PPP 立法工作，重点解决当前我国 PPP 立法中的几个难点问题。

第一节 推进我国 PPP 立法的理论思考

PPP 理念起源于国外，各国的定义和实践也各不相同。在中国语境下，PPP 有着新的内涵。"共治"理念是 PPP 的逻辑起点，基于"共治"理念的政社合作是不亚于市场化的一场改革。当前推进 PPP 立法必须区分 PPP 和特许经营，明晰基础设施、公用事业、公共产品和公共服务基础概念，为 PPP 立法奠定扎实基础。

一、我国语境下 PPP 的新内涵

在中国语境下，PPP 是政府和社会资本合作，也就是政社合作，这不同于国外的公共部门和私营部门合作，也就是公私合作，但却由其转化而来。在国外语境下，PPP（Public—Private Partnership）是指公共部门与私营部门为提供公共服务而建立起来的一种长期伙伴关系。在被引入中国后，就转化为政府和社会资本

合作模式。它是在中国语境下，在中国改革开放的背景下形成的一个定义。这个定义与国外的 PPP 有一定的区别，主要体现为在三个 P（Public，Private，Partnership）上有新的内涵。

（一）我国 PPP 语境下的公共部门（Public）

中国和国外语境下的公共部门有着基本相同的含义，都是指政府。在 PPP 理念下，政府的角色有了新的内涵。

过去，中国政府从政府特许经营的方式对 BOT、TOT、BT 等模式进行过探索。最近两三年来，中国吸收国际经验，引进了国际上流行的 PPP 模式，这意味着我们已经进入了重发展政社合作的新阶段。政社合作的兴起赋予了政府角色新的内涵：政府在合作中既是一个所有者，又是一个一般的社会管理者；既是一个行政主体，又是一个民事主体。以单向行政授权为前提的特许经营显然已经与发挥市场在资源配置中的决定作用所要求的政府简政放权的公共治理改革方向相悖，特许经营模式下政府作为行政主体与被授权经营方之间是明确的行政关系，特许经营协议为行政合同，因特许经营协议提起行政诉讼的，法院应予受理。政社合作模式中政府与社会资本方之间是基于平等的民事法律关系而进行合作，政社合作协议显然为民事合同。当然，在政社合作的全生命周期中还会涉及政府作为公共管理主体所行使的行政许可和监管职能，如项目立项，土地、价格、环评等，但这都属于政府一致性监管的内容，与政社合作模式下政府与社会资本基于平等民事主体关系所进行的合作并不矛盾，更不可相互替代。总之，以特许经营方式进行的探索是一个阶段性的产物，已经成为过去；在政社合作模式下，不能因政府发挥了公共管理职能而否定或者淡化其在政社合作中的民事法律主体地位。

（二）我国 PPP 语境下的私营部门（Private）

从本源看，Private 是私营部门的含义。但是在中国的语境下，Private 被称为社会资本，区别于国外私营部门的概念，纯粹是指私人资本。在这里，"社会资本"一语双关，它既包含了社会资本是非政府预算资金的意思，在市场中的民资、国资都属于社会资本；也包含了社会资本应履行的一种使命，就是承担社会责任。要求社会资本承担社会责任，不仅仅是政社合作立法要界定的内容，也是社会资本的一种自我道德约束，成为自觉自愿的社会道义承担者。在这个意义上，进入公共服务领域的社会资本应当是能履行社会责任的"先进"资本，而不是"唯利"的一般资本。

作为社会主义国家，中国有着特殊的国情。国有资本和国有企业是市场经济中的重要一元，与民营企业、国外企业和外商投资企业共同构成 PPP 中的 "Private"，也就是社会资本。

（三）我国 PPP 语境下的伙伴关系（Partnership）

Partnership，在字面意思上，我国和国外都是"伙伴关系"的意思。但同样的"伙伴关系"，在当前中国也有新的内涵。

国外的伙伴关系是双方平等的、密切的合作关系。在发展背景下，我国的政社合作是为了解决政府在资金、技术等方面的不足，实现经济增长、城镇化等发展目标。在改革背景下，这种伙伴关系是指政府和社会资本之间的一种长期合作，是一种能力合作。通过双方之间能力的互补，政府实现从全能政府向有限政府转型。政社合作体现政府治理转型的"共治、共建和共享"理念，同时在合作中又形成了新的"风险—利益"关系。这种关系包括两个层次：一是涉及合作双方"风险—利益"关系，这主要是一种经济关系，可以采用市场方式来界定。二是涉及社会大众的"风险—利益"关系，这主要是一种社会关系，只能采用公共方式来界定。这种合作模式为双方合作向第三方提供公共服务，是一种新型的复杂合作关系，它与一般市场领域的合作是不一样的。

二、"共治"理念是 PPP 的逻辑起点

推进国家治理能力和治理体系现代化是全面深化改革的总目标，其核心特质是"多元共治"。在推进国家治理能力和治理体系现代化的背景下，以"共治"理念为逻辑起点，PPP 成为公共服务提供的一种新方式、新坐标。

（一）国家治理现代化要求公共服务的提供从单边思维走向多元共治

国家治理现代化的核心特质在于"多元共治"。PPP 是政府、市场、社会分工合作提供公共服务的新模式，其核心是共治，是公共治理或国家治理在公共服务领域的具体体现。

就我国的实践来说，政府和社会资本共同参与公共服务早就有之，只不过不是通过 PPP 的方式，而是以政府特许经营为主要代表。从全球看，政府特许虽然早于现代意义上的 PPP，但政府特许日渐式微，PPP 蓬勃兴起。这预示着公共治理中政府、市场、社会之间的关系在发生实质性变化，公共治理结构处于重塑之中。

按照传统的政府、市场之间关系"二分法"的思维和公共服务政府"单边责任"和"单边义务"的理念，政府与市场之间应泾渭分明，公共服务只能由政府提供。完全靠市场或者完全靠政府单边提供公共服务都力所不能及。只有突

破"单边思维"局限，实现政府、市场、社会共治，才能形成公共服务供给的强大合力。PPP强调平等的伙伴关系，本质上体现了一种共治精神。政府与社会资本打破传统的楚河汉界，通过分工合作共同提供公共服务，超越了社会集体行动中的"政府中心论"。这与全面深化治理改革的要求高度契合，顺应了人类文明发展多元共治的基本趋势。

基于平等伙伴关系的PPP模式，是一种全程参与、收益共享、风险共担的共治关系。这种共治关系分为两个层面：一是宏观层面公共风险的多元共治关系。公共服务的背后是社会个体无法解决的公共风险，合作提供公共服务，也就是共同治理公共风险，并形成制度安排。这既不是政府资金不足条件下实现减压的权宜之计，也不仅仅是经济学视角下的"物有所值"，而是基于共治的一种价值取向。参与共治，既可以以缴税方式来集体委托政府提供公共服务，也可以直接参与公共服务的提供，企业或非企业组织（社会资本方应当包含营利性的企业和非营利性的组织），只是方式的不同。二是微观层面以项目"风险—收益"的分担与共享为核心的缔约关系。这种缔约关系是平等的、自愿的、自主的，当然也是自治的。这可以发挥市场、社会两类主体的作用，并与政府的作用形成合力。上述两层含义分别构成PPP模式宏观体制和微观机制的学理基础。

（二）"共治"作为处理政府和市场关系的新方式是PPP的逻辑起点

基础设施建设提供融资，减轻政府债务的负担等都是PPP产生的作用之一，但不是PPP的逻辑起点。无论是从经济学角度，还是从财政学角度看，PPP的逻辑起点都是"共治"。

其一，从经济学角度看，PPP打破了传统经济学中市场和政府严格对立，界限清晰的思维，建立了政府和市场通过"共治"提供公共服务的新方式。在经济学界流行的一个基本看法就是政府和市场是对立，要么市场多一点，要么政府多一点，双方在这个问题上争执不下。沿着这个方向，宏观经济学形成了不同的流派，实际上就是两大派。一个是政府干预，一个是自由主义。然而，思维上的固执对立难以解释和满足实践中的需要，并导致经济学理论研究和实践之间越来越脱节。PPP的实践已经突破了政府和市场的对立，而是将两者结合起来。无论是在西方语境还是在中国语境，这种"共治"思维都是一致的。在西方语境中，PPP是将政府与私人资本结合起来，在中国语境中，PPP是将政府和社会资本结合起来。但总的来看，西方语境中的私人资本和中国语境中的社会资本，都代表着市场方。因而，在两种语境下，PPP都是将政府和市场结合起来，都是打破传统的政府和市场的严格界限，双方可以通过共治来共存。

其二，从财政学角度看，PPP 打破了传统的公共服务只能由政府提供的思维，建立了政府和市场通过"共治"方式来提供公共服务的新方式。传统财政学的观点认为公共服务只能由政府提供，但从共治理念来看，提供公共服务是政府非常重要的责任，但不仅仅是政府的责任。共治的内涵就是多元主体共同治理，多元主体之间是互动的，而不是严格限制为一方的责任和行为。因而，从"共治"理念出发，PPP 实际是一种平等的合作关系，伙伴关系。通过政府和市场的平等合作，共同治理，为社会公众提供公共服务。

（三）"共治"作为衡量政府和市场关系的新坐标是 PPP 的逻辑起点

正确处理政府和市场的关系是理论和实践中面临的重要问题。在长期以来的观点中，政府和市场的分工程度是衡量政府和市场关系的唯一坐标。政府和市场分工程度越高，资源配置的效率越高，是被广泛接受的标准。

传统的标准来看，市场在资源配置中的作用的发挥依赖于政府和市场的分工，只有各自分工才会发挥各自的作用。市场化的改革取向就是政府和市场分工的改革取向。我国改革开放 30 多年的改革，实际上就是政府和市场分开、分工的改革。从市场在资源配置中发挥基础作用到市场在资源配置中发挥决定作用，就是将政府和市场进一步分开的过程。

在改革进入新的历史时期，以政府和市场分工程度的衡量标准同样不能满足实践的需要。"共治"所代表的政府和市场合作程度为衡量政府和市场关系提供了一个新的坐标。需要注意的是，共治所代表的政府和市场合作不是相互吞并，相互干涉，而是在政府和市场分工的基础上，基于意思自治和平等关系形成的一种合力。

从共治理念出发，PPP 实际就是一个改革问题。这个改革问题不同于以前的政府和市场分工的改革，而是一种政府和市场合作的改革。

三、正确认识和区分政府特许经营和 PPP

政府特许经营与 PPP 是两个不同的概念（前者的实质是行政授权，后者的实质是伙伴关系），但两者在实践中经常被混淆。从全球来看，政府特许经营的产生要早于 PPP，但随着新公共管理运动的兴起，政府特许经营日渐式微而 PPP 则蓬勃兴起，这预示着政府、市场、社会的关系正在发生深刻变革。在市场失灵领域，政府并不拥有天然的权力，特许经营是政府以自我赋权方式进行的行政授权，而 PPP 是政府在承认社会主体平等进入公共领域的前提下实施的伙伴式合作模式。当前，我国应以 PPP 模式推动政府改革，而不应通过行政授权的方式扩大特许经营。

（一）实践中对政府特许经营和 PPP 的认识模糊不清

政府特许经营和 PPP 都是随着市场化进程的推进而产生的，虽然都是为了解决基础设施融资和市场准入问题，各自承担着不同的职责，但在实践中极易被混淆，亟待澄清。

1. 政府特许经营和 PPP 均为解决融资和市场准入问题而生

政府特许经营和 PPP 都是市场化改革和对外开放的产物。20 世纪 90 年代，为了缓解交通、市政等基础设施和公用事业服务的投融资压力，政府部门放宽了市场准入领域，允许特定企业进入公共领域从事经营活动。期间，一些事实上的 PPP 项目也以 BOT 等方式运行。

PPP 在我国的大规模兴起和推广是在 2014 年之后。随着我国地方政府债务规模的日益积累，经济运行进入新常态，国务院于 2014 年出台了 43 号文，严格限制地方政府融资平台公司的筹资渠道。2014 年新修订的《预算法》进行了重要调整，允许地方政府直接举债，但需要严格审批。对于地方政府而言，直接举债还是"远水解不了近渴"。为了控制政府债务规模和缓解地方公共基础设施融资压力，确保稳增长、保民生、提效益，一种政府和社会资本在公共基础设施和公用事业领域的合作模式——PPP 模式应运而生。

2. 对政府特许经营和 PPP 认识模糊不清

对 PPP 和政府特许经营的认识不尽一致并密集出台了相关文件，导致地方政府在执行中感到无所适从，甚至将二者混为一谈，中央政策在实际执行中出现偏差。

（1）政府特许经营和 PPP 内容交叉重叠。近两年来，国家高度重视 PPP 的发展，并下发了一系列相关文件，地方也出台了推动 PPP 发展的相关规定和政策。这些文件与住建部、交通运输部等部委和地方政府（如北京、天津、成都等）发布的政府特许经营规定在内容、程序等方面存在较大程度的重叠。例如，《北京市城市基础设施特许经营条例》（2005 年）规定的对政府对项目补贴政策，与国家新近出台的 PPP 文件内容非常相似。

国家在大力推进 PPP 的同时，也出台了有关政府特许经营的文件。国家发展改革委等 6 部委联合发布的《基础设施和公用事业特许经营管理办法》（2015 年 25 号令）所规定的内容与国家近两年密集发布的 PPP 相关文件内容也有很大的相似性。政府特许经营和 PPP 在内容上的交叉重叠，导致地方政府在理解执行中出现偏差，经常感到无所适从，对同一个基础设施和公用事业项目，既可以说成是 PPP 模式，又可以说成是政府特许经营，二者相互替代。

（2）政府特许经营和 PPP 在顶层设计上的认识不一。更为关键的是，在我国官方文件中，对 PPP 的概念理解也不尽一致。《关于推广运用政府和社会资本合作模式有关问题的通知》（财金〔2014〕76 号文），对 PPP 的理解是政府和社会资本合作模式是在基础设施及公共服务领域建立的一种长期伙伴关系，通常是通过双方成立的 SPV 公司来承担设计、建设、运营、维护基础设施等工作，并通过"使用者付费"及必要的"政府付费"获得合理投资回报，以 SPV 为载体把营利性、公益性融合起来，以保障公共利益。

而国家发展改革委的一份文件（发改投资〔2014〕2724 号）将 PPP 定义为：政府为增强公共产品和服务供给能力、提高供给效率，通过政府特许经营、购买服务、股权合作等方式，与社会资本建立利益共享、风险分担及长期合作关系。

可以看出，财政部的文件没有提及政府特许经营，而国家发展改革委的文件则将政府特许经营理解为 PPP 的一种方式。由于国家部委在顶层设计上对 PPP 的认识出现偏差，以至于一些地方将二者之间的关系理解为：PPP = 政府特许经营 + 政府采购。

3. 应从更高的视野看待政府特许经营和 PPP 概念之争

表面上看，对政府特许经营和 PPP 的不同认识反映了部门之间的分歧。而政府部门之间存在不同的看法，在全世界范围之内都是司空见惯的事情。对于我国这样一个发展中国家而言，体制机制的不完善更容易导致部门之间存在分歧，似乎不应在这方面大做文章。

我们认为，关于政府特许经营和 PPP 认识的不同意见的背后，反映着不同的执政理念和政策导向。对于中国这样一个大国而言，更应站得高、看得远，抛开部门利益之争，立足于传统公共领域与市场、社会关系的重构来推动全面深化改革这个大局。否则，政策导向的偏离必将带来政策执行的偏离，妨碍政府自身改革和政府职能转变。如果国家决策层不能就重大政策问题达成共识而频频出台相关政策文件，不仅仅中央大政方针贯彻落实大打折扣，而且影响中国的市场化改革进程。因此，有必要正本清源，透过现象看本质，深挖政府特许经营和 PPP 的实质，明确二者的权力边界和权力来源的合法性，为进一步深化改革和转变政府职能提供理论和政策方向基础。

（二）政府特许经营和 PPP 有着不同的本质或内核

从广义上讲，政府特许经营和 PPP 都是政府与社会资本的一种合作关系。

但从国内外实践来看，二者有本质性区别，政府特许经营强调行政授权，而 PPP 强调公私伙伴关系。

1. 政府特许经营实质是行政授权

从国际通行做法看，特许经营可分为政府特许经营（基础设施/公用事业特许经营）与商业特许经营。商业特许经营在我国起步较早且发展相对成熟，相关法律主体之间基于平等的法律主体地位和民商事合同而协同合作。政府特许经营起步较晚，且主要是指公共基础设施和公用事业领域的特许经营。

特许经营的实质是行政授权，与传统计划经济的"正面清单"思维相吻合。政府行政授权要于法有据且依法进行，不能法外设权，造成政府和社会主体之间实质上的不平等。政府特许经营是指政府通过让渡公共基础设施和公用事业领域的经营权（占有权、使用权和对自身经营的部分收益权处分权）而获取收益，其初衷是实现政府与社会主体的互利共赢。但是，政府特许经营所采取的手段是政府授权，以特许设权方式而进行放权，以行政手段解决经济问题，且以假设政府天然垄断公共领域为前提。这一点从目前中央和地方政府制定和出台的一系列法规、规章和政策中也可以得到充分的体现。但经济学中所说的市场失灵领域由政府参与，并不等于政府在公共领域拥有独占权而排斥社会其他主体进入。也就是说，在公共领域政府并不存在自然权力的宪法依据。

2. PPP 内核是伙伴关系

PPP 是舶来品，国际组织和发达国家普遍把 PPP 理解为政府和企业的一种伙伴关系。世界银行将 PPP 定义为公私合营伙伴。《美国交通工程用户使用手册》把 PPP 定义为公共部门和私营部门伙伴之间的一种合同协议。澳大利亚《全国 PPP 指南》把 PPP 定义为政府和私营部门之间的长期合同。英国财政部把 PPP 定义为两个或者更多部门之间的协议，确保它们共同完成公共服务工程，它们之间有一定程度的共享权利和责任，联合投资资本，共担风险和利益。

PPP 在我国也被定义为政府和社会资本的长期合作关系。这种关系以合同为载体，突出了市场经济的负面清单思维，讲求的是市场契约，是以去行政化方式而进行的分权而非单向权力下放，更多通过市场化手段和法律手段解决经济问题。两个"P"之间的法律主体地位平等，二者之间通过股权合作设立的混合所有制的 SPV 公司夯实了互利共赢和风险共担的微观基础，与深化经济体制改革的要求高度契合（见表 12-1）。

表 12-1　　政府特许经营和 PPP 的比较

	政府特许经营	PPP
管理理念	正面清单管理	负面清单管理
权力配置模式	放权	分权
市场化程度	较低	较高
双方法律地位	不平等	平等
机制建设	政府主导	共建
经营收益	超额利润不共享	收益共享
经营风险	经营主体自担为主	风险共担
合作依据	政府许可	PPP 协议
合同类型	行政合同	民商事合同
合作模式	一次性合作	中长期合作
营利性和公益性融合情况	分开	融合

3. 政府特许经营不等于 PPP

政府特许经营和基于伙伴关系的狭义的 PPP 都是广义的政府与社会资本合作方式。政府特许经营是一种泛泛的、松散的合作关系。政府无法做到全程参与、全程监管。从全球发展趋势来看，基于伙伴关系的狭义的 PPP 模式更能适应市场经济发展的要求，并能推动政府自身改革。这种基于紧密伙伴关系的 PPP 模式是一种收益共享、风险共担、全程参与的更为严格的伙伴关系，是真正意义上的 PPP 模式。因此，不论是从广义 PPP 角度，还是狭义 PPP 角度分析，特许经营都不能与 PPP 画等号，只能作为广义 PPP 的一种合作方式，与狭义 PPP 存在本质区别。

（三）政府特许经营与 PPP 是两种不同的治理和资源配置模式

1. 政府特许经营主要侧重政府管理、配置资源

从国际通行做法看，特许经营可分为政府特许经营（基础设施/公用事业特许经营）与商业特许经营。商业特许经营在我国起步较早且发展相对成熟，相关法律主体之间基于平等的法律主体地位和民商事合同而协同合作。政府特许经营起步较晚，且主要是指公共基础设施和公用事业领域的特许经营。

政府特许经营是指政府通过让渡公共基础设施和公用事业领域的经营权

（占有权、使用权和对自身经营的部分收益权处分权）而获取收益。政府特许经营的逻辑起点是市场失灵。因自然垄断、外部性等导致市场失灵出现时，需要政府提供公共服务，并进行管理。其中，政府特许经营是政府管理中重要的工具。政府特许经营通过行政授权，允许社会资本进入公共基础设施和公用事业领域。政府通过行政合同特许社会资本经营，侧重政府管理，与传统计划经济的"正面清单"思维相吻合。在政府特许经营中，社会资本与政府的地位处于不平等，政府处于管理方，社会资本属于被管理对象。

2. PPP模式主要体现共治，是资源配置的新模式

PPP模式至今没有公认的精确定义，国际组织和发达国家普遍把PPP理解为政府和企业的一种伙伴关系，世界银行将PPP定义为公私合营伙伴。不论哪种的定义，其核心都是政府与社会资本（或企业）合作。虽然政府与社会资本合作提供公共服务和公共品，但PPP模式的逻辑起点不同于政府提供公共服务模式。已有的经济学认识是，市场能有效发挥作用的地方交给市场，公共服务的提供只能是交给政府，政府与市场之间分工应当泾渭分明。但现实的情况是，即使在公认的公共领域，也并非政府独占，社会主体也可以提供公共服务。如果沿用这种思维与逻辑分析市场、社会可以提供公共服务，政府与市场、社会合作也只是在公共服务供给效率上有所提升。

认识PPP应从治理、资源配置角度认识。政府与市场、社会合作提供公共服务的逻辑起点是，提供公共服务是政府、社会、市场等主体的共同责任，政府、社会、市场合作提供公共服务。政府、社会、市场之间签署民商合同就公共服务提供，各方处于平等地位，共同治理。PPP项目所涉及目标各异的政府、市场、社会、居民等多主体，为形成合作，需要共建相关机制与制度。针对PPP项目中的不确定性与风险，单靠政府或市场、社会都难以解决，需要政府、市场、社会共同治理并共担不确定性与风险。政府与市场、社会合作形成、维系，必须满足各参与方的激励相容条件，参与各方收益共享。

基于提供公共服务是政府、社会、市场等主体的共同责任的逻辑，衍生出政府、社会、市场合作提供公共服务及其相应的机制、模式等。综合以上分析，PPP是资源配置的新模式，是除政府、市场之外的第三种模式，是政府、社会、市场各方共治、机制共建、利益共享、风险与责任共担的模式。

（四）政府特许经营扩张存在传统体制隐性复归的风险

当前，政府特许经营范围拓展比较明显（见表12-2）。特定范围内的政府特许经营有其必要性，但如果其范围过分扩张，会加剧政府相关部门的设权冲

动，进一步强化行政权力而弱化市场作用，并可能导致计划经济传统体制的隐性复归。

表 12-2　　　　　　　　　　特许经营范围

	北京市	天津市	成都市	国家发展改革委等 6 部委
特许经营权管理制度的名称和时间	北京市城市基础设施特许经营条例，2005 年	天津市市政公用事业特许经营管理办法，2005 年	成都市人民政府特许经营权管理办法，2009 年	基础设施和公用事业特许经营管理办法，2015 年
特许经营权范围	(1) 供水、供气、供热；(2) 污水和固体废物处理；(3) 城市轨道交通和其他公共交通；(4) 市人民政府确定的其他城市基础设施。	(1) 公共汽(电)车、客运出租汽车、地铁、轻轨等；(2) 城市公共供水和自建设施对外供水；(3) 城市管道燃气；(4) 城市供热；(5) 污水处理；(6) 垃圾处理；(7) 市人民政府确定的其他项目。	(1) 城市供水、供气、供热；(2) 污水处理、垃圾处理；(3) 城市轨道交通和其他公共交通；(4) 法律、法规、规章规定的其他项目。	中华人民共和国境内的能源、交通运输、水利、环境保护、市政工程等基础设施和公用事业领域

1. 容易导致行政权力被滥用

从法理上看，政府"法无授权不可为"，政府进入公共领域同样需要授权，不能自我赋权。例如，专营或专卖只是拥有国家授予政府的经营权或售卖权，政府不能成为特许经营的授权主体，也没权在国家明确授权的专营或专卖领域再特许其他主体经营。十八届三中全会决定和《国务院关于国有企业发展混合所有制经济的意见》（国发〔2015〕54 号）以及六部委联发的 25 号文中都明确提出了政府特许经营的概念和若干领域，但在《宪法》和相关部门法中并没有把公共基础设施和公用事业领域的建设权、经营权、处置权、收益权全权授予政府。已经进行的很多政府特许经营项目主要是根据部门规章或地方性法规自我赋权而进行的授权，这种授权的原始权利并不完整且没有充分的宪法依据，例如政府部门不能根据法律规定的对收费公路收费权的转让（参见《公路法》第六章收费公路尤其是第 65 条、66 条），就在公路的经营上设定政府特许经营权。总之，这种行政权力来源不明的行政许可权力的大范围应用，与我国依法治国的大思路和大方向不协调。

2. 微观基础缺失

一旦政府完成特许,就进入了企业经营环节,政府不会派代表参与企业的生产经营活动,对企业的经营活动缺乏了解,政府特许经营存在着"一授了之"、"一锤子买卖"的监管漏洞,加大了社会公共利益面临的不确定性风险,并导致社会资本利用公共资源获取超额利润而全民无法共享;对于社会资本而言,受制于政府信用和相关政策的不确定性,其收益同样可能面临不确定性。此外,这种政府行政授权的方式还会扩大寻租和腐败的空间。

3. 妨碍市场准入

政府特许经营包含了招标等市场活动所需的微观要件,但政府和社会资本实质上是一种不平等的关系,政府通过其行政许可占有主动权,社会资本则处于被动地位,这种市场准入正面管理和双方不平等的经济关系,如果在社会基础设施方面大规模和大范围应用,将会大大固化、强化政府的行政审批和行政许可权力,与我国简政放权、全面深化改革和促进开放的要求不符。

(五)PPP 在全球蓬勃兴起而政府特许经营日渐式微

1. 特许经营日渐式微,而 PPP 蓬勃兴起

政府特许经营产生于十七八世纪的法国和英国,19 世纪被国际上广泛使用。进入 20 世纪,国家职能作用出现变化,政府开始更多地干预国民经济的各个领域,并较多地直接承担公共基础设施和公用事业领域的经营,传统的特许经营概念有所淡化,并逐步发展成专营的模式。到了 20 世纪 70 年代末 80 年代初,随着新公共管理运动的兴起,政府在公共服务领域"引入市场竞争机制",逐步取消政府的垄断地位,让私人部门参与公共服务的供给,并借助私人部门的创新意识与管理技术提高公共服务的质量与效率。20 世纪 90 年代以来,越来越多的欧洲国家发现,基于伙伴关系的 PPP 比政府特许经营适用性更广,更能调动私营部门的积极性和主动性并提高公共服务的效率。PPP 开始代替政府特许经营成为发达国家公共部门和私营部门在公共事业领域的重要合作模式。

PPP 也是世界银行、国际货币基金组织、欧洲复兴开发银行、亚洲开发银行、经济合作组织等国际机构积极倡导的、促进经济发展的重要模式和工具。尤其是在 2000 年由联合国 193 个成员国及至少 23 个国际机构通过的"千年发展目标"框架中,PPP 被认为是确保经济社会实现公平发展的最佳模式。近年来,发展中国家纷纷效仿发达国家的 PPP 模式,PPP 开始在全球推广。据 OECD 统计,2009 年全球共有 131 个国家推广 PPP 模式。

通过梳理全球范围的政府特许经营、PPP 的发展历史,不难发现:虽然政府

特许经营早于 PPP，但特许经营日渐式微，而 PPP 蓬勃兴起。

2. 政府特许经营、PPP 在全球产生、发展与资源配置、公共治理方式紧密相关

政府特许经营、PPP 都是公共治理重要工具和资源配置方式，其产生、发展与其经济发展阶段、资源配置主要方式、公共治理方式等紧密。

（1）虽然政府特许经营产生早，但不符合市场决定资源配置、国家治理现代化发展所需而日渐式微

政府特许经营产生于十七八世纪，19 世纪被国际上广泛使用，与当时经济发展水平不高、市场发育不成熟有关。20 世纪 30 年代，世界范围出现经济危机，以凯恩斯主义为代表的国家干预主义，主张国家干预，政府较多地直接承担公共基础设施和公用事业领域的经营，包括公用事业在内的一些重要行业实行了不同程度的国有化、政府特许经营等兴起。但是，由于公用事业国有化缺乏竞争、效率低下等原因，民营化浪潮出现，政府从私营企业购买公共服务。

（2）PPP 模式符合多方共治、共同提供公共服务的发展趋势

公民社会的兴起、平民主义的催化是推动 PPP 发展的重要原因。20 世纪 90 年代以来，西方公民社会理论越来越倾向于把公民社会看作私人自治组织的联合体或是由这一联合体所进行的社会运动。随着市民生活条件整体变好并努力追求更好社会的目标，公民拥有更多的公共服务选择权也被提上日程。同时，希望被赋予满足共同需要的权力的期望，减少了对官僚机构的依赖，转而更多依靠家庭、邻里、教会、种族和自愿团体。这种平民主义的趋向，使得市民们要求政府过少干预社会，但同时又要求政府提供高效和廉价的公共品和服务，这一方面迫使政府自身提高服务质量和水平，另一方面又导致政府被迫把提供公共品和服务的权利交给私人合作伙伴。与此同时，20 世纪 70 代末 80 年代初新公共管理运动的兴起，在公共服务领域引入市场竞争，助推了 PPP 模式发展。

（六）以 PPP 模式推动政府改革

与政府特许经营不同，PPP 不是一场"闪恋"，而是一段持续稳定的"婚姻"，更能体现市场经济改革的趋势和经济社会协调发展的要求，但其结构更为复杂和严密，对政府的要求更高、更严。PPP 模式的推广应用必将成为政府改革理念的一次深刻变革和政府公共管理方式的一次重大创新，会大大提升政府的治理能力。

1. 加快 PPP 立法进程，将行政授权关进法制的笼子

政府特许经营存在的体制隐性复归风险，政府特许经营条例的制定会出现"于法无据"的格局，并加剧传统计划体制复归的风险。相对于政府特许经营而言，PPP模式更值得推广。在政府特许经营和PPP模式的规章制度并行运作的情况下，提高PPP立法的法律层级有助于规范PPP的发展，并由此将政府行政许可权力"关进法制的笼子"。因此，建议在《宪法》的基本框架下加快推进PPP立法研究进程，尽快制定出台《PPP法》，继而确保政府和社会资本的合作有法可依。

2. 实行市场准入负面清单制度，管住管好政府有形之手

政府特许经营是运用"正面清单"思维模式解决市场准入问题，其行政色彩、计划色彩、管制色彩较重，且存在着种种不确定性。PPP模式则是运用"负面清单"思维模式解决市场准入问题，符合对于社会主体而言"法无禁止皆可为"的法治思维。如果把特许经营作为广义PPP的一种方式的话，要严格把其范围限定在市场准入负面清单"限制性负面清单"中的很小的且有充分法律授权依据的范围内。未来，市场准入更多要依靠市场化手段解决，严格按照"负面清单"思维模式，依托PPP全程参与的伙伴关系，管住管好政府有形之手，充分发挥市场无形之手的在资源配置中的决定性作用。

3. 建立完善与社会资本的合作机制，创新政府管理方式

PPP模式中政府方和社会资本方通过混合出资设立的SPV公司，架起了政府与市场之间的桥梁，二者之间的边界更为清晰。政府方与社会资本方之间的权责利主要是通过民商事合同进行明确，依靠民法、经济法、商法进行调整。PPP模式中，政府方与社会资本方的谈判和合作都是依法自愿的，而不需要政府方过多的行政审批和行政管制，政府作为宏观管理部门对PPP项目的监管主要通过相关法律法规以及监督评价标准的制定为PPP项目的顺利推进提供服务和保障，为公共利益和社会资本利益的实现构筑起完善的法律制度"防火墙"。政府作为与社会资本方平等的法律主体，其对社会资本和项目的监管更多是通过《公司法》中规定的股东权利行使而实现。政府方的政策不能朝令夕改，随意调整或者终止与社会资本方的合作关系，损害社会资本方的合法权益。因此，在基于伙伴关系的PPP模式下，政府将从传统计划经济下的主动设权、强化管理、被动服务转向市场经济条件下的制度分权、规范管理、主动服务，政府公共管理方式将由此发生重大改变。

4. 实施全生命周期动态管理，提高政府治理能力

与政府特许经营管理不同，PPP实施环节强化了物有所值、财政可承受能

力、政府采购、绩效评价等环节的动态管理，更符合项目管理的内在要求。在PPP模式下，政府部门的风险意识、责任意识、法制意识将大大强化，政府规划管理、财政预算管理、内部控制、政府采购、资产负债管理、财务会计等制度将要改变，政府治理能力将由此提升。

四、基础设施、公用事业、公共产品、公共服务的概念辨析及关系

目前，对于以"共治"理念推进PPP立法已经基本形成一致共识。但在具体立法推进中又面临着一些基本概念的困惑和由此导致的立法范围不明确问题。而这恰恰是PPP立法首先要厘清的问题。立法不能成为部门跑马圈地的"美丽外衣"，更不能在PPP立法推进中以文字表面之意而人为割裂立法的适用范围。因此，PPP立法要有顶层设计，顶层设计意在跳出部门看全局，跳出PPP具体方式思考整个基本公共服务体系改革的新理念新思路，既不能和稀泥，更不能简单分工和分割。基础设施、公用事业、公共产品、公共服务不是并列概念，不能简单分割。基础设施和公用事业是整个基本公共服务体系的重要组成部分。

（一）基础设施和公用事业是基本公共服务体系的重要构成

关于基础设施和公用事业的定义，国际机构、学术词典、国外立法以及专家学者分别给出了不同的界定（见表12-3）。不论何种界定都反映出二者的共同特性，即公共性、共享性、保障性和社会公平性。这也恰恰是基本公共服务体系的特征。从定义上，基础设施也可以称为公共基础设施或公共设施，是社会生产和居民生活提供公共服务的物质工程设施，它是社会赖以生存发展的一般物质条件。基础设施更强调其"物"的特性，侧重于硬件建设，具体体现为各类公共资产，既包括公路、铁路、机场、通讯、水电煤气等经济性基础设施资产，也包括教育、科技、医疗卫生、体育及文化等社会事业发展所需要的社会性基础设施资产。公用事业指具有各企业、事业单位和居民共享的基本特征的，服务于城市生产、流通和居民生活的各项事业的总称。按照行业内容划分，公用事业主要以第三产业为主，但同时建有第二产业（如热力、电力的生产、分配和公用等）的内容。从空间分布来看，公用事业较多地指的是城市或者城镇的公用事业，这与城镇化有关。公用事业侧重于公共服务的提供和购买，强调以公共基础设施为依托而提供公共服务的行为，例如供热、供水、供气、垃圾焚烧、污水处理的行为。广义的市政公用事业是包含市政基础设施、公用事业、园林绿化、市容和环境卫生、排水、防洪等。

||| 国内PPP立法分析

表12-3　　　　　　　　　基础设施和公用事业的不同定义

名称	定义	来源
基础设施	永久性的工程构筑、设备、设施和它们所提供的为居民所用和用于经济生产的服务，并认为"它们都程度不同地存在着规模经济，存在着使用者与非使用者之间的利益溢出性（spillovers from users to nonusers）"。它主要包括以下几个方面：（1）公共设施——电力、电讯、自来水、卫生设施、排放污水、垃圾收集与处理、管道煤气等；（2）公共工程——道路、为灌溉和泄洪而建的大坝和运河工程设施等；（3）其他运输——市区与城市间铁路、市区交通、港口和航道、飞机场等。概括起来，它涵盖了交通运输、通讯、电力、水利及市政基础设施，而把经济基础设施之外的其他基础设施定义为"社会基础设施"，通常主要包括文教、科研、医疗保健等方面的内容。	世界银行，1994年
	基础设施是指为企业、工业、国家、城市、城镇或地区的经济服务的结构、系统和设施，包括其经济功能所必需的服务和设施。	维基百科
	基础设施是指那些对产出水平或生产效率有直接或间接提高作用的经济项目，主要内容包括交通运输系统、发电设施、通讯设施、金融设施、教育和卫生设施，以及一个组织有序的政府和政治体制。	《经济百科全书》1982年
	它还可以包括人民受教育的水平、社会风尚、生产技术以及管理经验等无形资产。	美国《现代经济词典》
	基础设施是为生产、流通等部门提供服务的各个部门和设施，包括运输、通讯、动力、供水、仓库、文化、教育、科研以及公共服务设施。	于光远《中国经济大词典》
	基础设施是为发展生产和保证生活供应而提供公共服务的部门、机构的总称。包括铁路、公路、水路、航空等交通运输系统；输电、输气、输油、煤炭干线等能源供给系统；供水、排水、污水处理等水利系统；物资供应系统；邮电通信系统；情报信息系统；以及商业、教育、卫生、科研、生活服务和公共事业部门。它们强调的是为生产、生活提供服务的部门和设施，其范围弹性是很大的，因为一切公共物品都可以看作为生产流通提供服务的，即使公共生活设施也不例外。	赵玉林、王化中《经济学辞典》
公用事业	公用事业是一个组织，维护公共服务的基础设施（通常还提供服务，使用该基础设施）的组织。公用事业是受当地社区团体及政府控制和调节的。	维基百科

续表

名称	定义	来源
公用事业	公用事业可以被划分为两种类型：一是那些在供应厂商与公众消费者地域之间通过某种耐久性有形设施，直接或间接地提供持续性或重复性服务的行业，二是公共运输/输配业。	美国著名公共经济学家詹姆士·邦布里特，1961
	公用事业产品和生产过程的五个特点，它们是：资本密集性（固定成本高昂或具有规模经济）、产品为必需品（社会基本品）、产品的不可储存性（同时受需求波动影响）、在特定的适合地点生产、与消费者的直接紧密关系。	美国著名公共经济学家詹姆士·邦布里特，1988
	所有那些直接或间接的为了实现公共目标，或在持有特许经营权、执照和许可的条件下，由公司、机构、合伙人、个人或财产委托人在供暖、制冷、能源、电力、给排水、垃圾处置、油品、燃气或照明等行业所从事的生产、储存、运输、销售和服务。	美国《公用事业法》
	公用事业只是经济性基础设施的一部分，包括电力、管道煤气、电信、供水、环境卫生设施和排污系统、固定废弃物的收集和处理系统。	世界银行
	我国学者主要从广义和狭义层面来界定公用事业，一般认为广义的公用事业等同于公共事业，是指那些面向全社会，以满足社会公共需要为基本目标、直接或间接为国民经济和社会生活提供服务或创造条件，并且不以营利为主要目的的社会活动。它主要包括教育、科技、文化、卫生、基础设施、公共住房、社会保障、环境保护等事业。而狭义的公用事业则是指通过基础设施向个人和组织提供普遍必需品和服务，并向其收费的产业，主要包括电力、电信、邮政、铁路、燃气、供热、供水和污水处理、公共交通等。	

综上，公共基础设施和公用事业是基本公共服务体系的重要构成，缺一不可。公共基础设施是公共服务得以提供的重要物质载体，公用事业则是公共基础设施得以发挥作用的必要行为条件，更加强调服务行为，二者共同实现公共服务的有效供给。本质上看，二者属于产品的概念，一个是物、一个是行为，但二者不能简单割裂。

（二）公共服务和公共产品既非并列概念也不可相互替代

对于公共服务和公共产品存在多种定义（见表 12-4）。

表 12-4　　公共产品和公共服务的不同定义

名称	定义	来源
公共产品	每一个人对这种产品的消费并不减少任何他人也对这种产品的消费。	萨缪尔森《公共支出的纯理论》
	公共产品是指具有非竞争性和非排他性的物品。非竞争性是指一个使用者对该物品的消费并不减少它对其他使用者的供应,非排他性是指使用者不能被排除在对该物品的消费之外。	世界银行,1997
	纯公共品的两个重要的特性：第一,对其使用实行配给是不可行的；第二,对其使用实行配给是没有必要的。	约瑟夫·斯蒂格里兹
	任何集团或社团因为任何原因通过集体组织提供的商品或服务,都将被定义为公共产品。某一种公共产品只可以使很小的团体,比如包括两个人的小团体受益,而另外一些公共产品却可以使很大的团体甚至全世界的人都受益。	布坎南
	在经济学中,公共产品是一种具有非排他性和非竞争性的物品,一个使用者对该物品的消费并不减少它对其他使用者的供应。在非经济意义上,这个词经常用来形容东西为公众通常是有用的,如教育和基础设施,虽然这些都不是"公共产品"的经济意义。就是具有非排他性,但是具有一定的竞争性。	维基百科
	公共产品是私人不愿意提供或无法提供而由政府提供的物品和劳务。	高鸿业《现代西方经济学》
	所谓公共物品是指一个人对某些物品或劳务的消费并未减少其他人同样消费或享受利益。其特性表现为：（1）消费的非竞争性；（2）提供的非排他性。	胡代光
公共服务	任何因其与社会团结的实现与促进不可分割、而必须由政府来加以规范和控制的活动就是一项公共服务,只要它具有除非通过政府干预,否则不能得到保障的特征。	莱昂·狄骥,1921
	广义的公共服务的职能可归结为三个方面：政府的稳定职能,主要是保持宏观经济运行的稳定；政府的效率职能,主要是提供各种狭义的公共产品和劳务；政府的平等职能,主要是实现公共服务均等化。	萨缪尔森

续表

名称	定义	来源
公共服务	公共服务是由政府通过直接或者融资的方式向其辖区内的人民提供的服务。这个词是与社会共识（通常通过民主选举体现），某些服务应提供给所有人，无论其收入，体能或心理如何。即使出于社会和政治原因，公共服务既不是公开提供，也不是公共出资，他们通常受到超出大多数经济部门的规定的限制。	维基百科
	公共服务是一个很宽泛的概念，广义上的公共服务是指公共领域所提供的直接的和间接的服务的总称，具体包括科学研究、基础设施、公共交通系统、环境保护、城市规划、社会福利、警察服务、公共教育、消防救灾、信息服务等，既有物质形态的公共服务，也有非物质形态的公共服务。	冯云廷
	公共服务指政府为满足社会公共需要而提供的产品与服务的总称，它是由以政府机关为主的公共部门生产的、供全社会所有公民共同消费、平等享受的社会产品，他认为理解公共服务概念有两个基本点：一是满足社会公共需要，二是公民平等享受。	李军鹏
	公共服务有如下特征：第一，公共服务必须是满足公共需求，满足个性化的私人需求的产品和服务不属于公共服务的范畴。第二，公共服务是以公共权力或公共资源的投入为标志的，在提供服务的过程中如果没有使用公共资源、没有公共权力的介入，则不能视为公共服务。第三，提供可以是直接的，也可以是间接的。各级政府是公共服务的统筹者、安排者，可以直接生产，也可以通过安排其他主体生产来间接提供公共服务。第四，提供公共服务是政府职能的一部分而非全部，是与经济调节、市场监管、社会管理并列的政府职能。	杨颖

长期以来不论是学术界还是实务界对公共服务或公共产品，要么并列使用，要么相互替代。具体来说，主要认为两者为替代关系、包容关系和并列关系。

（1）替代关系。有的学者研究了西方经济学和公共行政学之后，明确指出："在西方传统理论中，'公共服务'和'公共物品'被看作是可以等同和相互替换的概念。至少，它们之间的界限是模糊的"。"传统的政府实践和经济学观点认为，公共服务就是公共产品。或者说，生产公共产品与提供公共服务是不可分开的。"有些学者虽然没有把公共产品和公共服务界定为同义概念，但是，也没有作出严格区分而时常出现同义混用的现象。有人作出了学理区分，但是，在实际运用的时候，又把两个概念混淆起来，用公共物品的规定性探讨替代公共服务的规定性探讨。

（2）包容关系。有的学者认为，公共服务的外延包容了公共产品。国外学者持有这样的观点：按照生产生活中的"必不可少性"，公共服务分为"公共产品"和"价值产品"。国内持这种观点的人更多。马庆钰认为："'公共服务'主要指由公法授权的政府和非政府公共组织，以及有关工商企业在纯粹公共物品、混合性公共物品和特殊私人物品的生产、供给中所承担的责任。"王毓认为："公共服务包括公共政策、公共设施、公共秩序、公共安全、公共卫生等。""通过公共服务，可以提供公共产品，也可以提供混合产品或私人产品。"有的学者认为，公共服务仅是公共产品中那些非具体的、带有服务性质的公共产品。"依据公共产品的形态，可以把公共产品分为资源形态的公共产品、物质产品形态的公共产品、服务形态的公共产品、制度形态的公共产品、文化形态的公共产品等。"显然，以上表述把公共产品当成外延更大的概念。公共服务仅仅是诸多公共产品类型中的一种。

（3）并列关系。在经济学中，产出分为产品和服务两种形式。一般认为，产品是有形的，服务是无形的；产品是结果，服务是过程；产品的生产和消费可以在时间与空间上相对分离，而服务的生产与消费则是时空一体的。有人顺理成章地将政府的产出分为公共产品与公共服务。公共产品就是政府提供的有形产出，公共服务就是政府提供的无形产出，两者是并列关系。在公共行政学界，持这种观点的人不在少数。然而，有的学者提出质疑：称公共产品和公共服务并列使用，是理论上和逻辑上的错误。这样做无助于理解问题和解决问题，只能使基本概念更加含混不清。有的学者则从效率、公平、公共事务的角度指出，"政府提供公共服务，是为了提供基本保障、增进公平、促进基本消费均等化，属于人权事务领域"。政府提供的公共服务不受物品性质的限制而涵盖了不同特性的产品。其中，既有主权事务，也有人权事务；既包括公共产品、准公共产品，也包括私人产品。因此，"将公共产品和公共服务并列使用，不存在理论上和逻辑上的错误"。

事实上，这两个概念是反映同一事物的不同侧面，既不是并列概念也不能相互替代。公共产品是从功能意义上说的，是一种工具和载体；而公共服务是从功能发挥出来而言的，是一种结果。公共服务是公共产品功能发挥出来的一个结果。可以说，提供了公共产品并不等于提供了公共服务。例如，社会资本方负责设计、建造的公共基础设施，并不属于公共服务本身，而只是提供公共服务的载体。只有公共基础设施在运营和维护下，其功能正常发挥，才意味着提供了公共服务。再如，办了一所学校、医院，建立一项制度，这本身都只是公共产品，并不等于提供了公共服务，只有学校、医院、制度的功能有效发挥出来之后，才算是提供了公共服务。

（三）PPP立法应强化公共服务系统性"共治"理念

从目前PPP立法的推进来看，面临的一个问题是已经出台的《基础设施和公用事业特许经营管理办法》（发改委、财政部、住建部、交通运输、水利部、人民银行第25号令）把基础设施和公用事业划块出去以特许经营方式进行。目前，一种声音是说公共服务可以用PPP模式。这种把基础设施和公用事业、公共服务并列对待后再划块分割的立法方式显然既不符合学理，也不符合法理。一方面，诚如前文所述，基础设施和公用事业是公共服务体系的重要构成，是实现公共服务供给的物质载体和行为手段。三者之间不是并列关系，不能简单分割，也无法分得开；另一方面，基础设施、公用事业采取特许经营模式缺乏法理依据。社会基础设施与公用事业有的涉及公共利益，有的属于公共服务，有的涉及自然垄断或国家所有。因此，国家所有、自然垄断、公共服务、公共利益成为在社会基础设施与公用事业领域进行政府特许经营甚至无限泛化政府特许的理由。这种做法是缺乏法理依据和现实依据的。社会基础设施与公用事业并非都要政府特许，政府特许之"特"与国家所有、自然垄断、公共产品、公共利益没有必然联系，而与公共风险密切相关（详细分析见本章第二节）。

公共产品是可以由政府单边买来的，但公共服务跟共治逻辑上是内在关联的，公共服务就需要多方共建共享中才能实现。公共产品是从产品的功能加以考量，属于功能的载体，而公共服务更注重考察功能发挥之后的结果。基于受惠于民的考虑，建议将公共服务而非公共产品贯穿到立法的过程中。特别需要指出的是，PPP立法顶层设计一方面要强化公共服务的完整性、系统性，不能简单地把基础设施和公用事业排除在整个公共服务体系之外单独立法；另一方面要强化公共服务供给的新理念，即以"共治"理念和"负面清单"思维推进公共服务供给模式改革，以不可以"单边主义"理念和"正面清单"特许思维倒退改革。

第二节 坚持以共治理念推进我国PPP立法

国家治理现代化的核心特质在于"多元共治"。PPP是政府、市场、社会分工合作提供公共服务的新模式，其核心是共治，是公共治理或国家治理在公共服务领域的具体体现。走向共治，需要传统与现代结合起来，把群众路线与现代治理融合起来。这意味着，我国当前的公共治理结构需要重塑，这是 PPP 立法的逻辑前提与理论基础。这其中蕴含着"共治"这个基本理念。具体来说，有几个要点：一是从制度主义转向行为主义，从一刀切式的制度治理转向多元行为治理；二是从放权转向分权，重构多元主体，调动各方面的积极性；三是从注重物权控制转向注重产权构建，强化产权流动和资源配合；四是从正面清单转向负面清单思维，给经济社会主体应有的自主权自治权。

一、从制度主义转向行为主义

传统理论认为，公共产品只能由政府单边提供。现实已经突破这种理论。市场也可以与政府合作，共同提供公共产品。在 PPP 立法导向上，要从制度主义的界域思维转向行为主义，从单边思维转向共治理念，从法律文本导向转向法律实施导向。

（一）从界域思维转向行为主义

当前 PPP 项目落地难的重要原因是其不确定性。PPP 项目合作涉及两个以上主体间的互动。互动过程既不能完全按照市场规则，又不能完全按照政府规则。两种规则都不能单独适用的情况下，政府与社会资本合作的不确定性就会急剧放大。过去按领域设立的规则如果不适时调整，继续以固化的界域思维应对不确定的现实显然会碰壁。为此，只有打破既有的非市场即政府的界域思维，从行为视角研究思考不确定的现实才是可行的。既然现有的财政学、经济学、法学理论已经不能很好地解释 PPP 的全球兴起，我们就需要转换研究视角，以创新的思维重新审视既有理论和相关法律制度。

（二）从单边思维转向共治理念

从全球来看，政府特许虽然早于现代意义上的 PPP，但政府特许日渐式微，PPP 蓬勃兴起。这预示着公共治理中政府、市场、社会之间的关系在发生实质性变化，公共治理结构处于重塑之中。按照传统的政府、市场之间关系"二分法"的思维和公共服务政府"单边责任"和"单边义务"的理念，政府与市场之间应泾渭分明，公共服务只能由政府提供。完全靠市场或者完全靠政府单边提供公共服务都力所不能及。只有突破"单边思维"局限，实现政府、市场、社会共治，才能形成公共服务供给的强大合力。PPP 强调平等的伙伴关系，本质上体现了一种共治精神。政府与社会资本打破传统的楚河汉界，通过分工合作共同提供公共服务，超越了社会集体行动中的"政府中心论"。这与全面深化治理改革的要求高度契合，顺应了人类文明发展多元共治的基本趋势。

基于平等伙伴关系的PPP模式，是一种全程参与、收益共享、风险共担的共治关系。这种共治关系分为两个层面：一是宏观层面公共风险的多元共治关系。公共服务的背后是社会个体无法解决的公共风险，合作提供公共服务，也就是共同治理公共风险，并形成制度安排。这既不是政府资金不足条件下实现减压的权宜之计，也不仅仅是经济学视角下的"物有所值"，而是基于共治的一种价值取向。参与共治，既可以以缴税方式来集体委托政府提供公共服务，也可以直接参与公共服务的提供，企业或非企业组织（社会资本方应当包含营利性的企业和非营利性的组织），只是方式的不同。二是微观层面以项目"风险—收益"的分担与共享为核心的缔约关系。这种缔约关系是平等的、自愿的、自主的，当然也是自治的。这可以发挥市场、社会两类主体的作用，并与政府的作用形成合力。上述两层含义分别构成PPP模式宏观体制和微观机制的学理基础。

（三）从法律文本导向转向法律实施导向

PPP立法的根本目标就是化解不确定性，降低不确定性的程度。通过法律的规范和约束，明确相关主体的权责利，使老百姓、政府、社会资本的行为都可预期，风险和收益也都可预期。为此，整部立法应基于行为主义的法律实施导向，而非基于制度主义的法律文本导向。要坚决避免此前在PPP和政府特许经营实际运行中出现的部门划块、不协调、不统一问题，把PPP立法和政府特许分开来考虑。确保整部法律的权威性、科学性、协调性、连续性。力争形成最大共识，确保《PPP法》能够成为一部可落地、可执行、能奏效的良法。虽然PPP强调多元主体共治，PPP项目全过程会涉及多种法律行为和法律关系，但是要避免随意嫁接，混为一谈，把《PPP法》变成一个包罗万象的综合管理法。

二、与分权改革有机结合

PPP共治理念的核心是分权改革，没有分权改革就无法实现政府、市场、社会的共治，无法共治，治理现代化就难以实现。为此，应实现从放权思维向分权思路的转变，淡化PPP立法的行政色彩，定位于民事立法和强调程序正义。

（一）从放权思维转向分权思路

分权改革包含横向的向市场、社会的分权和纵向的中央向地方的分权。从横向上看，政府应向市场分权，激发市场活力，向社会分权，发挥社会创造力。从中国改革发展的历程看，政府向市场的分权取得了显著成效，而向社会的分权则进展缓慢。PPP 模式的蓬勃兴起必然会推动政府向市场分权的进一步深化，政府向社会分权的实质性发展。从政府特许和 PPP 的发展演变不难看出，一开始，二者均是为了解决政府融资和特定领域的市场准入问题。但二者的逻辑起点和机理有本质不同。国外政府特许强调的是政府公共权力的让渡和政府的单向委托授权。国内政府特许经营是以政府为中心的纵向行政授权。这种委托授权实质上是一种传统计划经济的放权思维，是假定政府在公共领域拥有天然的独占权。把基础设施和公用事业领域视为政府独占领域而行特许的界域思维是没有法理依据的。基于平等伙伴关系的 PPP 模式，是多中心的平等合作，政府不具有先天的垄断权，市场和社会完全可以参与，只是分工合作的具体形式各异，与分权改革的思路高度契合。因此，要与分权改革相协调，大力推广 PPP 模式而严格限定政府特许。若过分强调甚至扩大政府特许，将进一步强化行政权力而弱化市场作用，并可能导致计划经济传统体制的隐性复归。

从纵向上看，中央向地方分权，在法律框架内赋予地方政府更多因地制宜的自主权。以此确保各地 PPP 项目的实施既符合国家的总体规划和要求，又能很好的对接本地发展现实和目标。尽量避免 PPP 立法中采用一刀切的方式而抑制地方创新空间。PPP 立法应当是对共性问题的原则性的规范。各级地方政府可以根据本地实际情况制定具体的实施细则和管理办法。

（二）PPP 立法应定位于民事立法和强调程序正义

PPP 立法应当定位于一个民事立法，而非行政立法。与分权改革相适应，淡化整部法律中的审批、批准色彩（强化的是政府责任及义务，而非行政权力本身）。属于一致性监管和行政许可范围的事项，依据已有的相关法律，不应纳入 PPP 立法中来。PPP 立法应当更加倾向于程序正义，重点是通过标准化的严格程序对政府、市场、社会的分工合作行为进行规范。通过程序实现各方主体责权利的相互制衡和约束，避免公共风险和财政风险的隐性积累，充分确保公共利益的最大实现及各方利益的合理平衡。

三、坚持"负面清单"立法思维

政府特许经营是一种计划经济"正面清单"的放权思路，与全面深化改革、打破垄断而开放的"负面清单"思维截然不同。应着眼中国改革与发展大局，坚持"负面清单"思维推动 PPP 立法。

（一）公共领域政府特许经营缺乏法理依据

政府承担提供公共服务的责任并不等于政府在公共领域拥有独占权，而排斥社会其他主体进入。也就是说，在公共领域，政府并不具有"自然权力"的宪法依据。采用政府特许的行政授权方式，会进一步固化甚至会扩大政府的行政许可权。根据党的十八届四中全会关于依法治国的要求，政府要依法行政"法无授权不可为"，经济社会主体则是"法无禁止皆可为"。政府进行特许的前提是于法有据。不论是商业特许，还是政府特许，其前提都是要具有特许的权力来源和法定依据。长期以来基础设施和公用事业领域一直被政府垄断经营，但纵观《能源法》、《公路法》、《航道法》、《水法》、《环保法》等相关法律，并没有明确禁止社会资本不能建设运营，只是社会资本参与建设运营的要求更高、标准更严，而这些要求和标准不是设立行政门槛（部分内容属于一致性监管的共同要求，部分内容属于双方谈判的基本要素）。既然法律没有禁止社会资本参与建设运营，就没有必要再人为设置行政门槛，更不能法外设权，造成政府和社会主体之间实质性的不平等。

（二）严格限定"正面清单"思维的政府特许经营

政府特许强调的是政府行政授权，属于计划经济的"正面清单"思维。《中华人民共和国行政许可法》第十二条第二款规定："有限自然资源开发利用、公共资源配置以及直接关系公共利益的特定行业的市场准入等，需要赋予特定权利的事项，可以设定行政许可。"这一规定的范围太宽泛，不容易在实际操作中合理把握，甚至容易造成一些政府部门借立法规定不明确而打擦边球乱设许可，扩大部门权力。根据《宪法》、《物权法》以及《行政许可法》的规定，政府能够进行特许的领域应当是严格依法限定的，即法定的有限自然资源领域（如探矿权、取水权、土地使用权），资源配置（如无线电频谱资源、公交线路、航空航线等的配置）和直接关系公共利益的特定行业的市场准入。此处需要明确一点，即政府拥有对某一领域的收费权并不代表政府对该领域天然拥有经营权。以拥有收费权而对经营事项进行特许是缺乏依据的。政府也不能以自然资源归国家所有的所有权属性而对所有自然资源领域和资源配置的全部事项进行特许。经营权与所有权分离之后，可以由不同主体来实施。

关于直接关系公共利益的特定行业的市场准入问题，党的十八届三中全会提出了坚持权利平等、机会平等、规则平等，废除对非公有制经济各种形式的不合理规定，消除各种隐性壁垒。这体现的是打破垄断而开放的负面清单思维。《国务院关于实行市场准入负面清单制度的意见》（国发〔2015〕55号）（以下简称"意见"）明确规定市场准入负面清单，适用于各类市场主体基于自愿的初始投资、扩大投资、并购投资等投资经营行为及其他市场进入行为。对禁止准入事项，市场主体不得进入，行政机关不予审批、核准，不得办理有关手续；对限制准入事项，或由市场主体提出申请，行政机关依法依规做出是否予以准入的决定，或由市场主体依照政府规定的准入条件和准入方式合规进入；对市场准入负面清单以外的行业、领域、业务等，各类市场主体皆可依法平等进入。也就是说，只有在限制准入类的负面清单内才具有特许的可能，而《意见》对限制性负面清单的内容并没有明确界定。但是，从实行更高程度对外开放的视角看，限制性负面清单的内容也不宜过长，应严格限定。

《中华人民共和国行政许可法》第二十条规定："行政许可的设定机关应当定期对其设定的行政许可进行评价；对已设定的行政许可，认为通过本法第十三条所列方式能够解决的，应当对设定该行政许可的规定及时予以修改或者废止。"据此政府进行特许的范围不是静态不变的，要根据改革与发展的实际需要进行动态调整。以宽泛的公共利益名义设定公共服务提供必须经过行政许可的立法已经不合时宜。

（三）以"负面清单"思维加快 PPP 立法

PPP 强调的是向市场、社会分权，属于市场经济的"负面清单"思维。如果在公共基础设施和公用事业领域大规模和大范围应用政府特许，以正面清单方式解决市场经济条件下的市场准入问题显然是行不通的，与我国市场化改革的大方向显然相悖。坚持"负面清单"思维，以更为宏观的视野（非囿于单个项目）加快推进 PPP 立法，才是破除公共领域独占性、推进公共治理改革和解决公共服务有效供给的良策。

建议国务院重新评估既有的 25 号令，从国家治理的顶层设计高度和以"负面清单"的思维重新审视政府特许经营条例的立法必要性。从法律的系统性和规范性角度考虑，建议修订完善《行政许可法》，并在新修订的《行政许可法》中进一步明确需要政府特许的领域和范围。涉及政府特许具体实施和操作层面的规范可以实施细则的方式制定出台。考虑到政府行政特许的范围是动态调整的，完全没有必要就政府特许经营单独立一部特许经营法或特许经营条例。特许的内容归入行政许可法范畴，经营的内容归入 PPP 立法的范畴。

四、以产权制度为核心推动 PPP 立法

合理的产权制度设计是保障分权改革有效推进，分而不乱，有序共治的核心与关键所在。不能把所有权、特许权、经营权、收费权混为一谈，应从重物权控制转向强调产权流动。

（一）所有权、特许权、经营权、收费权不能混为一谈

所有权、特许权（实质是独占权，是一项无形资产）、经营权、收费权是不同的权利，可以由不同的主体来行使，而当前普遍是混为一谈。根据权能分离理论，所有权与经营权是可以分离的。政府代表国家行使所有权的领域并不意味着只有政府可以经营。基于此，国家所有并不必然成为政府进行特许经营的依据，国家所有并不意味着政府可以在所有环节上都必须进行特许。

"Concession" 本义为"特许权"、"让渡"，国内却简单地翻译为"政府特许经营"，这本身是不严谨的。特许权（政府行政权）与经营权（民事权利）是两种不同的权利，不能简单拼在一起称为"政府特许经营"。特许权、特许权授予与经营权、经营协议混淆不分，恰恰是造成实务中无法操作、司法实践中不好掌握的重要症结所在。从本质上看，政府特许协议解决的是能不能干的行政许可问题，至于具体由什么样的主体来干（政府自己干、与社会资本一起干、交给社会资本干）以及如何干的问题，不是政府特许解决的问题。PPP协议恰恰是对由谁来干和具体怎么干的具体约定。但我国的政府特许经营从纵向行政授权"嫁接"到了平等合作的伙伴关系上，其协议也一同嫁接到了伙伴关系的PPP协议上，这种嫁接混淆了行政与经济两种性质不同的关系。这才产生了特许经营也是PPP模式一种类型的错觉，同时也产生了这种协议是行政合同还是民事合同、还是混合合同的争议。这好比一头狮子驮着一只狐狸，看上面，看到的是一只狐狸；而看下面，看到的却是一头狮子。分别看，都正确，但从整体看却都不对。

把PPP划分为政府特许经营、股权合作和政府购买服务等形式，甚至把私有化、混合所有制都作为PPP的实现形式，完全是误解或功能上的"泛化"；把政府特许经营视为PPP模式的一种方式或类型完全是一种误解；以付费方式作为划分PPP类型的依据，实际上是曲解了PPP的实质内涵，把PPP模式降低为回报机制或融资手段。实行使用者付费，是政府的一种收费权，与特许权是两种不同的权力。

1. PPP兴起意味着政府特许权与经营权的分离

市场化改革的不断深化为产权的自由流动与多元组合创造了现实条件，产权流动又成为市场化发展的内在生命力。PPP的全球兴起使其成为不亚于市场化改革的一场重大改革，政府向市场社会的分权改革正式提速，政府特许权与经营权不再合二为一。所有权、特许权、经营权、收费权相互分离应成为市场化改革和PPP发展的重要理论支撑。政府特许经营应当像预算外收入一样收入历史博物馆。

(1) PPP 是不亚于市场化改革的一场重大改革

PPP 全球兴起，特许经营日渐式微，意味着公共资源配置模式、公共治理结构和全社会收入分配体制的全面革新，意味着政府、市场、社会之间关系的重新布局。PPP 强大的牵引性和辐射性将会改变整个社会的利益结构和风险结构，重塑整个国家的治理结构。政府与市场的边界是不断发生变化的。即便是按照传统的政府与市场"楚河汉界"的界域思维，这种边界也是在动态变化的，政府与市场发挥作用的领域是在不断调整的。传统的公共产品和市场失灵理论已经无法很好地解释并支撑公共服务"供给侧"改革现实需要。因此，从公共服务的供给创新角度看，公共服务的供给不是政府天然的独占权利，而应当通过体制机制创新实现政府、市场、社会的共治。PPP 恰恰是政府、市场、社会分工合作提供公共服务的新模式，其核心便是共治，是公共治理和国家治理在公共服务领域的具体体现，是不亚于市场化改革本身的一场重大改革。

(2) 市场经济的发展要求实现特许权与经营权的分离

健全归属清晰、权责明确、保护严格、流转顺畅的现代产权制度是"十三五"规划的重要内容和基本要求。所有权与经营权相分离是现代产权制度的要旨所在。所有权与经营权无法很好地实现分离，现代产权制度就无法真正建立起来。PPP 作为高度市场化的公共服务供给新模式，充分保障了社会资本的经营自主权和独立性，这恰恰是市场经济促进活跃交易和保护社会主体、市场主体自由竞争、自主经营权利的基本要求。这同时意味着传统的把政府特许权与经营权、政府行政权力与市场主体民事权利合二为一、混为一谈的政府特许经营已经无法适应市场经济发展的更高要求，甚至成为阻碍改革进程的掣肘。市场经济的深化发展要求是实现所有权、特许权、经营权、收费权的相互分离，这样才能真正确保市场在资源配置中决定性作用的更好发挥。传统的物权控制思维和绝对所有权理念显然与市场经济鼓励交易和债权行为，强调产权流动的所要求不相适应。不论是根据萨维尼的物权行为与债权行为的无因性理论，还是根据物权权能分离理论和相对所有权理论，特许权和经营权是可以与所有权相互隔离而独立存在的。单纯从特许权和经营权的关系上看，特许解决的是让不让干的问题，经营解决的是和谁干以及怎么干的问题，是两回事。经营权本质上是平等主体间意思自治的结果，属于债权行为。特许权则属于自上而下的一种确权，属于物权行为，是一种单一所有权向特定主体的转移，其不能成为经营契约成立的先决条件。先特许再经营，先有物权再行债权的思维显然不符合基本法理。收费权作为物权的一种孳息可以与特许权、经营权相分离而独立存在，且可以依法转让。

2. 社会基础设施与公用事业并非都要政府特许

社会基础设施与公用事业有的涉及公共利益，有的属于公共服务，有的涉及自然垄断或国家所有。因此，国家所有、自然垄断、公共服务、公共利益成为在社会基础设施与公用事业领域进行政府特许经营甚至无限泛化政府特许的理由。通过上述分析，这种做法是缺乏法理依据和现实依据的。社会基础设施与公用事业并非都要政府特许，政府特许之"特"与国家所有、自然垄断、公共服务、公共利益没有必然联系，而与公共风险密切相关。

（1）国家所有不是政府特许经营的理由

如上文分析，所有权、特许权、经营权应当相互分离。政府基于国家所有权对经营权进行特许不符合法理。虽然我国法学理论界对萨维尼的物权行为理论尚存争议。但是，我国《物权法》（2007年中华人民共和国第62号主席令）第十五条规定："当事人之间订立有关设立、变更、转让和消灭不动产物权的合同，除法律另有规定或者合同另有约定外，自合同成立时生效；未办理物权登记的，不影响合同效力"。（法释〔2012〕8号）《最高人民法院关于审理买卖合同纠纷案件适用法律问题的解释》第三条规定："事人一方以出卖人在缔约时对标的物没有所有权或者处分权为由主张合同无效的，人民法院不予支持。出卖人因未取得所有权或者处分权致使标的物所有权不能转移，买受人要求出卖人承担违约责任或者要求解除合同并主张损害赔偿的，人民法院应予支持。"这已经在司法实践层面认可了物权行为和债权行为的无因性，为所有权、特许权、经营权的分离，为鼓励产权流动与交易提供了充分的法律和实践支撑。另外，打着国家所有，政府代表国家行使所有权的名义进行特许权授予甚至泛化特许权也不符合经济社会共享发展和国家治理"多元共治"的理念。

（2）自然垄断不是政府特许经营的理由

自然垄断是经济学中一个传统概念。早期的自然垄断概念与资源条件的集中有关，主要是指由于资源条件的分布集中而无法竞争或不适宜竞争所形成的垄断。长期以来，历史原因造成的自然垄断领域为政府所控制经营并不意味着政府在自然垄断领域具有"天然权力"的宪法依据。换言之，自然垄断领域的经营权不是政府的法定权力。根据党的十八届四中全会关于依法治国的要求，政府要依法行政"法无授权不可为"，经济社会主体则是"法无禁止即可为"。纵观《能源法》、《公路法》、《航道法》、《水法》、《环保法》等相关法律，并没有明确禁止社会资本不能建设运营，只是社会资本参与建设运营的要求更高、标准更严，而这些要求和标准不是设立行政门槛（部分内容属于一致性监管的共同要求,部分内容属于双方谈判的基本要素)。既然法律没有禁止社会资本参与建设运营,就没有必要再人为设置行政门槛,更不能法外设权,造成政府和社会主体之间实质性的不平等。政府对自然垄断领域的经营权进行行政授权缺乏法理和政策依据。况且,经营权的转让不应采取行政授权方式,本质上属于平等民事主体间的意思自治的民事契约关系。随着经济金融化资本化进程的加快,传统的自然垄断的边界更加模糊,再继续以自然垄断为标准进行特许有违改革大势。

(3) 公共服务不是政府特许的理由

政府承担提供公共服务的责任并不等于政府在公共领域拥有独占权,而排斥社会其他主体进入。采用政府特许的行政授权方式,会进一步固化甚至会扩大政府的行政许可权,与市场化改革和政府简政放权的改革方向相悖。按照传统的政府、市场之间关系"二分法"的思维和公共服务政府"单边责任"和"单边义务"的理念,政府与市场之间应泾渭分明,公共服务只能由政府提供,对公共服务领域进行政府特许顺理成章。而完全靠市场或者完全靠政府单边提供公共服务都力所不能及,传统理论遇到了现实的巨大挑战,只有创新思维才有出路。抱着固有的公共服务政府特许的理念只会降低供给质量和放大公共风险。为此,应突破"单边思维"局限,实现政府、市场、社会共治,才能形成公共服务供给的强大合力。PPP强调平等的伙伴关系,本质上体现了一种共治精神,具体表现在宏观层面公共风险的多元共治关系和微观层面项目"风险—收益"的分担与共享为核心的缔约关系。政府与社会资本打破传统的楚河汉界,通过分工合作共同提供公共服务,超越了社会集体行动中的"政府中心论"。这与全面深化治理改革的要求高度契合,顺应了人类文明发展多元共治的基本趋势。

(4) 公共利益不是政府特许的理由

我国《行政许可法》(2003年中华人民共和国主席令第七号)第一条规定:"为了规范行政许可的设定和实施,保护公民、法人和其他组织的合法权益,维护公共利益和社会秩序,保障和监督行政机关有效实施行政管理,根据宪法,制定本法。"第十一条规定:"设定行政许可,应当遵循经济和社会发展规律,有利于发挥公民、法人或者其他组织的积极性、主动性,维护公共利益和社会秩序,促进经济、社会和生态环境协调发展。"长期以来,我国行政许可法把公共利益作为行政许可的重要衡量标准。相应地,公共利益也成了政府特许权授予的万能理由。然而,随着经济社会的高速发展,全社会的公共性越来越强,公共与非公共的边界越来越不清晰甚至逐渐融合交叉。在此背景下,再继续打着公共利益的名义大规模进行政府特许不符合经济社会发展规律。

(5) 政府特许应"特"在对公共风险的把控上

政府特许属于行政许可中的特殊许可，不同于一般许可，有其特殊性。一般许可是指行政主体对符合法定条件的申请人直接发放许可证，无特殊限制的许可，如申请驾驶执照的许可。特殊许可是指除符合一般许可的条件外，对申请人还规定有特别限制的许可。换言之，一般许可是指针对不特定主体的一致性要求和标准；特许则是针对特定事项和特定主体的特殊要求。以市场准入负面清单为例，不管是禁止性负面清单还是限制性负面清单和完全放开的竞争性领域，都要受到一般许可的一致性监管。需要单独说明的是限制性负面清单，该清单分两种情况：对限制准入事项，或由市场主体提出申请，行政机关依法依规做出是否予以准入的决定；或由市场主体依照政府规定的准入条件和准入方式合规进入。前者为针对特定事项特定主体的特殊要求和特别程序，属于特许；后者为针对不特定对象的一致性要求，属于一般许可。

回归本质问题，为什么要进行特许？特许之于一般许可"特"在哪里？国家所有、自然垄断、公共利益、公共服务都不能成为政府特许的理由。新发展、新问题、新挑战需要的是新思维、新理论的支撑。对传统理论的修修补补和解释补充仍然无法从本源上解决问题。针对政府特许存在的合理性和范围问题，可以转换思路从公共风险的层次和可控性的角度切入进行分析。对于一般性风险应当通过普通行政许可、一致性监管和一般性法律法规等方式进行防范与控制；对于通过上述方式无法很好的防控公共风险或者会聚集甚至扩大公共风险的，应当依法在上述限制性负面清单范围内进行依法特许。并非所有限制性负面清单中的所有事项都要经过政府特许，那些可以由市场主体依照政府规定的准入条件和准入方式合规进入的事项原则上不建议再设特许。

禁止性负面清单和限制性负面清单的内容应当是动态调整的，原来属于禁止性负面清的事项可能会进入限制性负面清单，限制性负面清单的内容也可以根据经济社会发展需要调整为完全放开。这种调整也要适应公共风险内涵的变化。公共风险不仅仅传统意义上的经济领域的风险、社会领域的风险、环境领域的风险。政府与市场两只手怎么协调、效率与公平能不能融合、经济资本与社会资本怎么有机结合将是长期意义上中国发展面临的三大公共风险。而这三种风险的防范是无法通过特许的方式很好实现的，恰恰需要通过简政放权，发挥市场配置资源的决定性作用，为政府、市场、社会的合力发挥创造良好的外部环境。政府需要做的更多的是管住自己的有形之手，在法律政策制定和市场机制的建设完善上下功夫。据此，政府特许权的范围应严格依法限定在很小的范围，并着力于继续缩小其范围，真正建设"小政府、大市场、大社会"的现代公共治理模式。

（二）从强调物权控制转向鼓励产权流动

大陆法系国家倾向政府特许而英美法系国家热衷PPP，这与两个法系历史文化造成的价值取向不同密切相关。大陆法系国家崇尚物权，强调政府对公共领域的独占性与控制权，偏好发挥政府作用，偏向使用政府特许权；英美法系国家注重产权流动，强调公共服务领域的全社会参与，注重自由平等的契约精神，偏向市场开放理念的PPP模式。显然，PPP模式是更符合中国市场化改革方向的最佳选择。

1. 从限制社会资本退出转向鼓励社会资本流动

PPP模式下，资本所有权、法人财产权、公司经营权相互分离，政府与市场的行为更加清晰。以产权为基础，资本为纽带，依托公司（可以组建SPV公司，也可以不组建SPV公司）架起了政府与市场、政府与社会之间的桥梁，各方主体权责明确。政府不再是亲力亲为提供公共服务的全能"大政府"。政府通过把经营权让渡给市场和社会，可以大大激发市场活力和社会创造力。通过产权流动进一步优化市场结构、资本结构、资源配置结构，可以更好地解决长期以来存在的资源错配问题。

2. 注重制度设计和SPV组织形式创新

PPP项目的稳定运营与社会资本的产权流动并无直接关系，关键是要保持项目管理运营层的专业性与稳定性，通过科学的制度设计确保项目资产的安全性和公共利益的最大实现。

在此需要明确两点：一是政府与社会资本合作不能简单地降低为政府融资的手段，而应定位于一种创新的治理模式和资源配置模式。政府与社会资本双方是全方位、多层次的合作关系，"引资"并非核心，关键是"引制"、"引智"，实现组合创新，政府、市场、社会通过分工合作进行多层次、全方位的能力建设。二是政府虽然对公共服务的现实供给承担主体责任，但是政府不应对公司债务承担无限责任。考虑到项目的公共性，可以借鉴澳大利亚的制度设计。澳大利亚《国家PPP指南概要》中明确规定，债权人有权对项目现金流进行追索，但对出资人的资产负债只有有限追索权。

（三）财政部牵头PPP立法必要且可行

财政是国家治理的基础和重要支柱。公共风险、财政风险防范是国家治理题中应有之义。PPP立法事关重大，必须破除政府特许经营思维。由财政部牵头PPP立法工作，主要依据是PPP实施的根基依然是公共资源（各类国有资产、政府经管资产以及财政资金等）。财政部门可以以预算管理和资产管理为抓手，通过与各政府部门协作有效防范和降低财政风险及公共风险；通过资本纽带而发挥公共资本的引导、聚集、带动效应。有利于公司信用增级和融资能力提升；有利于推动公共服务供给模式转型和供给能力的大幅提升；有利于通过经济手段倒逼政府自身改革和深化国家治理改革。

第三节　加快推进我国 PPP 立法的具体建议

政府与社会资本合作（以下简称"政社合作"）既是一个改革问题，又是一个发展问题。这种合作模式打破了传统的政府与市场之间泾渭分明、楚河汉界的关系，形成了新的"风险—利益"关系。这种"风险—利益"关系是基于共治理念下的更高层次的能力合作关系。这种能力合作首先是一种平等民事主体之间的合作，要遵循基本的民事原则。但是，这种合作又不同于单纯市场主体、社会主体之间的合作，是一种"双方合作为第三方提供公共服务"的合作模式，具有很强的公共性。这就对社会资本方更多、更好地承担并履行社会责任提出了更高要求，双方之间的合作不能限于民事原则。因此，现行民法很难实现对这种新型"风险—利益"关系的全面有效调整，政社合作立法必要且重要。关键问题是立一部什么法以及如何立法的问题。无可争议，强化顶层设计、制定统一的政府与社会资本合作法既符合法理的基本逻辑，也是市场化改革和公共治理改革的必然要求，更是政社合作模式健康持续发展的基本要求。现有条件下，可先行制定并出台政府与社会资本合作条例（以下简称"条例"），条件成熟时再行立法。条例应当基于政社合作的理论框架，定位于调整新型民事关系和强调程序正义，着眼于问题和目标双导向进行起草，通过明确权责利边界而为参与项目的各方主体吃上定心丸。条例应当成为规范政社合作的基本法和基本准则，而不是政社合作的操作指南和实施手册。起草应充分体现政社合作模式的共治理念，着眼于宏观管理、一般规律、共性核心问题进行顶层设计，不宜对具体操作层面的问题规定过细过死。鉴于此，可以设计包括总则、监管体制与监管机构、合作项目与合作主体、项目阶段及程序、预算管理与资产管理、考核评价与信息公开、法律适用与争端解决、法律责任、附则九章的完整框架。同时，有针对性地解决当前我国 PPP 立法中普遍关注的热点难点重点问题，达到定纷止争的立法目的。

一、我国 PPP 立法的目标定位和基本思路

政社合作立法的目标、指导思想和基本原则是政社合作的理论思考运用于实践的具体转化，主要解决为什么要立法、如何立法、立什么样法及立法基本原则是什么等问题。

（一）为什么要立法

法律的功能在于明确主体之间的权利和义务关系，化解各种不确定性。制定政府与社会资本合作条例（以下简称"条例"），就是为了化解政社合作中的各种不确定性。

1. 化解新的"风险—利益"关系的不确定性

在政社合作模式下，政府与社会资本在分工基础上进行合作，具体方式是共同组建 SPV 项目公司或者组建其他组织形式。在 SPV 项目公司框架下，政府由公共管理者变为民事主体；社会资本也是项目参与方，但其参与领域超出了一般的市场领域，而是参与到公共服务领域。由此，政社合作增加了"风险—利益"关系不确定性的范围：以前由政府和社会大众双方之间的"风险—利益"关系转变为现在的政府、社会资本和社会大众多方之间的关系，社会大众对公共服务的不满意，很容易传递给政府与社会资本。同时，SPV 公司运行情况也对社会大众产生影响。政社合作的周期较长，也增加了新型"风险—利益"关系的不确定性。通过政社合作立法，有利于降低上述不确定性风险。

2. 降低相关政策制定和执行中的不确定性

目前国务院及其有关部门出台的指导意见和操作指南，大多停留在政策层面，法律效力等级较低，缺乏上位法的指导。而且，部门之间政策也有不一致的地方，特别是政府采购和招投标的相关政策，在政策理念和实施方式上有很大不同。这导致一些地方选择性执行国家政策，政策机会主义倾向严重，政策执行变形屡禁不止，政策执行效果大打折扣。通过政社合作立法，提升政策制定水平和决策科学性，有助于降低现行政社合作政策制定和执行带来的不确定性。

3. 降低政府与社会资本参与项目合作的不确定性

一是降低社会资本参与政社合作的不确定性。当前，政社合作落地难、社会资本意愿不足的现象突出。社会资本之所以对参与政社合作犹豫不决，除存在上述政策方面的不确定性之外，还与社会资本的一系列担心有关，如担心政府变卦，担心缺乏必要的利益保障机制，担心政府管理体制不顺导致社会资本无所适从，担心政府既作为民事主体又同时作为行政主体而导致社会资本在合作中处于

非平等地位等。因此，制定条例的重要目标就是解决社会资本的各种担心，降低社会资本参与合作的不确定性，在一定程度上和一定范围内增强社会资本方的投资信心，激发民间投资活力。

二是降低政府参与政社合作的不确定性。政社合作项目落地难也与政府的担心有关：担心社会资本中途退出而政府被迫回购，担心项目规模不断扩大而影响财政的可持续性，担心社会资本进入后增加政府监管难度、约束了政府管理的自由裁量权等。通过条例立法，明确操作程序和调整新型"风险—利益"关系，也让政府方吃上"定心丸"。

4. 减少政府与社会资本合作改革中的不确定性

政社合作既是发展问题，也是改革问题。通过政社合作模式的改革，有助于化解不确定性风险，但改革也需要通过法治方式来推进。十八届四中全会指出，实现立法和改革决策相衔接，做到重大改革于法有据、立法主动适应改革和经济社会发展需要。在政社合作立法中，可以将实践证明行之有效的，要及时上升为法律，为政社合作保驾护航；实践条件还不成熟、需要先行先试的，要按照法定程序作出授权；对不适应改革要求的法律法规，要及时修改和废止。政社合作立法，有利于降低政社合作模式改革层面中的不确定性。

（二）如何立法

1. 制定统一的政府与社会资本合作法

政社合作领域政策衔接不够的问题，已给实践造成了很大困扰，影响了项目有效落地。如果在同一领域搞两部或多部并行法律，势必加剧政策冲突。为了避免加剧政社合作的政策冲突，包括全国人大代表、地方政府、行业协会、企业主体、业界专家在内的社会各界人士，强烈呼吁同一领域不要搞两部立法，制定统一的政社合作法已经成为各方面的共识。

随之而来的一个问题是，应立一部怎样的法？是立一部政社合作法，还是立一部特许经营法？根据前面的分析，政府特许经营虽然曾在历史上发挥过积极作用，但其不符合十八届三中、四中和五中全会的发展和改革方向。因此，建议只立一部政社合作法。本着先易后难的原则，近期可考虑先制定《政府与社会资本合作条例》，并随后着手制定《政府与社会资本合作条例实施细则》，条件成熟时再制定并出台《政府与社会资本合作法》。

2. 坚持问题导向与目标导向相结合

条例立法立足于现实问题，也要着眼于政府治理转型的改革目标。坚持问题导向，就是从我国实际出发，而不是从本本出发，也不是从国外样本出发。过去通过政府特许经营发挥了阶段性的积极作用，也为当前实施政社合作积累了一些经验教训。但政府特许经营方式已不合时宜，与共治理念是相悖的，更不能错误地把它作为政社合作的一种方式。与"预算外"相类似，基于行政许可的政府特许经营也应当成为过去时。

当前，政社合作中暴露出诸多问题：既有程序性的问题，也有实体操作层面的问题；既有政府作为经济主体和管理主体的问题，也有社会资本的问题；既有政府部门间的管理体制问题，也有项目运营层面的问题。对这些问题需要正本清源，分类分层，通过法律来解决。坚持目标导向，就是立足于现实问题确定近期改革目标，但又不能局限于近期问题的解决，在考虑短期问题的同时，要一并考虑具有长期意义的治理现代化问题，在发展中解决改革问题，在改革中解决发展问题。

3. 条例立法不同于实施细则和操作指南

即将出台的条例与已有的细则和操作指南，在功能定位上有很大的不同。政社合作实施细则及其操作指南对操作程序、主体规范、责任义务关系等方面作出具体规定，解决的是现实细节问题，与条例配套。条例旨在通过立法规范主体之间基本的权利义务关系，为规范政社合作提供准则性的框架，体现核心理念和基本原则，具有长期性，并为今后人大立法作准备。条例是准则性的、指引性的，其站位要高，抓住重点，内容宜粗不宜细。出台条例，要为全国政社合作提供指引和基本准则，同时要为地方因地制宜留下操作空间。

（三）立什么样的法

政社合作立法应强调程序正义，兼顾实体正义，并定位于调整新型民事关系。

1. 强调程序正义，兼顾实体正义

程序正义被视为"看得见的正义"，主要关注于为实现实体正义所采用的方法和程序是否有利于实体正义的实现，以及这些方法和程序本身是否符合一定的正义标准。实体正义又称实质正义，是指作为立法的原则并体现在法律规定中的社会正义或一般正义标准。实体正义主要关注于最后如何分配和保护社会的实体性价值的问题，这些价值包括权利、财富、秩序，以及一个社会所珍视的其他任何一种善。从二者在法律体系中的地位来看，实体正义是法律的最终目的，而程序正义只是实现这个目的的手段和方式。

在目前的政社合作操作实践中，因程序不规范导致其他主体利益受到损害的现象比较突出，政社合作立法应当更加倾向于程序正义，重点是通过标准化的严格程序，对政府、市场、社会的分工合作行为进行规范。通过程序实现各方主体责权利的相互制衡和约束，避免公共风险和财政风险的隐性积累，充分确保公共利益的最大实现及各方利益的合理平衡。

2. 定位于调整新型民事关系

基于共治理念的政社合作，意味着政府与社会资本方是平等的关系，排除了行政许可所带来的不平等关系。这样，政社合作应调整的是民事关系。但与通常民事关系不同的是，政社合作立法调整对象是一种新型民事关系。这种新型民事关系体现为：社会资本一旦进入公共服务领域，政府与社会资本承担的责任就发生了新的变化，政府还是承担社会责任，但承担责任的范围和方式发生了变化；社会资本在承担经济责任的同时也要承担相应的社会责任。这种社会责任既有法律要求企业承担的社会责任，也有因公共项目本身产生的社会责任，可以说社会资本承担的社会责任，比起在非公共服务领域所承担的社会责任要重。上述新型的民事关系给政社合作立法带来挑战：一方面，要强调程序正义；另一方面，要关注因社会资本参与公共服务提供所带来的新型民事关系的变化。

（四）政社合作立法的基本原则

政社合作立法应坚持民法原则和公共性原则，二者缺一不可。

1. 民法原则

政社合作立法原则无疑要与我国改革的总目标结合起来。我国当前改革的总目标是国家治理的现代化，改革就是整个国家治理的重构。政社合作实际上也是整个治理改革中的一部分，基于共治的理念，形成多元主体之间的一种平等的、互动的关系。正是因为基于国家治理中的共治理念，政社合作立法首先要遵循民法原则。

政社合作的民法原则否定了政府特许经营立法的必要性。这是因为，政府特许经营是以特许为前提，而特许是政府对社会资本的一种行政许可，政府与社会资本之间是不平等的授予与被授予的关系，而民法原则要求政府与社会资本之间是平等的法律关系。

政社合作的民法原则被赋予了新的内容。条例除了调整平等主体之间的权利和义务关系外，还需调整一种特殊的义务关系——社会责任。在通行的民法原则框架下，企业也承担社会责任，但企业对道义上的社会责任没有法律义务。在政社合作模式下，社会资本承担的社会责任被扩展了，原本的道义责任转化为法定责任。当民众不满意时，可以投诉或者提起诉讼。虽然政府和企业承担了共同的但有差别的社会责任，但比《民法通则》的民法原则范围要广、程度要复杂。

2. 公共性原则

政社合作立法坚持公共性原则是基于以下三个方面的考虑：

一是参与主体的公共性。首先，政府既是民法意义上的责任主体，又是参与公共治理的主体。其次，社会资本虽然不是政府部门，但也承担了提供公共服务的社会责任，也是"共治"的一方主体。因此，在推进政社合作立法时，要关注政府与社会资本不同程度的公共性特征。

二是项目性质的公共性。政社合作项目都是公共服务领域，无论是政府付费项目，还是使用者付费项目，其公共性质都不变。这决定了当事人——政府与社会资本——在公共服务提供方面的态度和责任。政府、社会资本不能因为项目进行不下去而置之不顾，相反需要承担相应的公共责任。

三是服务对象是社会大众。政社合作模式就是政社合作为第三方（社会大众）服务，社会大众有权对其所享受的公共服务发表意见，有权监督政社合作的全过程。

二、对我国 PPP 法基本框架的建议

条例应当基于政社合作的理论框架，着眼于问题和目标双导向进行起草。条例应当成为规范政社合作的基本法和基本准则，而不是政社合作的操作指南和实施手册。

（一）着眼于宏观管理和共性核心问题进行顶层设计

条例框架的搭建站位要高，要侧重对宏观管理和政社合作项目的共性核心问题进行规范。政社合作作为政府创新公共服务供给的新模式，其体现的主要是一种新的公共治理理念，而不单纯是某种具体的公共服务供给方法。政社合作可以依托多样化的具体方式方法得以实现。一方面，政社合作模式的发展与改革所面临的问题是处在不断发展变化中的；另一方面，政社合作的具体方式方法不是一成不变的。基于此，条例的起草应当充分体现政社合作模式的共治核心理念、一般规律和共性核心问题，而不宜对具体操作层面的问题规定过细过死。若条例内容过于具体，不仅不利于政社合作模式的创新发展，也不利于各方积极性和能动性的充分调动。同时，条例要始终体现基于民法原则又不限于民法原则，以及政社合作所特别要求的公共性原则。

（二）围绕项目合作和监管搭建九章构成的条例框架

政社合作立法工作可谓一波三折，条例草案几经修改完善。但从历次修改完善的情况看，与《立法法》所要求的条例规范起草和 PPP 模式健康持续发展所

有求的高质量立法相比还有一定差距。

1. 已有版本存在的主要问题

已有的条例草案稿基本上是按照总则、项目产生、项目实施、监督管理与争议解决、法律责任、附则的六章框架设计。这与国家发展改革委多次征求意见的《基础设施和公用事业特许经营暂行条例》中"总则、项目确定、项目实施、监督管理和公共服务保障、争议解决、法律责任、附则"的七章框架设计思路如出一辙。已有版本主要存在以下几个问题：

一是框架设计过于简单，项目监管体制和监管机构、合作项目和项目主体及其职责权限、监督考核和信息公开等重要、核心问题没有作专章规定。

二是框架设计基本上是以项目的操作为主线，更像一部操作指南或实施细则。而很多具体操作性的问题不宜在较高法律效力等级的条例（行政法规）中规定。

三是总则部分的设计没有准确地体现政社合作的共治理念，基于新型"风险—利益"关系下的立法目的，集能力合作、资本合作等于一体的综合性、更高层次的政社合作内涵，基于民法又不限于民法和公共性的合作原则。新型"风险—利益"关系强调公共性原则，强调政府与社会资本合作为社会公众服务。因此，条例还应包括监管、预算管理、资产负债管理、信息透明度、绩效评价等内容。

2. 条例基本框架的设计及思考

条例不是操作指南，不宜规定过细。但是，作为政社合作过程中各相关方的基本遵循，其应当能够实现对项目中新的"风险—利益"格局的平衡与协调。通过该条例可以尽量降低政社合作项目的不确定性继而给参与项目的各相关方吃上一颗定心丸。为此，整个条例框架应当沿着为什么立法、政社合作是什么、怎么管、相关参与方及其职责、项目怎么干、预算怎么安排、资产怎么管理、如何考核评价、信息如何公开、纠纷如何处理、法律责任如何担当的主线进行设计。具体而言，可以设计包括总则、监管体制与监管机构、合作项目与合作主体、项目阶段及程序、预算管理与资产管理、考核评价与信息公开、法律适用与争端解决、法律责任、附则九章的完整框架。

（1）总则是整个条例的统领

总则是整个条例中起指导性和统领性作用的一章。该章应当基于政社合作的"共治理念"，明确立法目的、适用范围、政社合作的内涵、公共服务、合作宗旨、合作原则、合作机制和鼓励非公有制资本参与的深化改革的基本要求。

(2) 监管体制和监管机构应单列一章

政社合作项目监管体制不统一、政出多门且多部门管理是造成目前政社合作项目管理混乱、鱼龙混杂的主要原因。政社合作模式的顺利推进和健康发展则要求其监管应"统一体制、统一政策"。尽快建立"财政统一管理、主管部门实施、市场方式运营"的政社合作监管体制是政社合作模式发展的基本要求。为此,应单列一章明确监管体制和监管机构及其职责权限。通过对相关监管主体"权力清单"和"责任清单"的明确,解决长期以来政社合作模式发展过程中普遍存在的"权有人争、责无人负"的问题。

(3) 合作项目与合作主体单列一章重点规范

已有条例草案版本对合作项目的规定采用的是列举式方法。这种列举方法与政社合作模式创新发展的方向存在一定矛盾,极易造成一些符合政社合作理念,但未在列举范围内的项目被否定。因此,建议对于合作项目的规定要分两个层面:一是合作项目的共性基本特征,二是有兜底条款的项目类别列举。

已有版本对项目相关主体的规定分散在总则和项目产生两章,且主要是针对政府方、社会资本方、实施机构、SPV 的原则性规定。而政社合作项目全生命周期中还会涉及会计、技术、法律、资产评估等专业中介机构的参与,即要做到"专业的人做专业的事"。已有版本缺少对中介机构的规定。如果不对中介机构的行为进行规范,极容易造成中介机构借政社合作热跑马圈地。同时,已有的关于政府方、社会资本方和 SPV 的规定仅限于定义层面,其职责权限的规定相对不足。除政府监管机构外,参与项目的相关主体权责利的明确规定极为重要,直接关系政社合作项目能够顺利落地生效。

综上,建议对合作项目和项目主体单列一章重点规范。项目主体中除了对政府方、社会资本方进行定义外,还应对二者的法律地位即平等的民事主体及社会资本退出问题作出明确规定。对于 SPV 公司的规定,应当严格遵循政社合作的共治理念,明确规定政社合作项目应当成立项目公司,并对项目公司的法人地位、股权结构(包括可以设置国有金股的制度安排)、治理机制、组织形式(明确限定为有限责任公司)等加以明确。建议增加中介机构参与政社合作项目的原则性条款。

(4) 项目阶段及程序整合为一章重点规范

已有条例草案稿对项目流程的规定分为项目产生和项目实施两章,建议整合为一章,即项目阶段及程序。这样可以完整的体现政社合作项目的五大阶段及不同阶段中的关键程序及要求,对整个条例框架而言也比较紧凑且重点突出。

(5) 预算管理与资产管理单独规范

从政社合作项目公共管理的角度看,预算管理和资产管理贯穿在政社合作项目的多个阶段。已有条例草案稿仅在总则部分对财政资金管理进行了原则性规定,而没有对政社合作项目涉及的国有资产的评估、定价及管理作出明确规定。而预算管理和资产管理恰恰是财政部门作为政社合作项目综合管理部门的最为有效的抓手,建议在条例中单列一章明确规范。

(6) 增加考核评价和信息公开

加强政社合作项目的监督考核是确保政社合作项目顺利实施和公共利益充分保障的重要手段。信息公开则是最有效的监督手段。已有条例草案中把监督管理、信息公开和争议解决并在一章,仅作了简单规定。建议把监督考核和信息公开单列一章进行规范。另外,可以在该章增加风险管理和风险预警的内容。目前草案稿通篇没有涉及风险管理的问题,而风险和不确定性始终贯穿于政社合作项目的全过程。加强风险管理应当是政社合作项目实施及其管理的重要内容,建议增加相关条款。

(7) 法律适用与争端解决单列一章

已有条例草案稿仅对争议解决的个别问题作出了规定,不够系统和完整,关于法律适用的问题没有作出规定。建议把法律适用与争端解决作为一章进行规定。首先是法律适用问题,其次才是争端如何解决的问题。

法律适用即法律的管辖权问题。在一般的商业合同中,合同各方可以选择合同的管辖法律(即准据法)。在政社合作系列合同中,当引入外资或到境外融资时,在公司设立环节都可能出现法律适用问题。而在纯内资政社合作公司日常经营和资本运营过程中,因会涉及外贸及涉外融资等手段,也会出现法律适用问题。对法律适用的规定应当坚持属地原则,即在我国境内实施的政社合作项目的合同通常应适用我国法律并按照我国法律进行解释。

应当对争端解决的基本原则、主要方式、争议期间的合同履行问题作出明确规定。以前政社合作更多着眼于政社双方之间,实际上还涉及第三方老百姓(即民法说的第三人问题)。因此,政社合作的争端解决基本原则应当明确政社合作项目的争议解决不能影响政府公共职能的正常履行和公共利益的实现;争端解决方式除了诉讼和友好协商之外,还要对仲裁、专家裁决等方式作出原则性规定。涉及诉讼的规定,应当分为两个层面:一是从公共管理角度,就政府监管政社合作项目提起行政诉讼的,法院应当依照相关法律予以受理;二是就政社合作项目合同提起民事诉讼的,法院应当依据本条例和相关民事法律予以受理。

(8) 法律责任部分应进一步明确层次

法律责任的规定具有重要意义,应在已有草案版本基础上进一步明确不同主体所需承担的不同形式的法律责任,例如政府作为政社合作项目的合同主体是民事主体,作为公共管理的主体为行政主体,不同主体对应不同的法律责任,应当进一步明晰。具体可以采用列举加兜底条款的形式进行规范。

(9) 附则

附则部分可采用已有版本的内容。但是,建议在施行日期后面增加"本条例由财政部负责解释"。

三、对解决我国 PPP 立法中重点难点问题的建议

(一) 立法机制问题

PPP 立法不只是一纸空文,而是要形成强有力的法律和制度约束,推进项目落地。但在实践中,PPP 项目涉及的部门广,层级多,矛盾利益纠缠不清,必须加快建立部际协调工作机制,突破部门利益藩篱,加快建立完善的立法机制,积极推进国家层面的 PPP 立法。

目前国务院、财政部、发改委等部门出台的操作指南也好,指导意见也罢,都应属于立法之前的过渡阶段上的铺垫。可以说,PPP 的顶层设计的架构已基本就绪。当前,应在继续推出带有"应急"特点的文件、指南、合同模板和工作规则的同时,借鉴国外经验,着力研究推进 PPP 立法。在 PPP 立法中,应统一 PPP 立法的基本思想,把握 PPP "共治"的精神实质,强调程序正义,注重宏观指导和把握,并对目前与其他法律(如《招标投标法》、《土地管理法》等)有冲突的法律条款,予以明确。同时,考虑到政府特许范围是在动态调整,国家没有必要就政府特许单独立一部特许经营法或政府特许经营条例。若必须出台,也不能以现有政府特许经营条例草案稿出台,须重新定位其法律级次、法律名称(建议采用"政府特许"而非"政府特许经营"的概念),明确限定政府特许的范围并严格理清与 PPP 法的关系,同步加快将 PPP 法列入人大立法计划的进程。

通过建立完善的 PPP 立法机制,加强统筹协调,推动政策完善,优化工作机制,促进信息共享,提升服务效能,避免多头发文和管理出现问题。此外,PPP 立法还要建立畅通的宣传和反馈机制来凝聚社会共识,形成良好的社会氛围。

(二) PPP 组织管理体系问题

为加强 PPP 立法与政策制定、组织协调、规范指导和信息统计等方面的工

作，应借鉴英国基础设施局等国际经验，结合转变政府职能和机构调整，设立统一且专门的 PPP 管理机构，统一负责组织、管理协调全国 PPP 项目有关事宜，并明确部门职责分工。应该说，目前财政部与国家发展改革委所推行的 PPP 工作，都是站在国家层面的角度，更好地吸引社会资本进入基础设施和公共服务领域，实现政府与社会资本更好地合作，让专业的人干专业的事，为老百姓提供质量和效率更高的公共产品和服务。应尽快从法律层面和部门权限的划分上，明确其职责和分工，构建有效的 PPP 组织管理体系。

（三）财政风险和债务管理问题

其一，PPP 财政管理应着眼于 PPP 项目的规范、顺利推进。建议将 PPP 项目财政承诺（支出责任）纳入政府债务管理，将 PPP 形成的资产和负债加入政府综合财务报告，以国家治理的高度统一进行财政风险评价。

其二，建议支出责任上限标准弹性设置。按照财政部印发的财政承受能力论证指引要求，"每一年度全部 PPP 项目需要从预算中安排的支出责任，占一般公共预算支出比例应当不超过10%"。这一比例对控制财政风险有明显作用，但是对于建设一些有规模、高标准的公共投资项目有时也显得不足。建议对财力状况相对较好或确有需求的县（市）允许支出责任额度适度上调。比如，允许额度跨年度调剂使用，或者参考政府性基金预算支出规模的 10% 上调上限标准，弹性控制县级支出责任上限标准。

（四）PPP 物有所值评价问题

一是严格按照现有政策落实物有所值评价，对一个市县一年内所有的 PPP 项目进行审核评估，不得超过一般年度预算总支出的 10%。同时，加快编制规范的政府资产负债表和现金流量表，测算未来一个时期的现金流量和偿债能力，为财政承受能力评估奠定坚实基础。二是加快推进公共部门比较值（PSC 值）数据的获取和算法相关研究，落实物有所值评价中的定量评价。

（五）社会资本退出问题

关于社会资本能否退出的问题本质是产权的流动问题，PPP 模式应当鼓励产权流动，限制社会资本的进退并非是确保项目顺利完成的关键和根本。从国际经验看，社会资本的合理流动会产生更多的正面效应。英国公共部门的合同管理者发现，SPV 股东的变化对项目运作的后续影响是正面的（见图 12-1)[①]。

[①] HM Treasury, PFI: strengthening long-term partnerships, March 2006, P69-70.

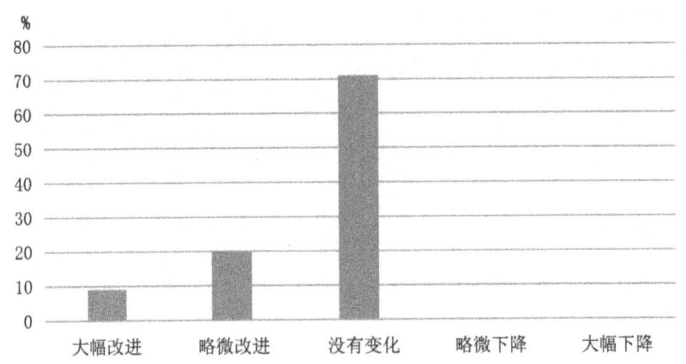

图 12-1　英国 SPV 持股情况变动对服务水平的影响

资料来源：HM Treasury, PFI: strengthening long-term partnerships, March 2006, Chart 4.19.

（六）PPP 项目公司破产问题

SPV 公司可以破产，但须进行科学的制度设计。从国际上看，并非所有 PPP 项目都需要专门设立 SPV 公司。但是，从公共利益实现和公共项目安全性角度考虑，依托 SPV 公司尤其是政府出资的 SPV 公司是较优选择。PPP 立法中要充分考虑 SPV 公司（或者不设立 SPV 的社会资本方公司）因资不抵债、不可抗力等原因面临破产时的各项制度安排。从日本 PPP 相关立法中可以看出，SPC（特别项目公司）可以破产。一旦破产，为其融资的金融机构有义务基于公共、公平的理念进行恰当的处理，例如由金融机构等第三方接手确保 PPP 项目的继续顺利实施和服务的提供。从日本内阁府的文件可以看出，SPC 破产可以申请破产保护，资产由公共部门回购，回购后可出售给第三方，将资产和运营权交给其管理，通过短期整理后继续提供服务，尽量避免影响服务的提供。

（七）PPP 项目公司的组织形式问题

如果设立 SPV 公司，其组织形式（合伙企业、有限合伙、有限责任公司、股份有限公司）对于政府方与社会资本方的权责配置以及公司融资安排都很重要，应统筹考虑，但是不能一刀切。具体而言，可以根据政府是否在 SPV 公司出资，来对 SPV 公司的组织形式进行界定。在政府不出资的情况下，建议 SPV 公司采用有限合伙企业形式，只出资而不参与后续项目建设运营的社会资本方承担有限责任，而既是 SPV 股东又是后续项目的建设运营商的社会资本方，应承担无限连带责任。政府出资情况下，建议社会资本方以联合体形式与政府共同注资 SPV 公司，社会资本联合体采用有限合伙形式，而 SPV 公司采用股份有限公司形式（可以发债、上市）。

（八）PPP 项目会计处理问题

建议在 PPP 项目从识别、确立、建设、运行以至移交的整个生命周期中，会计信息的合理生成和恰当披露是使项目合作各方充分了解项目资金投入、运营状况、财务状况、经营成果、风险报酬、未来前景等方面的情况，并在此基础上解决微观决策和宏观监管的基础性问题。

（九）PPP 项目税收问题

建议从税收立法思路和税收政策支持设计两方面入手。一是 PPP 税收立法思路方面，应从 PPP 项目的经济本质出发界定 PPP 课税模式，从 PPP 项目的行为本质重构 PPP 税收思维模式，从 PPP 项目的公共性特征理解 PPP 项目税收优惠政策设计。二是 PPP 立法的税收支持政策设计方面，应明确税收优惠主体、税种、优惠方式与力度，并统一征管制度，减少自由裁量权。

（十）PPP 信息披露问题

建议高度关注 PPP 信息披露问题，完善 PPP 立法信息披露相关内容。一是信息披露应覆盖所有公共机构的一般合同，包括持续的绩效信息；二是赋权于公共主体，使其能通过公共信息披露平台主动发布信息；三是包含 PPP 相关不应披露的领域的说明，如商业敏感信息、交易机密、战略与公共利益等相关保密信息等。

（十一）社会公共服务的 PPP 模式运用问题

随着 PPP 工作的开展，一些基层政府或主管 PPP 融资的部门提出，虽然中央出台了 PPP 操作指南，但具体到项目实施还是不清楚如何针对具体项目开展评标、设计特许权协议等关键工作。建议应根据 PPP 项目对应的细分领域，除污水处理、水利设施等基础设施领域外，针对安居住房、医疗、教育和养老等领域，尽快出台分行业或领域的项目实施操作细则，更有针对性地指导市县推进 PPP 工作。

参 考 文 献

1. 廖睿：《PPP 操作指南：政府和社会资本合作实务》，中国人民大学出版社，2016 年。

2. 财政部政府和社会资本合作中心：《PPP 示范项目案例选编》，经济科学出版社，2016 年。

3. 《PPP 立法之争：《〈政府采购法〉vs〈招投标法〉》，http://www.h2o-china.com/news/241776.html。

4. 谭敬慧："政采 PPP 项目七大法律难题（下）"，《中国政府采购报》，2016 年 1 月 19 日第 003 版。

5. 王卫东：《从法律实践讨论 PPP 项目信息披露问题》，http://www.zgppp.cn/hangyezixun/xinwenzhongxin/2016－06－27/3063.html。

6. 贾康、孙洁："公私合作伙伴关系（PPP）的概念、起源与功能"，《经济研究参考》，2014 年第 13 期。

7. 卢海阳、李明月："我国土地储备制度的问题及其完善国土资源"，《国土资源》，2008 年第 3 期。

8. 孙慧、范志清、石烨："PPP 模式下高速公路项目最优股权结构研究"，《管理工程学报》，2011 年第 1 期。

9. 大西正光、坂东弘、小林潔司：《PFI 项目形态选择的理论研究》，第 27 届土木计划学研究发表会，2003 年。

10. 孙慧、周颖、范志清："PPP 项目用地评价中物有所值理论及其在国际上的应用"，《国际经济合作》，2009 年第 11 期。

11. 朱陈松、章仁俊、张晓花、朱昌平："中小企业参与 PPP 的政策网络关系研究"，《统计与决策》，2011 年第 11 期。

12. 郝伟亚、王盈盈、丁慧平："城市轨道交通PPP模式核心要点研究——北京地铁M号线案例分析"，《土木工程学报》，2012年第10期。

13. 胡昊、谢忻玥："以PPP推动基础设施及公共服务领域投融资体制改革"，《国际商务财会》，2014年第10期。

14. 刘航波："'五个构建'推进政府和社会资本合作模式"，《中国招标》，2014年第38期。

15. 蔡今思："借鉴国际PPP运用经验支持公共基础设施建设"，《中国财政》，2014年第9期。

16. 周雁翔："PPP创新投融资新模式"，《金融博览（财富）》，2014年第5期。

17. 徐志刚："以政府资金撬动社会资本——北京乡镇污水处理厂的PPP实践"，《水工业市场》，2014年第8期。

18. 邹磊、徐策："健全完善PPP模式发挥好社会资本的作用"，《宏观经济管理》，2015年第8期。

19. 吕汉阳：《PPP模式：全流程指导与案例分析》，中国法制出版社，2016年。

20. 王亦虹、潘敏、尹贻林：《双赢之道：政府和社会资本合作（PPP）项目全过程咨询手册》，天津大学出版社，2016年。

21. 郭秀宏、刘文杰：《政府和社会资本合作PPP1000问》，湖南大学出版社，2016年。

22. 王玲燕：《政府和社会资本合作全程操作指引》，法律出版社，2015年。

23. 周一飞："哥伦比亚交通基础设施PPP项目运作"，《中外企业家》，2015年第6期。

24. 《中共中央关于全面深化改革若干重大问题的决定》，http：//www.sn.xinhuanet.com，2013年11月16日。

25. 《财政部成立PPP管理处推30个项目总投资1800亿》，http：//www.smeyn.gov.cn，2014年12月8日。

26. 李彪：《环境商会献策解PPP痛点：政府要搞，可以先交保证金》，每日经济新闻，2016年12月18日。

27. 邢旭：《PPP模式中社会资本方退出机制的必要性和可行性研究》，http：//www.wzlawyers.cn/NewsDetail.php？ID_News=13093，2016年12月18日。

28. 郑大卫：《PPP 融资增信创新案例》，财政部 PPP 中心，2016 年 12 月 18 日。

29. 张春中：《PPP 模式项目股权融资：银行服务与典型案例》，财政部 PPP 中心，2016 年 12 月 18 日。

30. 杜文曲：《如何界定企业资产证券化收益权的法律适格性》，无讼阅读，2016 年 12 月 18 日。

31. 李菡君、李继忠：《SPV 虽好但不是唯一——PPP 那些事之七》，2014 年。

32. 中国信托业协会：《信托在 PPP 领域应用的内在机理》，2015 年。

33. 张文桥："PPP 融资论坛——信托在 PPP 领域的应用和法律架构研究"，《金融时代》，2015 年第 5 期。

34. 王寅：《地铁 PPP 模式起步》，中国报道，2013 年。

35. 曹君丽："公共项目公私合作的退出机制研究"，《中国集体经济》，2013 年第 33 期。

36. 陈燕华、苏虹、孙宇辉、张宇辉、张宏敏：《PPP 业务研究探讨系列 社会资本融资及 PPP 资金——实务与会计处理（一）》，普华永道，2016 年。

37. 唐笑、岳恒宇：《半年报行业 PPP 订单汇总分析与思考系列三》，广发证券，2016 年。

38. 周凯波：《中国政府和社会资本合作（PPP）政策法规汇编》，法律出版社，2015 年。

39. 魏济民：《中国特色 PPP 法律事务与案例精选》，法律出版社，2016 年。

40. 曹珊：《政府与社会资本合作（PPP）模式政策法规与示范文本集成》（第二版），法律出版社，2015 年。

41. 李继红：《政府与社会资本合作（PPP）项目咨询地方相关法规文件汇编》，经济科学出版社，2016 年。

42. 吴光平：《建设法规》，中国建材工业出版社，2016 年。

43. 杜玉明：《建设工程疑难法律实务深度解析》，法律出版社，2015 年。

44. 张正勤：《PPP 项目法律实务解读》，中国建筑工业出版社，2016 年。

45. 曹珊：《政府和社会资本合作（PPP）项目法律实务》，法律出版社，2016 年。

46. 王霁红、苗娟：《PPP 项目与现有法律制度的冲突》，2015 年 12 月 1 日。

47. 梁慧星、陈华彬：《物权法》，法律出版社，2016 年。

48. 周兰萍：《PPP项目运作实务》，法律出版社，2016年。

49. 杜涛："PPP税收优惠 资产转让环节最有戏"，《经济观察报》，2015年12月7日第003版。

50.《PPP税务影响浅析》，http://www.pwccn.com/home/chi/ppp_series_mar2015_chi.html。

51.《PPP项目财政支出测算陷阱解析》，http://mini.eastday.com/a/160806013222924-4.html。

52. 李忠峰："完善税收法规助PPP'远航'"，《中国财经报》，2016年5月26日第005版。

53. 王中丽："浅谈'营改增'后土地一级开发是按'建筑业'还是'服务业'征增值税"，《现代经济信息》，2016年第16期。

54. 张正勤：《PPP项目法律实务解读》，中国建筑工业出版社，2016年。

55. 刘尚希、陈少强、谭静、陈龙："《政府与社会资本合作条例》立法的基本思路"，《财政研究》，2016年第10期。

56. 陈少强、刘薇："《政府与社会资本合作条例》立法研讨会会议纪要"，《财政研究》，2016年第9期。

57. Monsalve, Carolina. Private Participation in Transport: Lessons From Recent Experience in Europe and Central Asia [J]. World Bank Other Operational Studies, 2009, 63 (6): 1-4.

58. Xueqing Zhang. Paving the Way for Public-Private Partnerships in Infrastructure Development [J]. Journal of Construction Engineering and Management, 2005, 131 (1): 71-80.

59. Sping Ho. Model for Financial Renegotiation in Public-Private Partnership Projects and Its Policy Implications: Game Theoretic View [J]. Journal of Construction Engineering and Management, 2006, 132 (7): 678-688.

后　记

本书是中国财政科学研究院（原财政部财政科学研究所）PPP立法项目的研究成果之一。书稿写作得到了刘尚希院长、王朝才副院长的大力支持和悉心指导。他们对书稿定位和整体框架、写作思路提出了宝贵意见和建议。

中国财政科学研究院公共资产研究中心副主任、副研究员谭静是本书写作的总负责人，对书稿名称确定、写作小组构成、提纲框架讨论修改、书稿成文及最终定稿全程参与并负责。写作小组成员的确立充分考虑到了书稿写作的理念及定位，吸收了来自财政、法律及PPP实务界的多名成员。北京中财中融投资咨询有限公司高级项目经理张颖和北京大成律师事务所杜继锋律师对本书的写作提纲和书稿内容提出了宝贵的修改意见；我院财政学硕士研究生翟盼盼（国有资产管理方向）、董华璐、刘子墨、杜唯平、陈金鑫，中国政法大学法学硕士研究生侯文瑶、罗丹、鲁亚威参与了书稿各章的写作及讨论。

此外，中国财政科学研究院资源环境研究中心主任、研究员陈少强对本书给予了大力支持，赵福军、陈龙、陈新平、于雯杰等研究人员关于PPP立法的研究成果为本书的理论分析和立法建议提供了重要参考，在此一并感谢。

本书作为PPP立法项目的研究成果之一，是大家辛苦和心血的结晶，数易其稿，在出版社工作人员的帮助下终于付梓，对此我们感激不已。

编　者

2017年1月